2058

书名：现代初中教科书化学

著者：郑贞文／编辑

出版印行：商务印书馆

出版时间：民国十二年（1923）初版　民国十四年（1925）40版

册数：一

现代初中教科书

化　學

編輯者　鄭貞文

上海商務印書館出版

Modern Textbook Series

Chemistry

For Junior Middle Schools

The Commercial Press, Limited

All rights reserved

中華民國十二年七月初版

中華民國十四年七月四十版

（現代初中教科書化學一冊）

（每冊定價大洋陸角）

（外埠酌加運費匯費）

編輯者　鄭貞文

發行者　商務印書館

印刷所　商務印書館

總發行所　商務印書館

分售處　商務印書館分館

此書有著作權翻印必究

书名：新中学教科书化学
著者：钟衡臧 / 编　华襄治 / 校
出版印行：中华书局
出版时间：民国十四年（1925）再版
册数：一

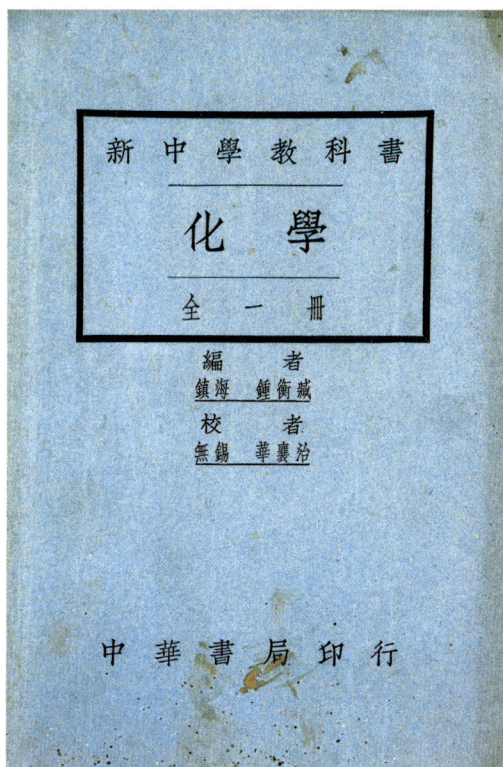

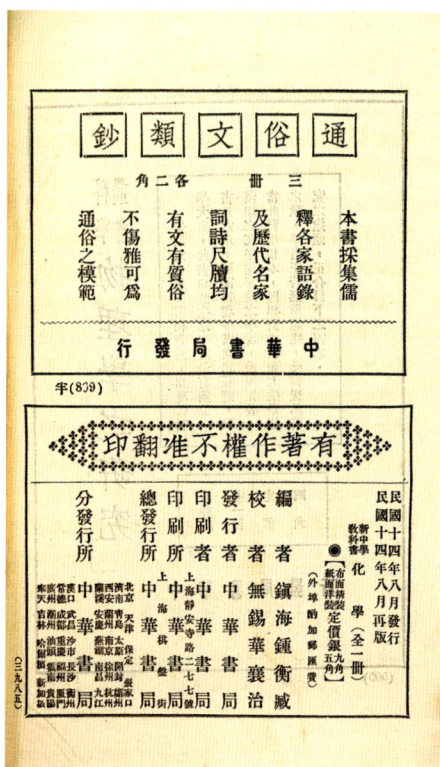

新中學教科書

# 化學

全一冊

| 編　者 |
| 鎮海　鍾衡臧 |
| 校　者 |
| 無錫　華襄治 |

中華書局印行

---

通俗文類鈔

三冊　各二角

本書採集僑
釋各家語錄
及歷代名家
詞詩尺牘均
有文有質俗
不傷雅可爲
通俗之模範

中華書局發行

宇(809)

---

有著作權不准翻印

| | 編 | 校 | 發 | 印 | 印 | 總 | 分 |
| | 著 | 者 | 行 | 刷 | 刷 | 發 | 發 |
| | 者 | | 者 | 者 | 所 | 行所 | 行所 |

民國十四年八月再發行
新中學教科書
化　學（全一冊）
（外埠　酌加郵匯費）
（紙面精裝定價壹角九分）

鎮海　鍾衡臧
無錫　華襄治
上海　中華書局
上海　中華書局
中華書局

中華書局

中華書局

(039185)
(204)

2060　书名：新标准初中教本化学

著者：程祥荣 / 编著

出版印行：开明书店

出版时间：民国廿二年（1933）初版　民国廿四年（1935）8 版

册数：一

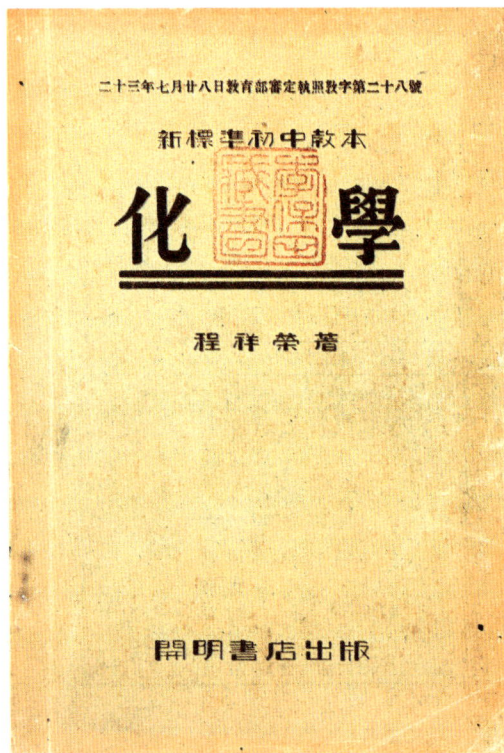

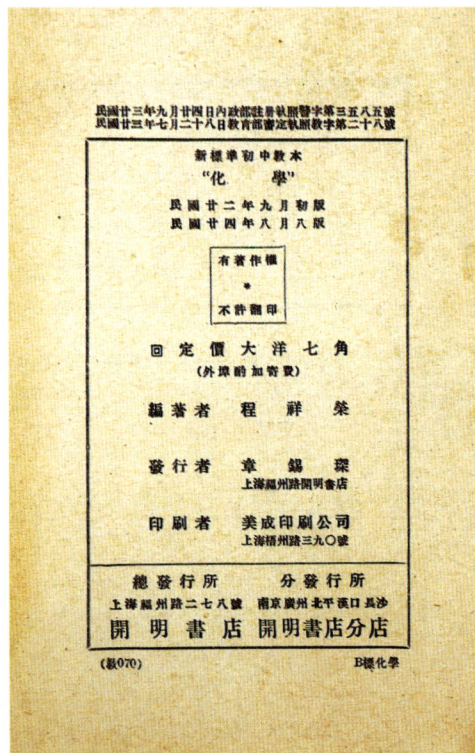

书名：新标准教科书初中化学
著者：王义珏 / 编辑
出版印行：苏州小说林书社
出版时间：民国二十二年（1933）初版　民国二十四年（1935）3版
册数：一

2061

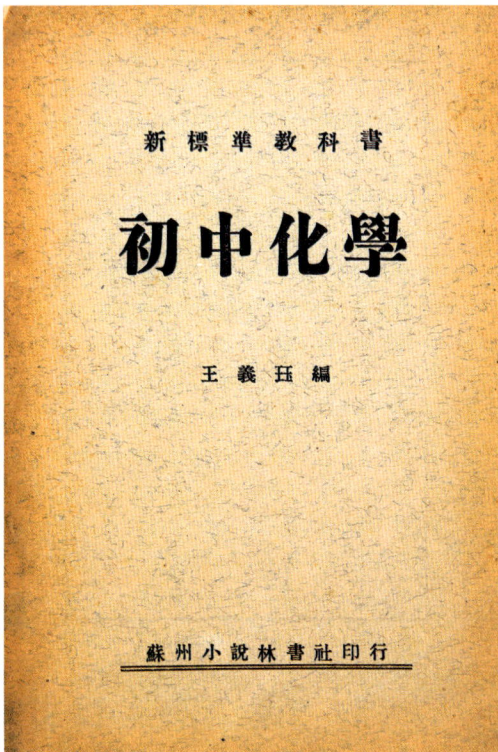

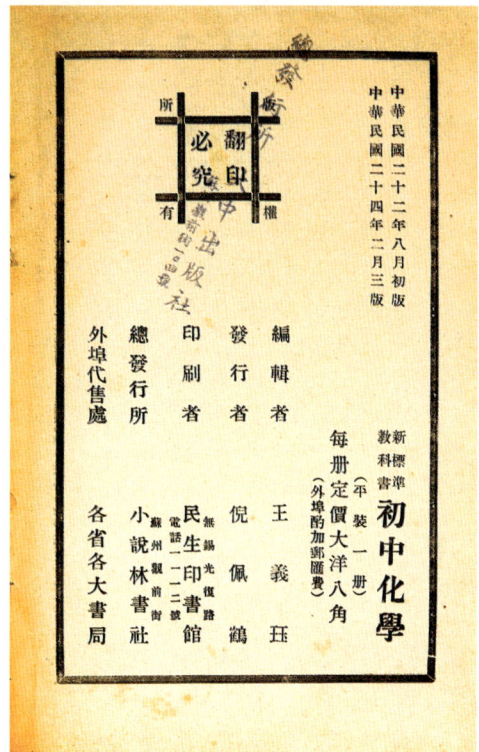

2062　书名：初中化学（新课程标准适用）
　　　　著者：蒋拱辰 / 编　华襄治、华汝成 / 校
　　　　出版印行：中华书局
　　　　出版时间：民国二十三年（1934）初版
　　　　册数：二

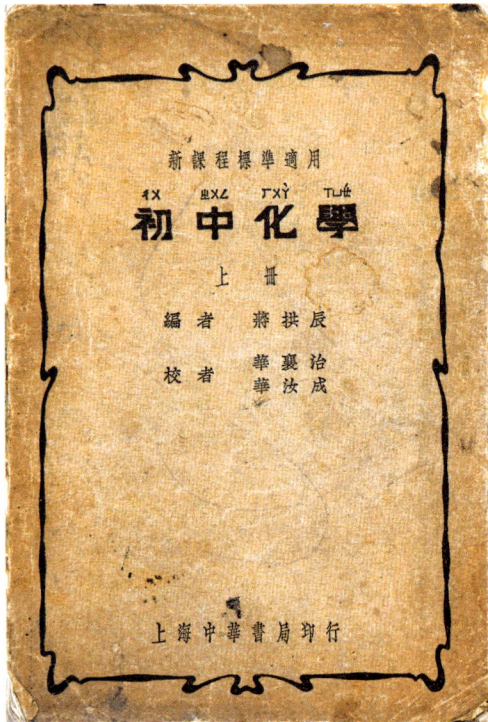

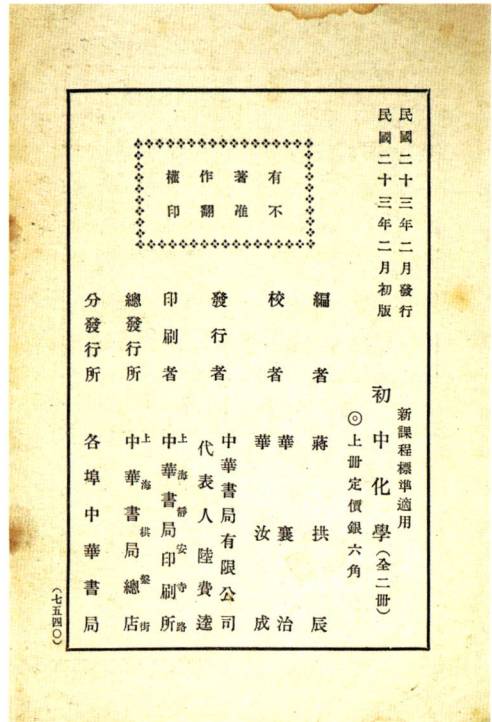

新課程標準適用

# 初中化學

上冊

編者　蔣拱辰

校者　華襄治　華汝成

上海中華書局印行

著作權所有　翻印不准

民國二十三年二月發行
民國二十三年二月初版

新課程標準適用

初中化學（全二冊）

◎上冊定價銀六角

編者　蔣拱辰

校者　華襄治　華汝成

發行者　中華書局有限公司

印刷者　代表人陸費逵
　　　　上海靜安寺路
　　　　中華書局印刷所

總發行所　上海河南路
　　　　　中華書局總店

分發行所　各埠中華書局

（七五四〇）

书名：初中化学教本（修正课程标准适用）

著者：赵廷炳／编著

出版印行：开明书店

出版时间：民国二十三年（1934）初版　民国三十七年（1948）15版

册数：不详

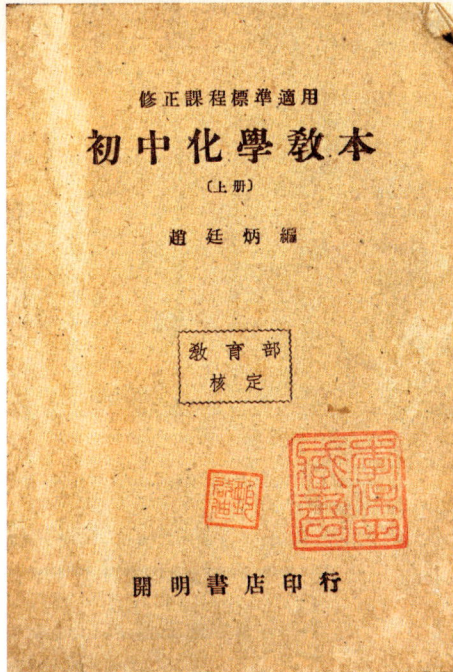

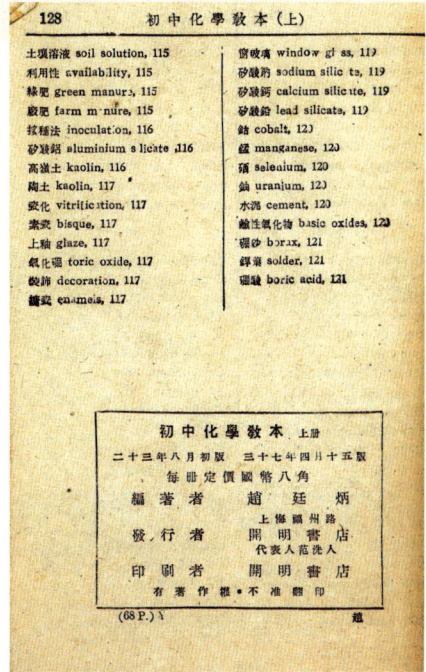

初中化學教本　上冊

二十三年八月初版　三十七年四月十五版

每冊定價國幣八角

編著者　趙廷炳

　　　　　上海福州路

發行者　開明書店

　　　　　代表人范洗人

印刷者　開明書店

有著作權・不准翻印

（68 P.）

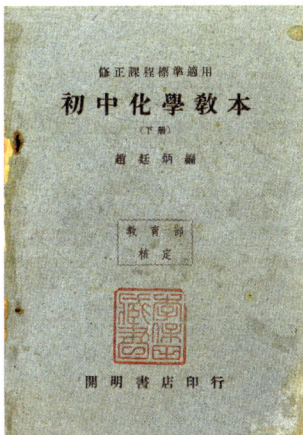

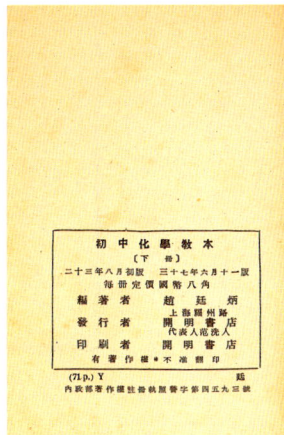

初中化學教本

（下冊）

二十三年八月初版　三十七年六月十一版

每冊定價國幣八角

編著者　趙廷炳

　　　　　上海福州路

發行者　開明書店

　　　　　代表人范洗人

印刷者　開明書店

有著作權・不准翻印

（71 p.）Y

內政部著作權註冊執照警字第四五九三號

2064

书名：建国教科书初级中学化学

著者：王义珏／编著

出版印行：正中书局

出版时间：民国二十四年（1935）初版　民国二十五年（1936）17版

册数：不详

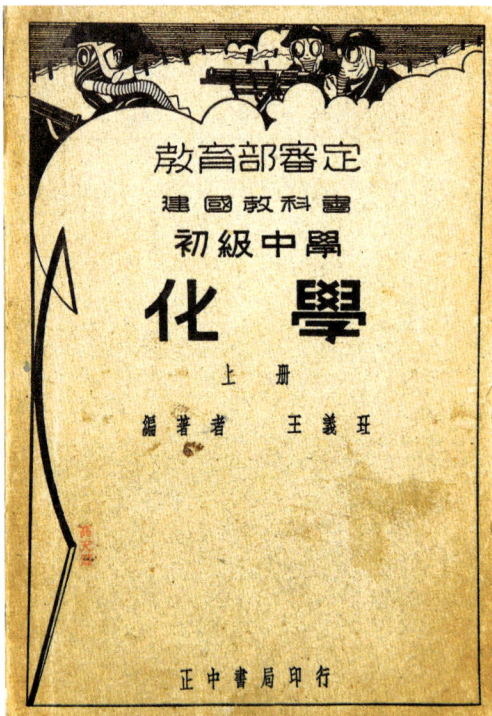

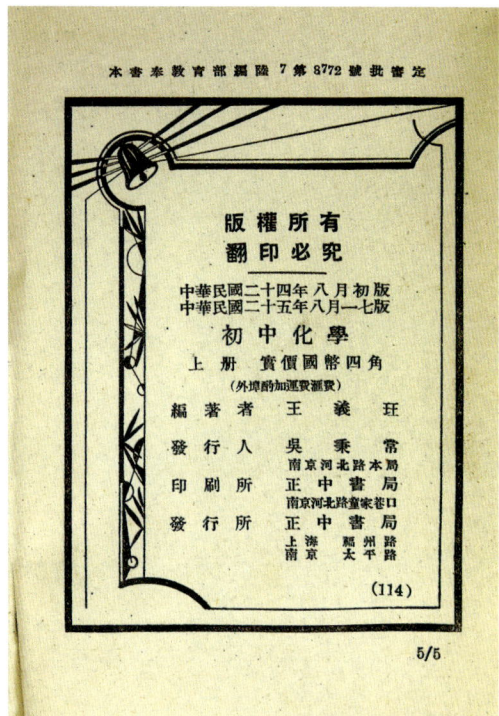

书名：简易师范学校及简易乡村师范学校化学

著者：常伯华／编著

出版印行：正中书局

出版时间：民国二十四年（1935）初版　民国二十七年（1938）五版

册数：不详

2065

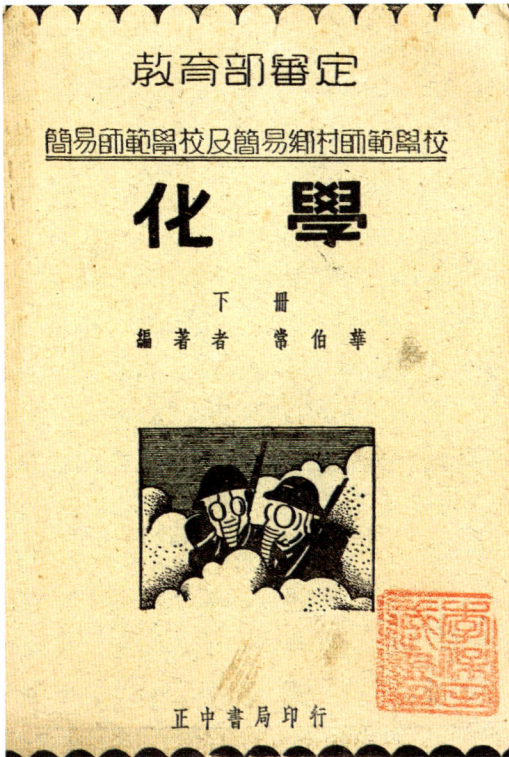

2066

书名：开明化学讲义（开明中学讲义）

著者：程祥荣 / 编著

出版印行：开明书店

出版时间：民国二十五年（1936）初版　民国卅五年（1946）5版

册数：一

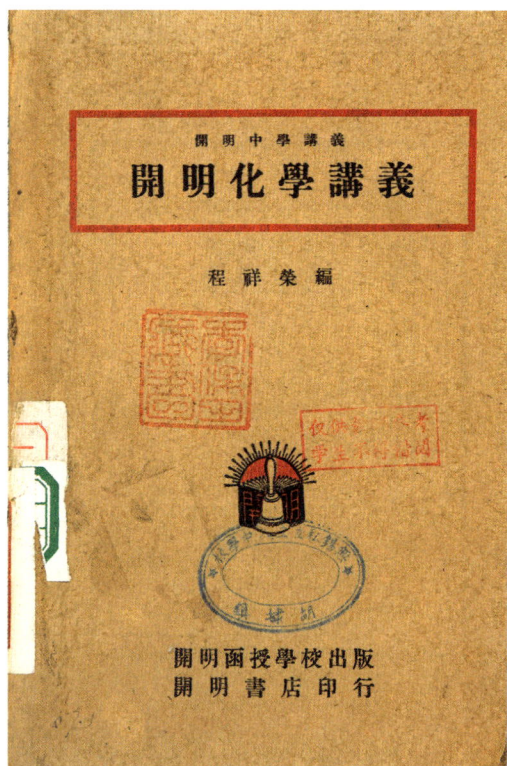

開明中學講義

# 開明化學講義

程　祥　榮　編

開明函授學校出版

開明書店印行

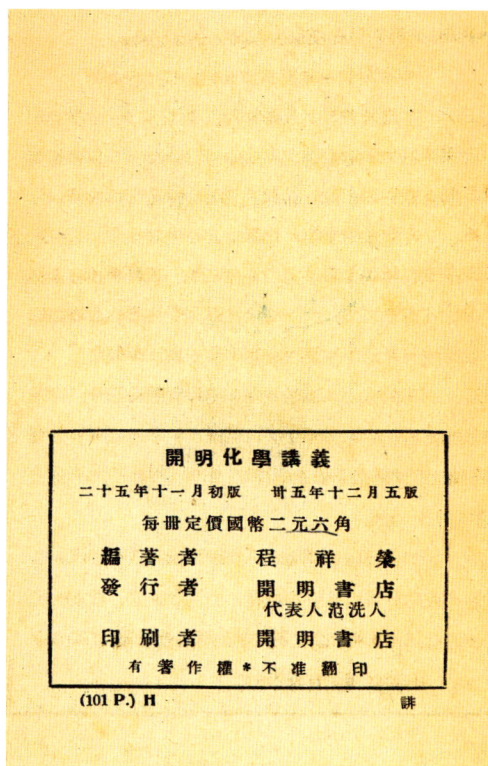

開明化學講義

二十五年十一月初版　　卅五年十二月五版

每冊定價國幣二元六角

編著者　　程　祥　榮

發行者　　開　明　書　店

代表人范洗人

印刷者　　開　明　書　店

有著作權＊不准翻印

(101 P.) H　　　　　　　　　　　誹

书名：复兴初级中学教科书化学实验
著者：谭勤馀／编著　　王云五／主编兼发行
出版印行：商务印书馆
出版时间：民国二十五年（1936）初版
册数：一

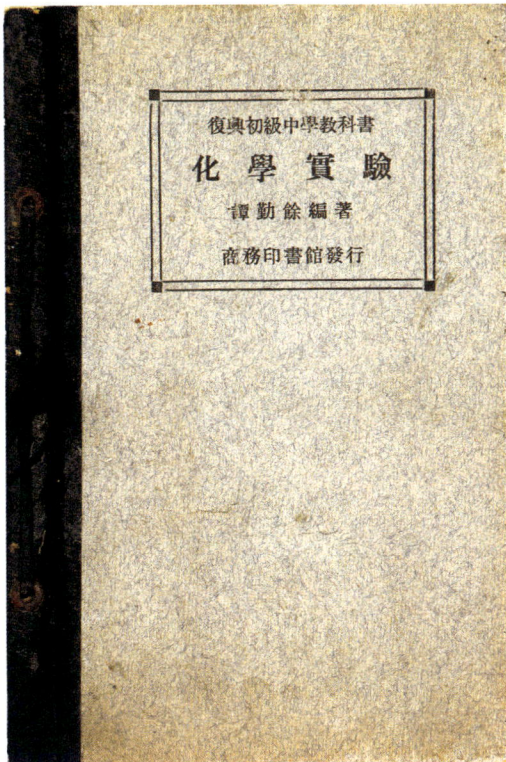

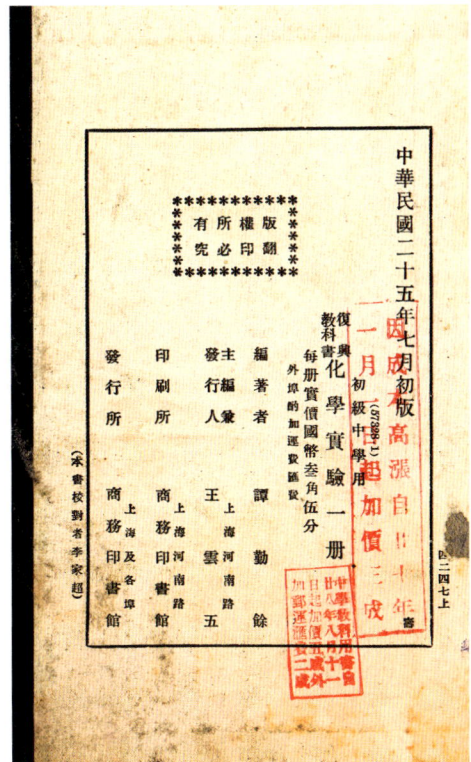

復興初級中學教科書
# 化學實驗
譚勤餘編著
商務印書館發行

中華民國二十五年七月初版

版權所有
翻印必究

復興初級中學
教科書化學實驗一册
每册實價國幣叁角伍分
外埠酌加運費匯費

編著者　　　　譚勤餘

主編兼發行人　王雲五　上海河南路

印刷所　　　　商務印書館　上海河南路

發行所　　　　商務印書館　上海及各埠

（宋書校對者季家趨）

中華民國二十五年七月初版高漲自日年
一月初級中學用
加價三成

2068　书名：朱氏初中化学（新课程标准世界中学教本；初级中学学生用）

著者：朱昊飞 / 编著

出版印行：世界书局

出版时间：民国二十七年（1938）重排　民国二十八年（1939）新2版

册数：一

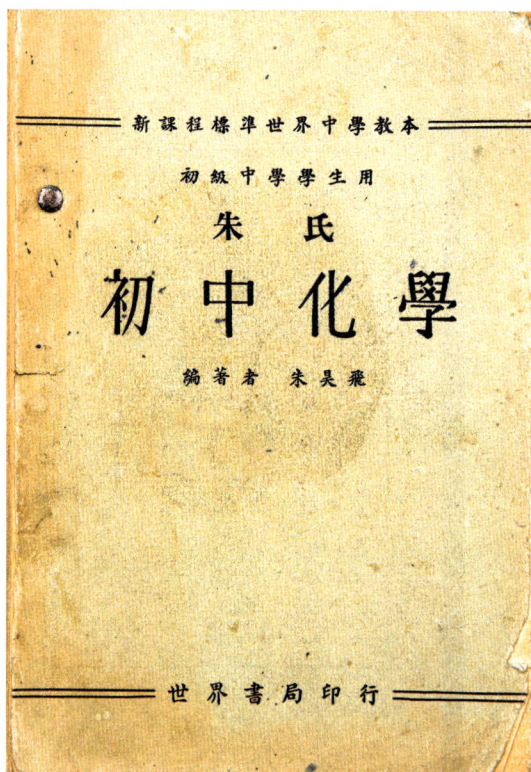

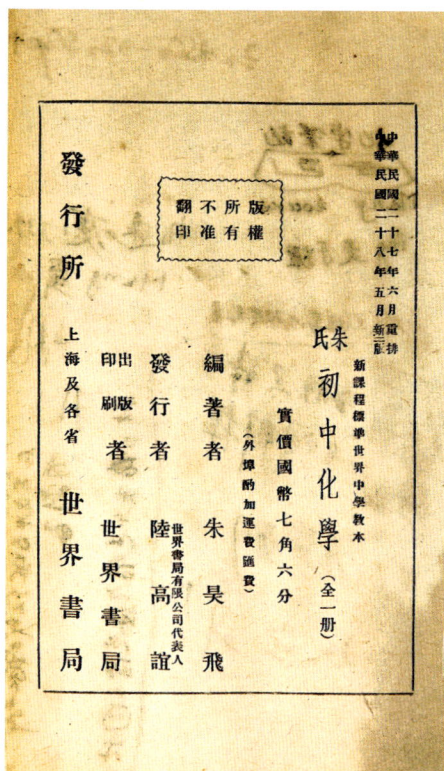

书名：新中国教科书初级中学化学

著者：李嘉谟、李邵谟 / 编著

出版印行：正中书局

出版时间：民国三十四年（1945）沪30版　民国三十五年（1946）审定本沪23版

册数：二

2069

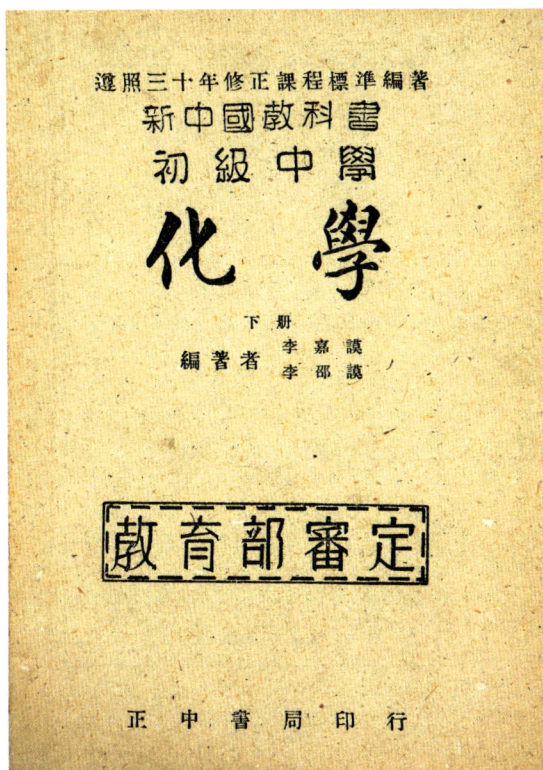

遵照三十年修正課程標準編著

新中國教科書

初級中學

# 化　學

下　冊

編著者　李嘉謨
　　　　李邵謨

教育部審定

正中書局印行

版權所有
翻印必究

中華民國三十四年十一月滬三〇版
中華民國三十五年五月審定本滬二三版

新中國
教科書　初級中學化學（下）
（全書共兩冊）

定價國幣五角
（外埠的加運費匯費）

| 編著者 | 李 | 嘉 | 謨 |
| | 李 | 邵 | 謨 |
| 發行人 | 吳 | 秉 | 常 |
| 印刷所 | 正 | 中 書 | 局 |
| 發行所 | 正 | 中 書 | 局 |

（1662）

本（商）　　　18/4

2070

书名：新编初中化学（修正课程标准适用）

著者：华襄治／编　华汝成、陶鸿翔／校

出版印行：中华书局

出版时间：民国三十六年（1947）43版

册数：二

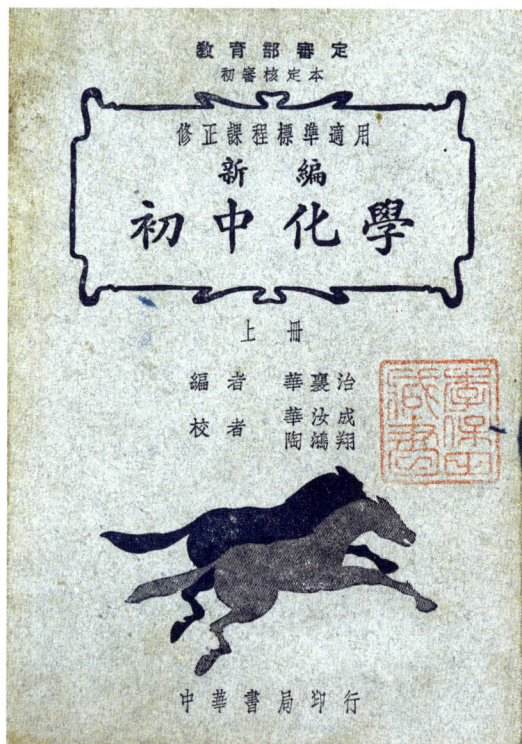

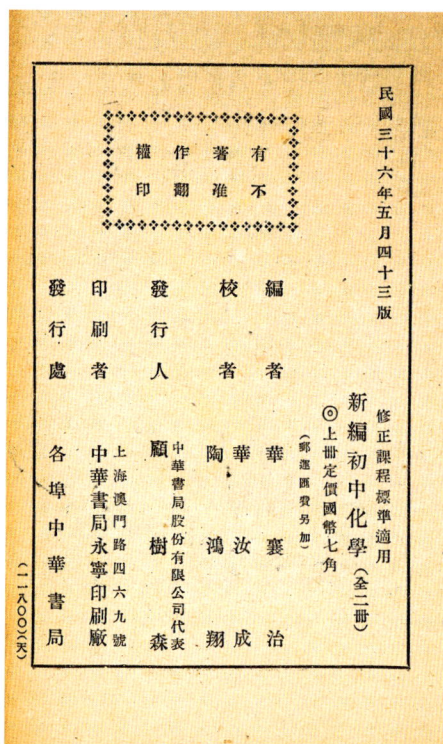

书名：初中新化学（修正课程标准适用）
著者：闵世型／编著
出版印行：世界书局
出版时间：民国三十六年（1947）七版
册数：二

2071

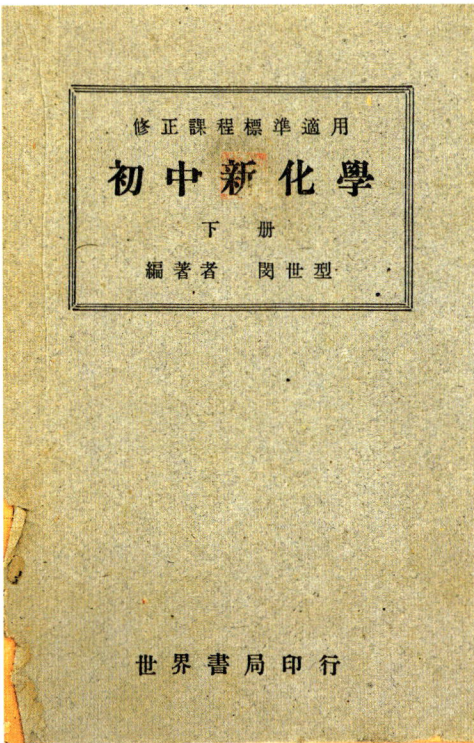

修正課程標準適用

初中新化學

下　册

編著者　閔世型

世界書局印行

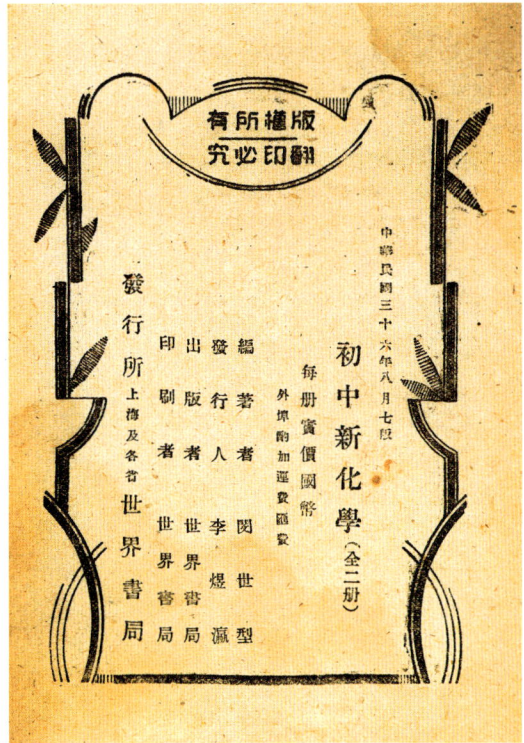

中華民國三十六年八月七版

初中新化學（全二册）

每册實價國幣
外埠酌加運費滙費

發行所
上海及各省
世界書局

編著者　閔世型
發行人　李煜瀛
出版者　世界書局
印刷者　世界書局

2072

书名：复兴初级中学教科书化学（修订本）

著者：舒重则 / 重编　沈昭文 / 校订　徐子威 / 协校

出版印行：商务印书馆

出版时间：民国三十七年（1948）修订本第1版

册数：二

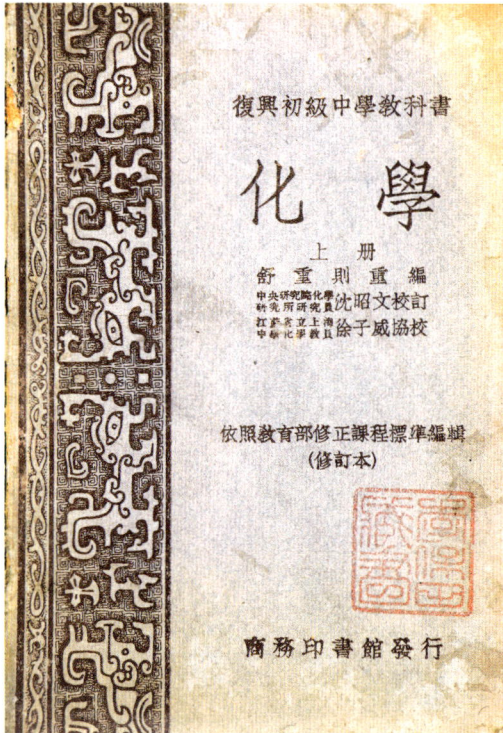

復興初級中學教科書

化學

上冊

舒重則重編

中央研究院化學研究所研究員 沈昭文校訂

江蘇省立上海中學化學教員 徐子威協校

依照教育部修正課程標準編輯

（修訂本）

商務印書館發行

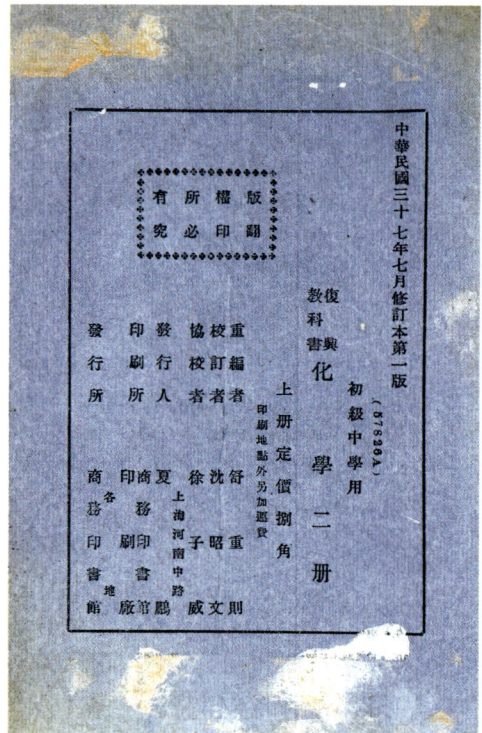

中華民國三十七年七月修訂本第一版

（8762 6人）

初級中學用

復興教科書 化學 二冊

版權所有　翻印必究

重編者　舒重則

校訂者　沈昭文

協校人　徐子威

發行人　夏鵬

印刷所　商務印書館 上海河南中路

發行所　商務印書館 各地 印書館

上冊定價捌角

印刷地點外另加運費

书名：初中新化学（最新修正课程标准适用）　　　　　　　2073

著者：上海科学社／主编　周文、宋承均、徐子威／编著

出版印行：上海科学社／出版　新科学书店／印行

出版时间：民国三十七年（1948）6版

册数：不详

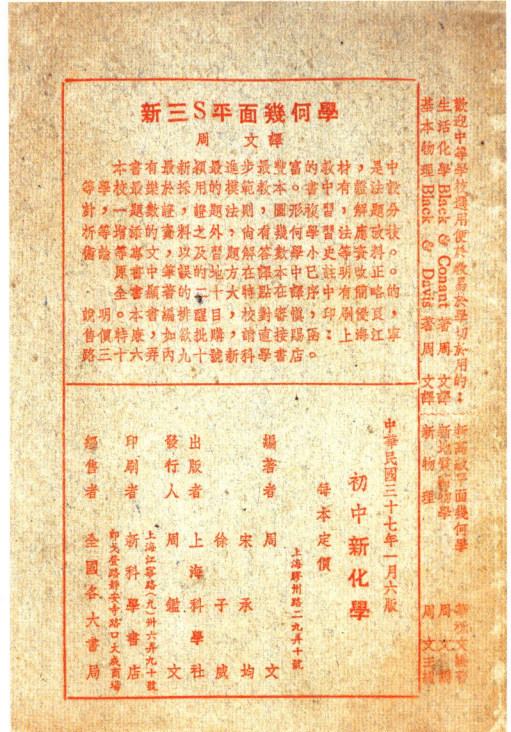

最新修正課程標準適用

# 初中新化學

編著者

徐子威　周　文　宋承均

本書編選最適合教學需要的彈性教材，
兼其教科書、參考書、題解書的效用，
而有便於教、易於學、切於用的優點。

上海科學社主編
新科學書店發行
上海江西路（戈登路）36弄大成商場90號

---

## 新三S平面幾何學

周　文　譯

本書有最新穎最進步最豐富的教材，是中
等學校最樂於採用的模範教本。書中有設法統
計，一題數證，證題法則，圖形複習，解題分
析等增添的資料之外，尚有幾何學習法廣改良
衛語等專文，以及習題解答數學小史等資料。

凡書中錯誤的地方在課本中已註明改正。
全書顯著的二十大特點在課序中有簡略的
說明。本書編排醒目，校對審慎，印刷優良，
售價特廉，如欲批購，請直接賜兩：上海江西
路三十六弄內九十號新科學書店。

歡迎中等學校選用復代發售公眾切於應用的：

生活化學 Black & Conant 著屬 文譯

基本物理 Black & Davis 著屬 周 文譯

新潮設平面幾何學　周文著

新法鏡物理學　周文著

新物理　周文著

中華民國三十七年一月六版

初中新化學

每本定價

上海界別路二九弄十號

| 總售者 | 印刷者 | 發行人 | 出版者 | 編著者 | |
|---|---|---|---|---|---|
| 全國各大書局 | 周　　　文 | 上　海　科　學 | 上　海　科　學　社 | 徐　子　威 | 宋　承　均 |
|  | | 新科學書店 | | | 周　　文 |

2074　书名：初中新化学（最新修正课程标准适用）
著者：上海科学社 / 主编　徐子威、周文、宋承均 / 编著　曹惠群、顾翼东 / 校阅
出版印行：新科学书店
出版时间：不详
册数：不详

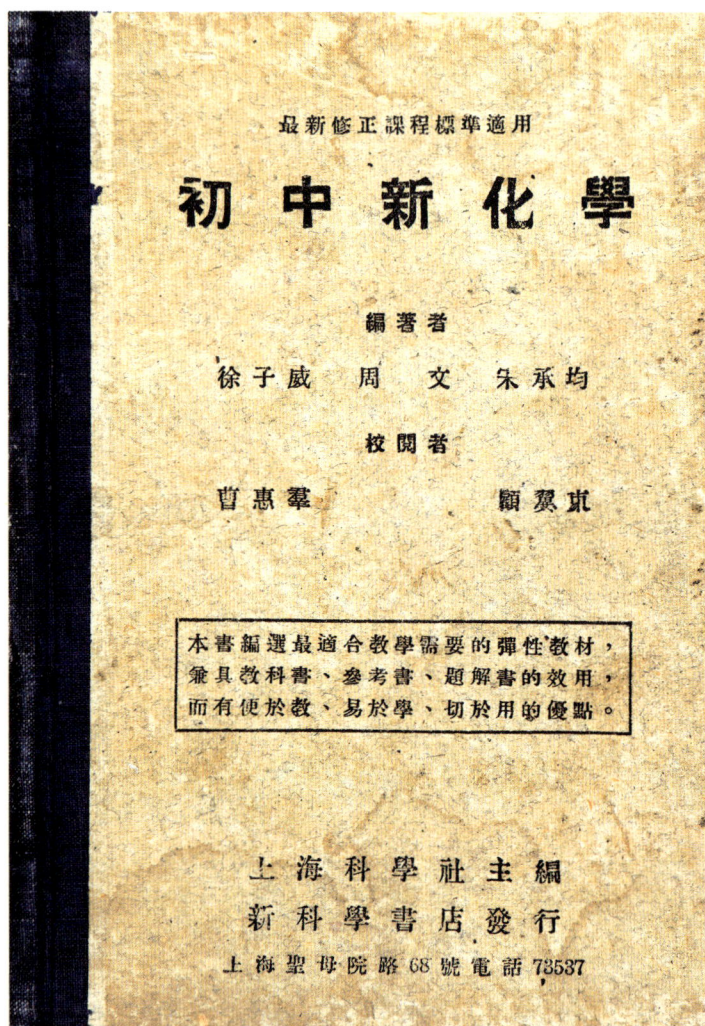

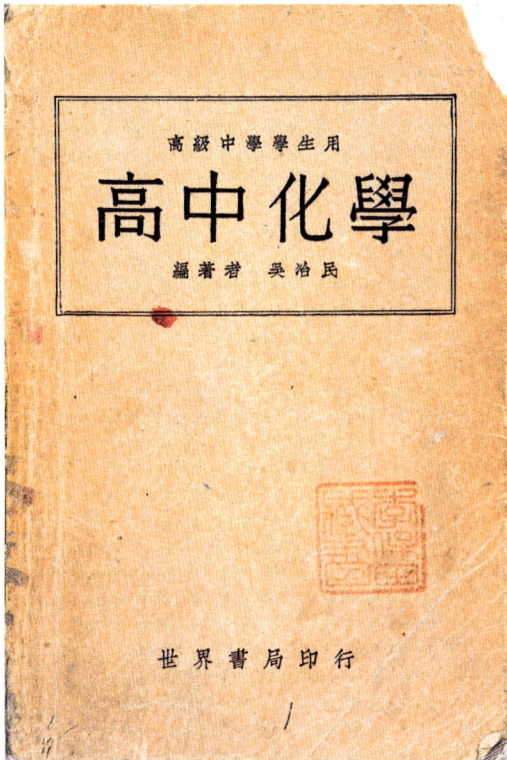

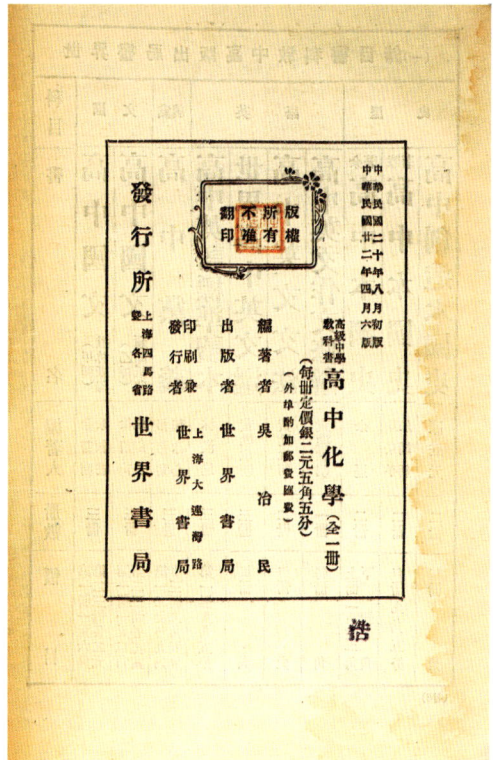

2076

书名：新标准教材高中化学
著者：阎玉振、王鹤清 / 编著
出版印行：北平文化学社
出版时间：民国二十二年（1933）初版
册数：不详

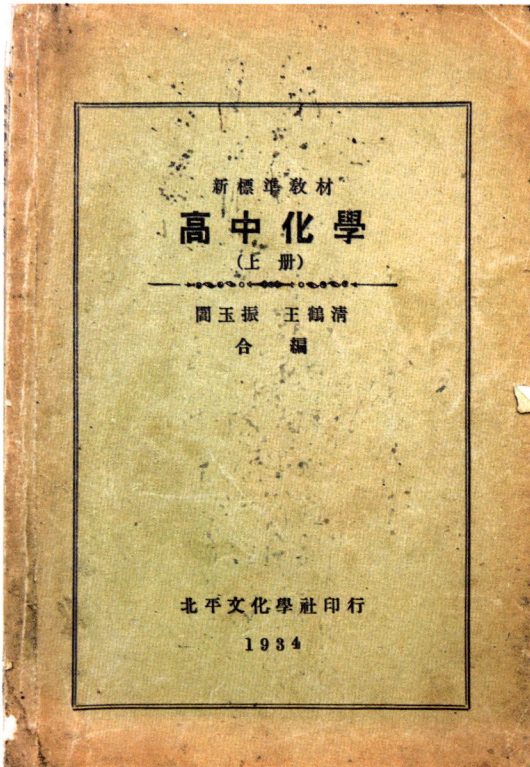

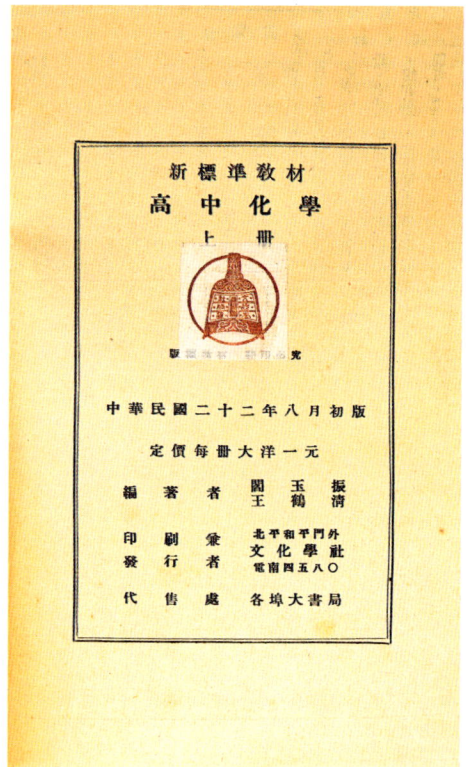

书名：复兴高级中学教科书化学实验

著者：金仲眉、王义珏、陈永丰、蒋芹 / 编著　王云五 / 主编兼发行

出版印行：商务印书馆

出版时间：民国二十三年（1934）初版　民国三十五年（1946）订正24版

册数：一

2077

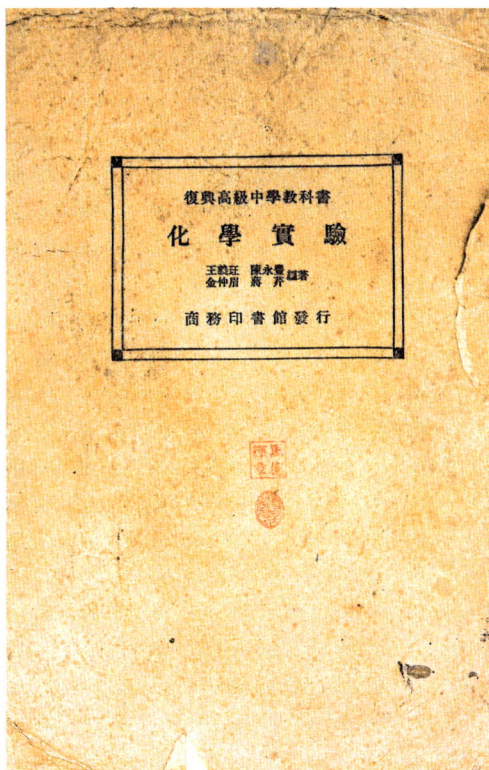

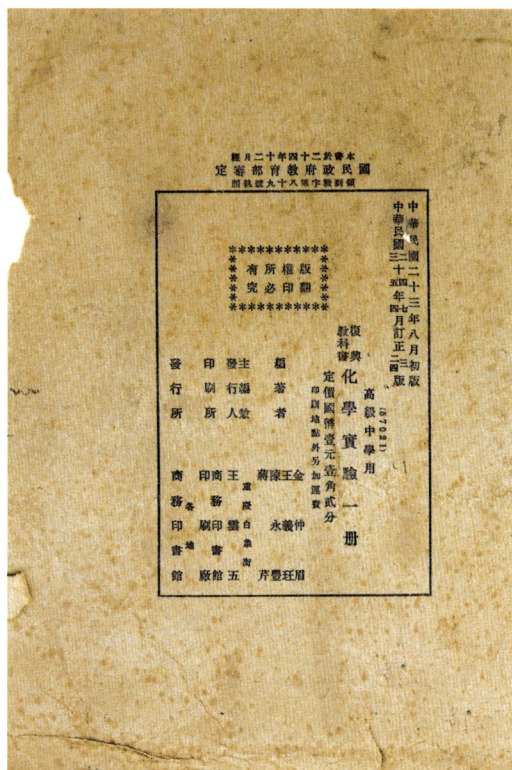

2078

书名：复兴高级中学教科书化学

著者：郑贞文 / 编著

出版印行：商务印书馆

出版时间：民国二十四年（1935）审定本第1版　民国二十七年（1938）审定本第19版

册数：二

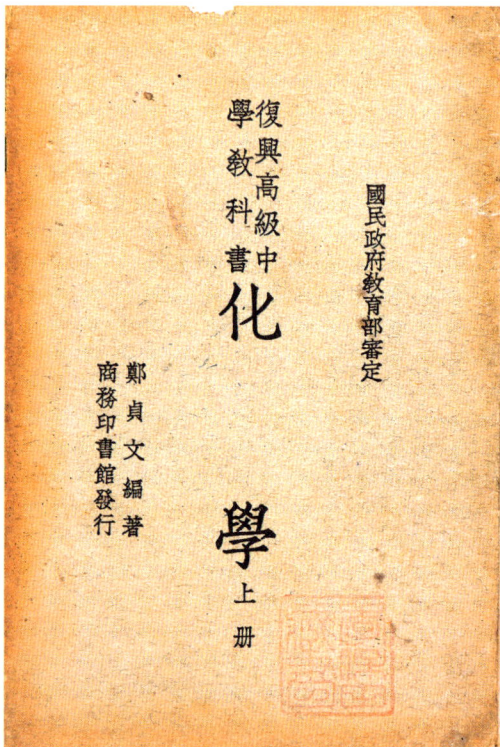

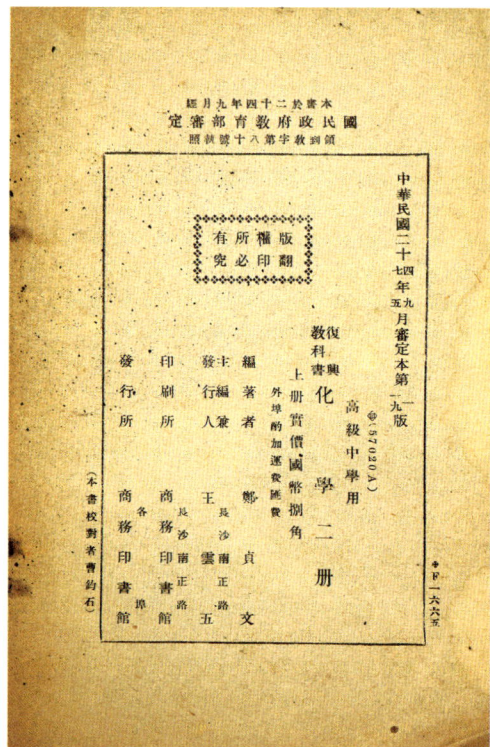

书名：建国教科书高级中学化学

著者：黄素封 / 编著　薛德炯 / 校订

出版印行：正中书局

出版时间：民国二十六年（1937）初版　民国三十七年（1948）泸11版

册数：二

2079

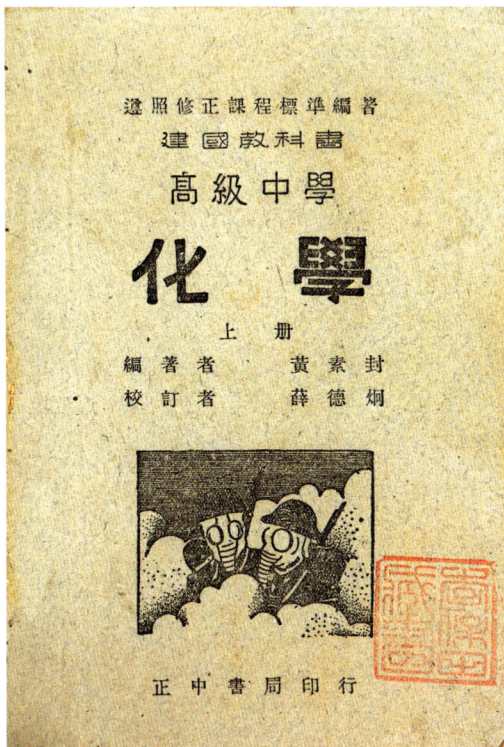

书名：朱吴两氏高中化学（修正本）

著者：朱昊飞、吴冶民 / 编著　龚昂云 / 修改

出版印行：世界书局

出版时间：民国二十九年（1940）修正重排　民国三十七年（1948）新15版

册数：一

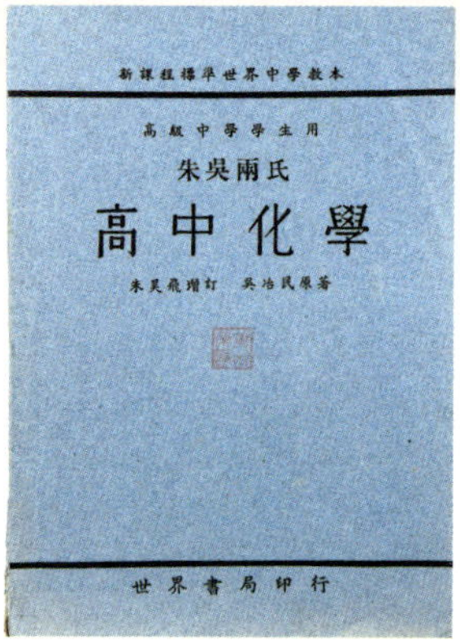


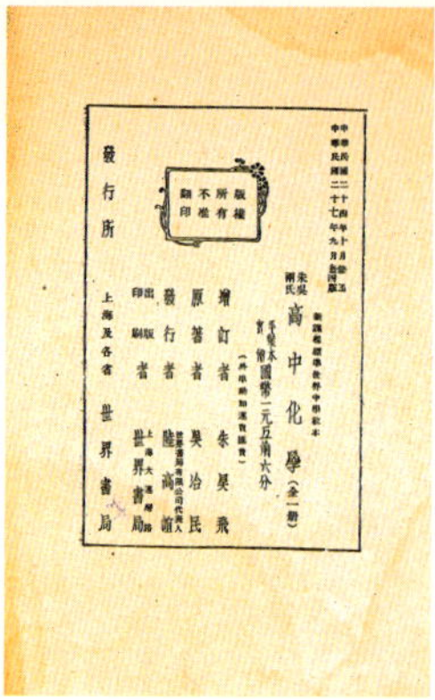

朱吳兩氏 高中化學（全一冊）

實價國幣一元五角六分（外埠酌加運費匯費）

增訂者　朱昊飛

原著者　吳冶民

發行者　陸高誼

出版印刷者　世界書局

發行所　上海及各省　世界書局

版權所有　不准翻印

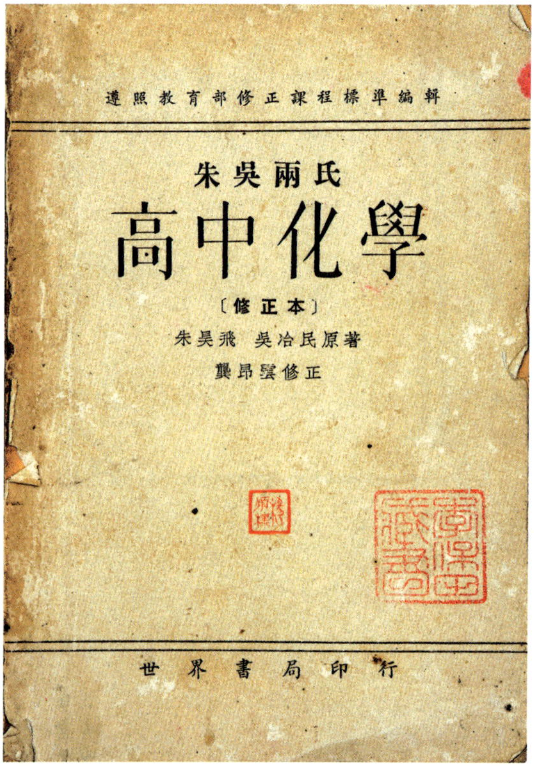


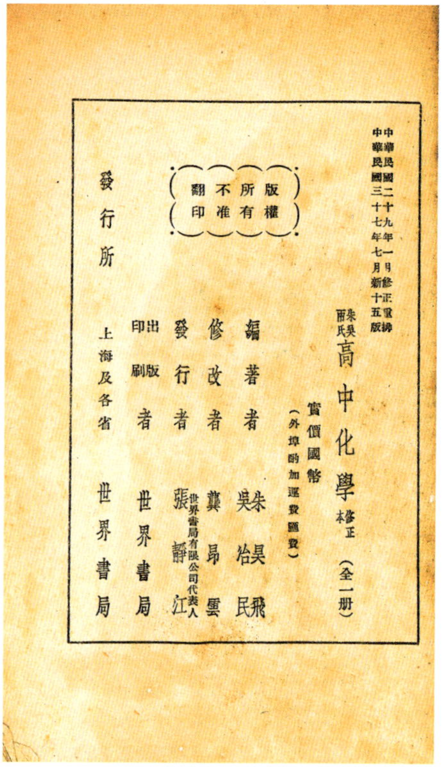

中華民國二十九年一月修正重排

中華民國三十七年七月新十五版

朱吳兩氏 高中化學 修正本（全一冊）

實價國幣（外埠酌加運費匯費）

編著者　朱昊飛　吳冶民

修改者　龔昂雲

發行者　世界書局有限公司代表人 張靜江

出版印刷者　世界書局

發行所　上海及各省　世界書局

版權所有　不准翻印

书名：高中化学（新课程标准适用）

著者：黄德溥 / 编

出版印行：中华书局

出版时间：民国三十六年（1947）11版

册数：二

2081

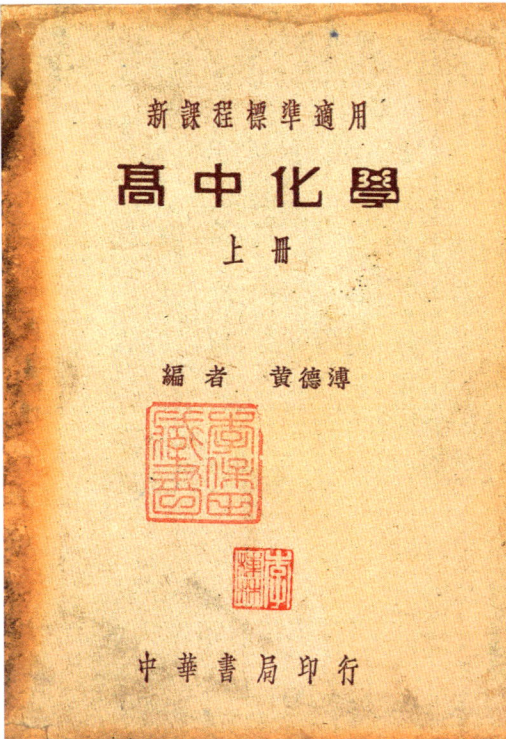

新課程標準適用

# 高中化學

上冊

編者　黃德溥

中華書局印行

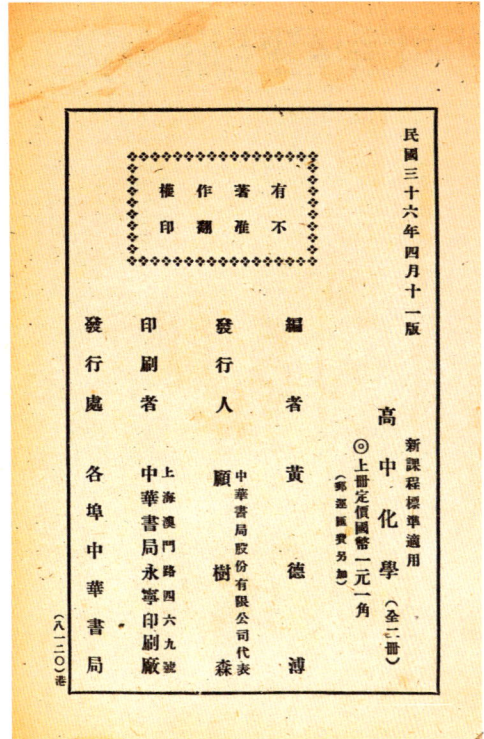

民國三十六年四月十一版

有著作權　不准翻印

新課程標準適用

高中化學（全二冊）

◎上冊定價國幣一元一角
（郵運匯費另加）

編　著　者　黃德溥

發　行　人　顧樹森

中華書局股份有限公司代表

印　刷　者　中華書局永寧印刷廠

上海澳門路四六九號

發　行　處　各埠中華書局

（八二一〇）港

2082　书名：民国新教科书化学

　　　著者：王兼善 / 编纂

　　　出版印行：商务印书馆

　　　出版时间：民国二年（1913）初版　民国十一年（1922）20版

　　　册数：一

③ 其他教材

教育部審定批語

中學師範用國民新教科書

化學

是書按漸法令編輯

條理分明文字

簡晰理論實驗

相輔而行　且自

首至尾一線相

貫　由淺入深循序漸

進洵足以啓學者

之心思而引起

其進取之興味

鬲(9)

The New Scientific Series
CHEMISTRY
Revised Edition
Approved by the Board of Education
Commercial Press, Limited
All rights reserved

中華民國十一年九月廿

增訂（民國新化學一冊）

（教科書每冊定價大洋壹元陸角）

（外埠酌加運費匯書）

編纂者　江蘇王兼善

發行者　商務印書館

印刷所　商務印書館
上海棋盤街中市

總發行所　商務印書館
北京天津保定奉天吉林龍江
濟南太原開封西安南京上海
杭州福州漳州安慶南昌長沙
貴陽潮州香港桂林梧州雲南
張家口汕頭朝陽雅坡

分售處　商務印書分館
吳淞常德成都重慶遵義鎮江

此書有著作權翻印必究

中華民國二年五月三十日皇部註冊第七十四號執照六月二十日領到文字

九四○九口

中華民國二年三月初版

书名：化学集成（第四编　分析化学）

著者：［日］水津嘉之一郎／原著　孔庆莱／翻译　郑贞文／校订

出版印行：商务印书馆

出版时间：民国十五年（1926）初版　民国廿一年（1932）国难后第1版

册数：一

2083

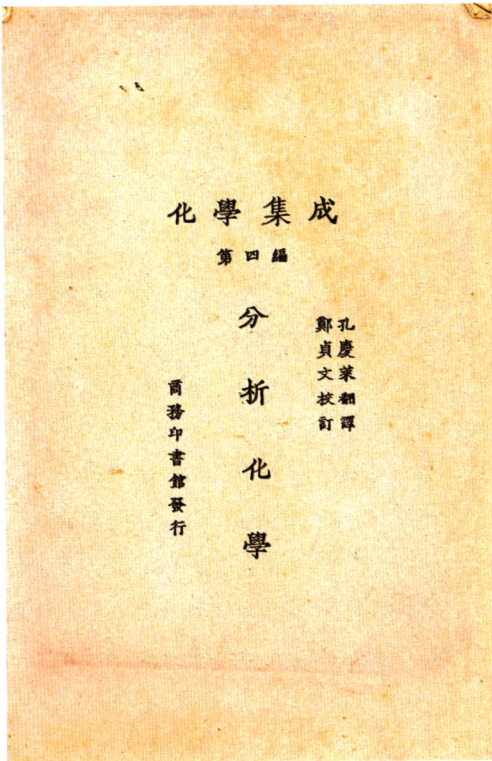

化學集成
第四編

分析化學

孔慶莱　翻譯
鄭貞文　校訂

商務印書館發行

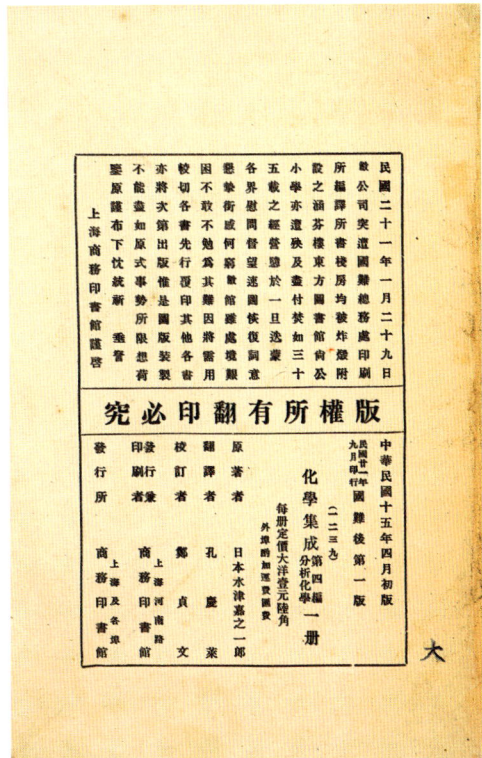

民國二十一年一月二十九日

敝公司奥遵國難善處印刷所福譯所書棧房均被炸燬附設之涵芬樓東方圖書館向公小學亦遭殃及盡付焚如三十五載之經營慇於一旦焚燬各界愚問皆望速印恢復創意悪券術或何愁愧處煆顏困不敢不勉爲其難館燬處限較切各書先行覆印其他各書亦將次第出版惟是國燬裝製不能盡如原式事勢所限愚荷繋原諒布下忱統新垂詈

上海商務印書館謹啟

中華民國十五年四月初版

民國廿一年國難後第一版
九月暫行

化學集成第四編

分析化學一冊

外埠酌加運費滙費

每冊定價大洋壹元陸角

（一二三九）

原著者　日本水津嘉之一郎

翻譯者　孔慶莱

校訂者兼　鄭貞文

印刷者　上海河南路商務印書館

發行所　上海及各埠商務印書館

大

2084

书名：化学精义

著者：［日］高田德佐／原著　张资模／翻译　郑贞文、郑尊法／校订

出版印行：商务印书馆

出版时间：民国十六年（1927）初版　民国廿二（1933）国难后第1版

册数：一

化 學 精 義

GENERAL CHEMISTRY

高田德佐著

張資模譯

鄭貞文鄭尊法校訂

商務印書館印行

THE COMMERCIAL PRESS, LTD.

SHANGHAI

1933

民國二十一年一月二十九日
敝公司突遭國難總務處印刷
所編譯所書棧房均被炸燬附
設之涵芬樓東方圖書館尙公
小學亦遭燬及盡付焚如三十
五載之經營瀕於一旦迭來意
各界懇問督望迅復詞意
懇摯衡感何術
困不敢不勉各書因將借用
較切各書先行覆印其難用
亦將次第出版惟是圖版裝製
不能盡如原式事勢所限想
鑒原謹布下忱統祈
垂詧
上海商務印書館謹啓

中華民國十六年十月初版
民國廿二年
三月印行國難後第一版

化學精義一冊 （三四）

每冊定價大洋肆元

外埠的加運費匯費

| 發行所 | 印刷者兼發行所 | 校訂者 | 翻譯者 | 原著者 |
|---|---|---|---|---|
| 商務印書館 上海及各埠 | 商務印書館 上海河南路 | 鄭尊法 鄭貞文 | 張資模 | 日本高田德佐 |

书名：实用有机化学
著者：黄素封、平祖荫 / 编译
出版印行：开明书店
出版时间：民国二十四年（1935）初版 民国卅五年（1946）4版
册数：不详

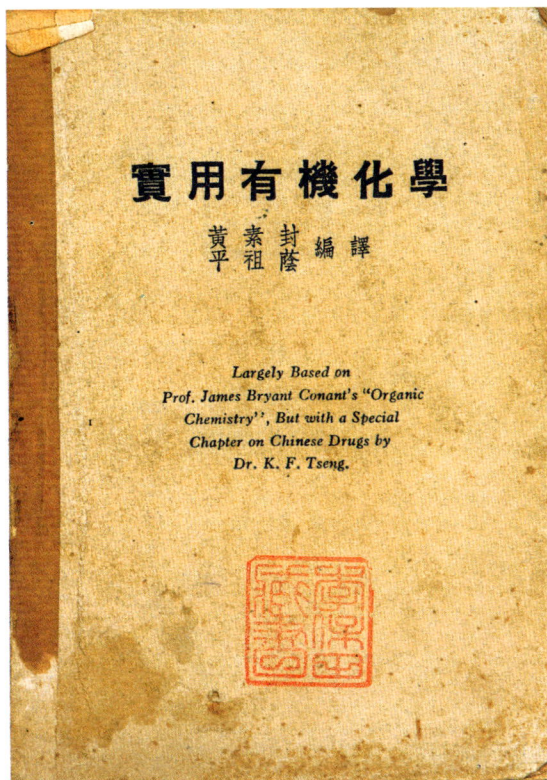

實用有機化學

黄素封
平祖蔭 編譯

Largely Based on
Prof. James Bryant Conant's "Organic
Chemistry", But with a Special
Chapter on Chinese Drugs by
Dr. K. F. Tseng.

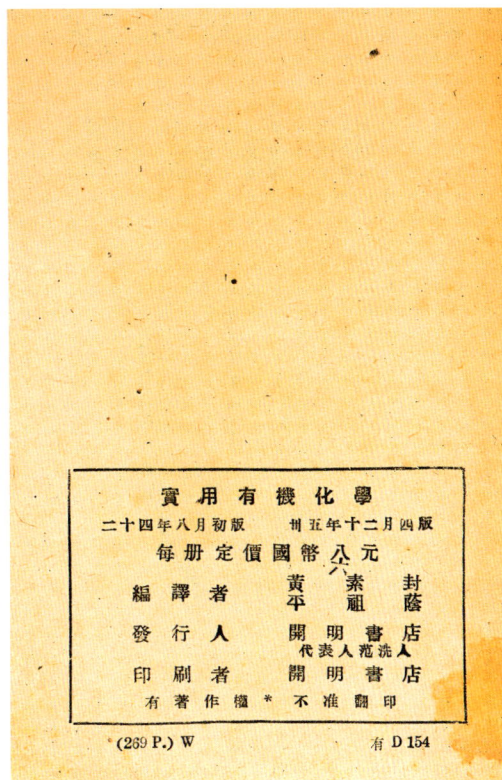

實用有機化學
二十四年八月初版 卅五年十二月四版
每册定價國幣八元
編譯者 黄素封
平祖蔭
發行人 開明書店
代表人范洗人
印刷者 開明書店
有著作權 * 不准翻印
(269 P.) W 有 D 154

2086

书名：理化幻术
著者：薛元氏 / 编译
出版印行：新亚书店
出版时间：民国三十五年（1946）再版
册数：一

理化幻术

上海新亞書店印行

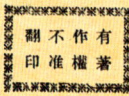

中華民國三十五年十一月再版

公開表演 理化幻術（全一冊）

（外埠的加寄費）

編譯者　　薛元氏

發行者　　陳邦楨

印刷者　　新亞書店

總發行所　新亞書店

上海河南中路一五九號

分售處　　各地大書局

有著作權
翻印不准

书名：最新实用化学（增订版）

著者：N.H.Black & J.B. Conant/ 原著　薛德炯、薛鸿达 / 译

出版印行：中国科学图书仪器公司

出版时间：民国卅五年（1946）初版　民国卅七年（1948）3版

册数：不详

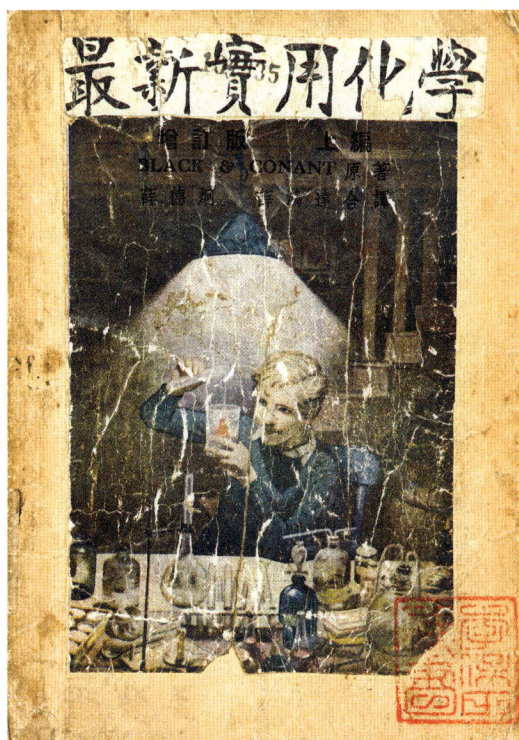

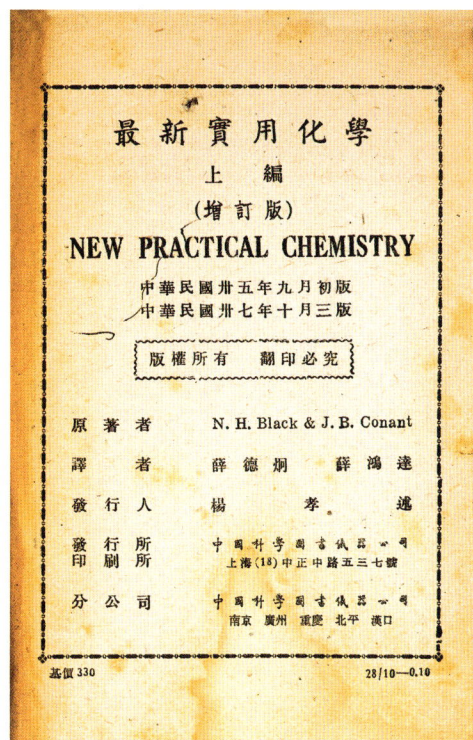

书名：化学学校（新中学文库）
著者：欧斯伐／著　汤元吉／译
出版印行：商务印书馆
出版时间：不详
册数：不详

书名：地球化学（万有文库）
著者：弗那斯基／著　谭勤馀、任梦云／译
出版印行：商务印书馆
出版时间：不详
册数：不详

书名：化学与量子（万有文库）
著者：片山正夫／著　郑贞文／译
出版印行：商务印书馆
出版时间：民国二十年（1931）初版
册数：不详

书名：生体化学（万有文库）
著者：J.Duclaux（杜克劳）／著　高铦／译述
出版印行：商务印书馆
出版时间：民国二十五年（1936）初版
册数：不详

书名：化学六百难题详解（初高中学生必备）

著者：奚识之 / 编纂

出版印行：大方书局

出版时间：不详

册数：一

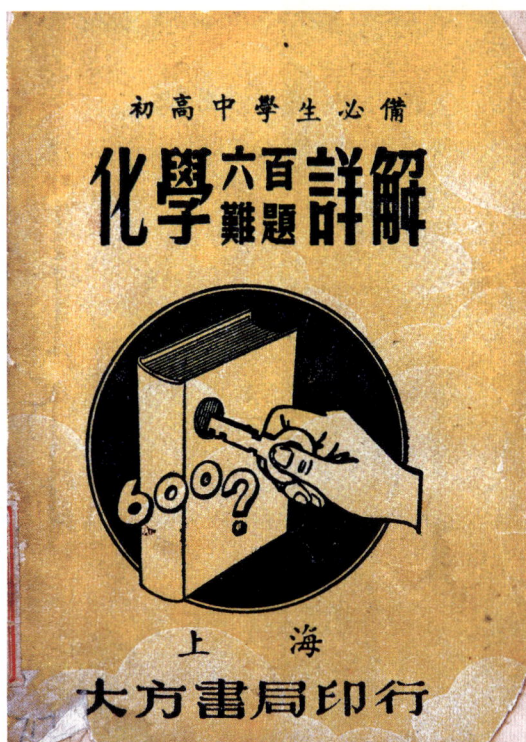

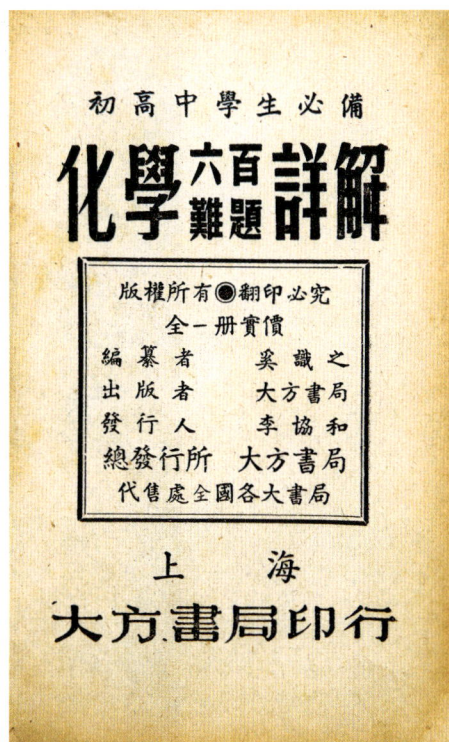

2090　书名：化学（普通学表解丛书；增订本）
　　　著者：胡朝阳/译述
　　　出版印行：新学会社
　　　出版时间：不详
　　　册数：不详

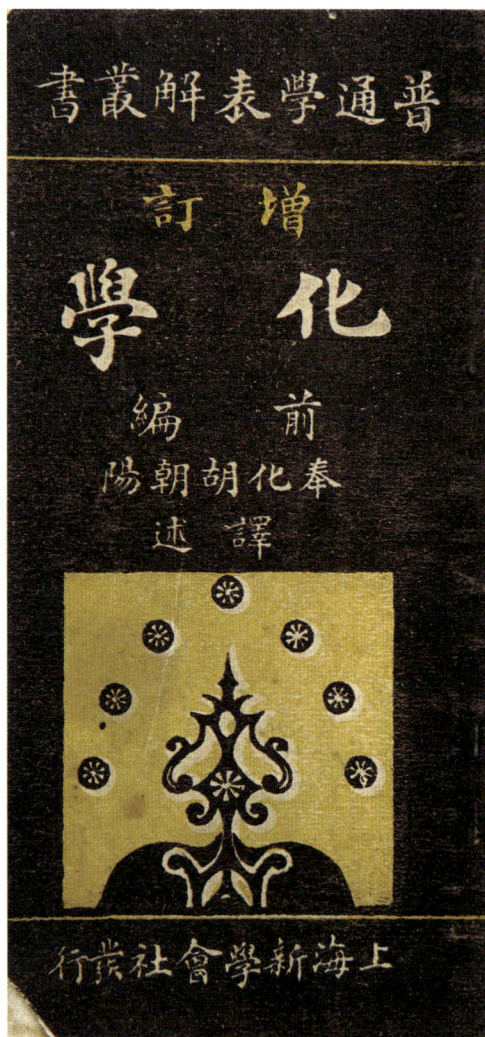

书名：实用化学
著者：蒋揖冰 / 译　龚昂云 / 校订
出版印行：世界书局
出版时间：不详
册数：不详

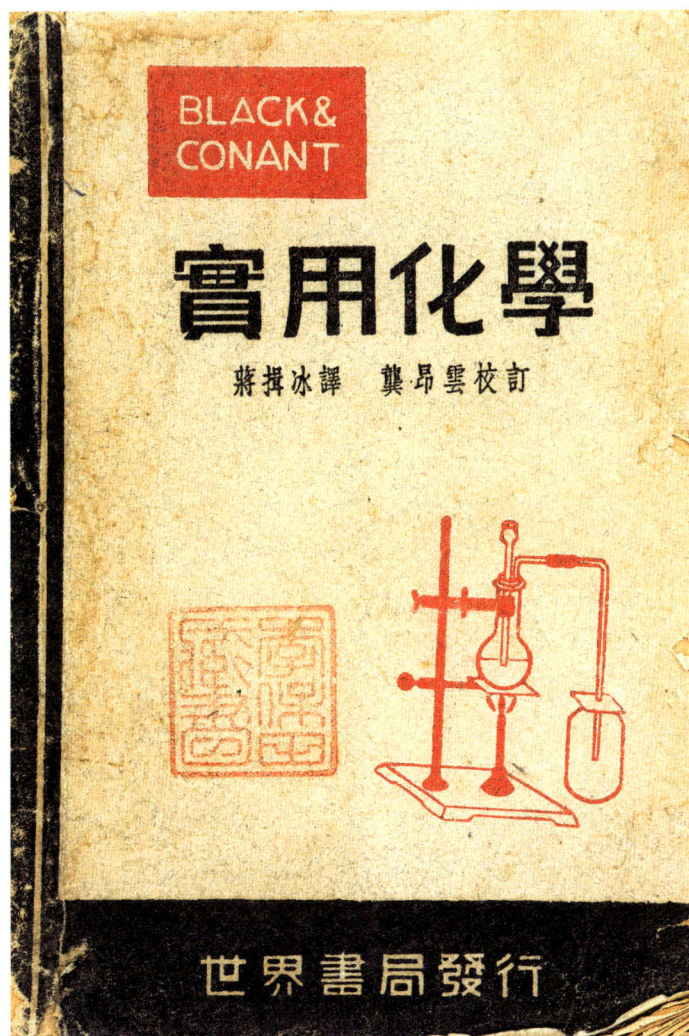

2092　书名：儿童化学实验法（小学生文库）

著者：吴道艮 / 编　周建人 / 校

出版印行：商务印书馆

出版时间：不详

册数：不详

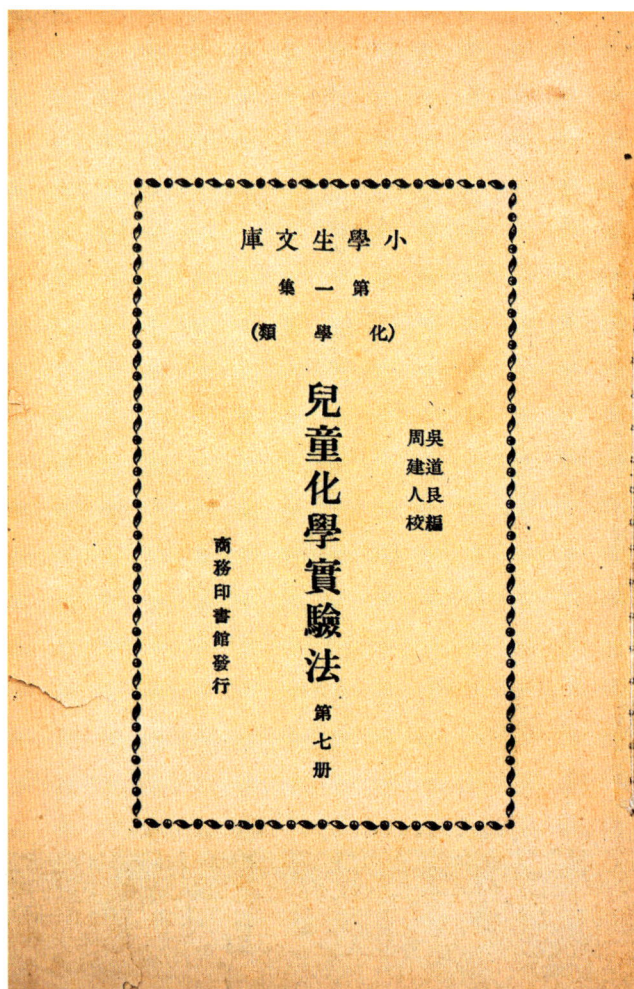

小學生文庫

第一集

（化學類）

兒童化學實驗法

第七冊

吳道艮編

周建人校

商務印書館發行

# 27 论理类教材

书名：师范学校新教科书论理学（本科用）

著者：张毓骢 / 编纂　杨保恒、蒋维乔 / 校订

出版印行：商务印书馆

出版时间：民国三年（1914）初版　民国五年（1916）3版

册数：一

教育部審定

新教科書 師範學校

本科用

論理學

商務印書館出版

教育部審定批語

師範學校新教科書

論理學

用書

此書所選教材多

出於日本十時彌

氏所著論理學綱

要一書至於斟酌

損益之處尤爲精

學校程度應准作

要簡明適合師範

爲師範學校教科

部（125）

Normal School Series

LOGIC
(HIGHER COURSE)
Approved by the Board of Education
COMMERCIAL PRESS, LTD.

中華民國三年十二月初版
中華民國五年六月三版

師範學校新教科書論理學一冊
（每册定價大洋伍角）
（外埠酌加運費匯兌）

編纂者　上海　張毓聰

校訂者　上海　楊保恒
　　　　武進　蔣維喬

印刷所　商務印書館

發行所　商務印書館

總發行所　商務印書館

分售處　商務印書館各埠分館

中華民國四年五月
二十日傾到文字
第三百三十一號執照

二八四

2096

书名：哲学纲要（师范学校用）

著者：黄忏华 / 编纂

出版印行：商务印书馆

出版时间：民国十一年（1922）初版　民国十八年（1929）五版

册数：一

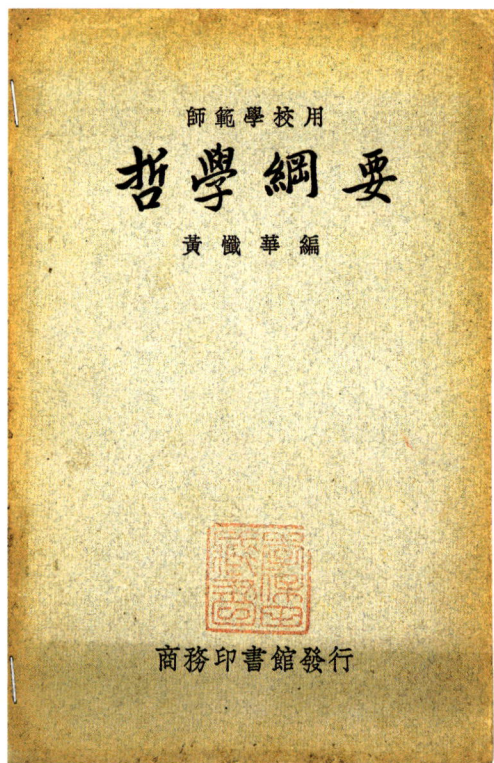

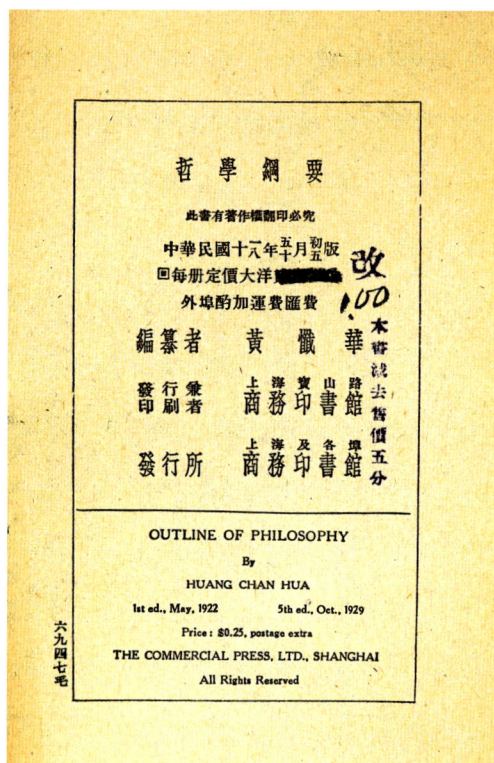

书名：新学制高级中学教科书论理学
著者：王振瑄／编辑
出版印行：商务印书馆
出版时间：民国十四年（1925）初版　民国十九年（1930）16版
册数：一

2097

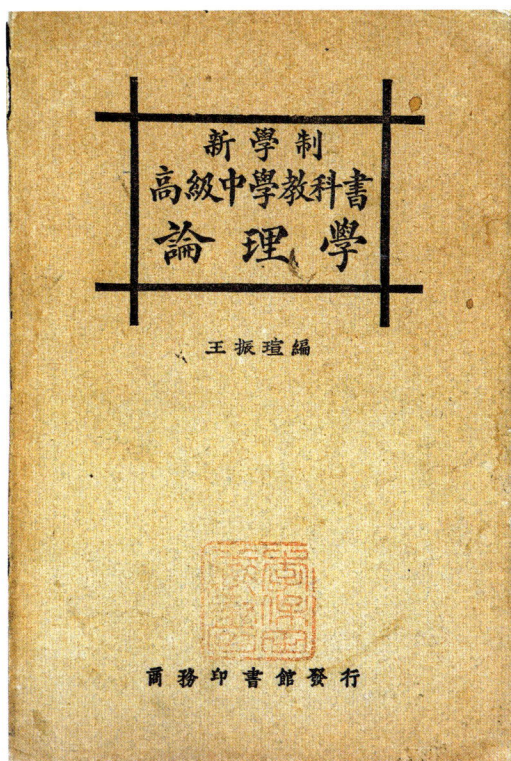

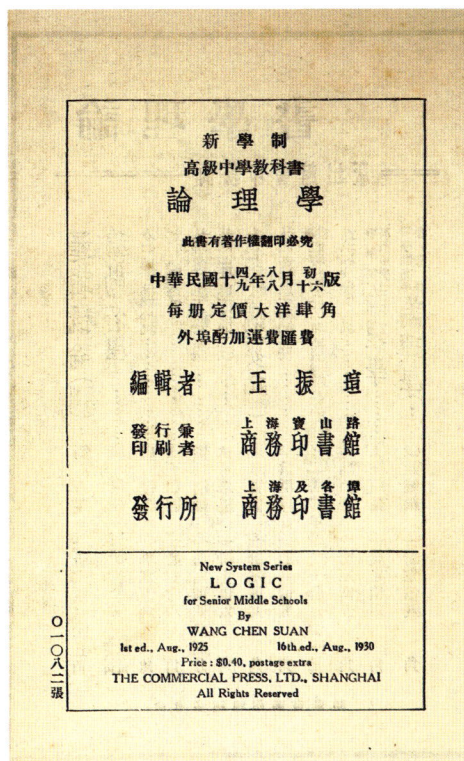

新學制
高級中學教科書
論理學

此書有著作權翻印必究

中華民國十四年八月初版
　　　　十九年八月十六版

每册定價大洋肆角
外埠酌加運費匯費

| | | |
|---|---|---|
| 編輯者 | 王振瑄 | |
| 發行兼印刷者 | 上海寶山路 商務印書館 | |
| 發行所 | 上海及各埠 商務印書館 | |

New System Series
L O G I C
for Senior Middle Schools
By
WANG CHEN SUAN
1st ed., Aug., 1925　16th ed., Aug., 1930
Price : $0.40, postage extra
THE COMMERCIAL PRESS, LTD., SHANGHAI

〇一〇八二張

2098

书名：新学制高级中学教科书人生哲学

著者：冯友兰 / 著

出版印行：商务印书馆

出版时间：民国十五年（1926）初版　民国十九年（1930）4版

册数：一

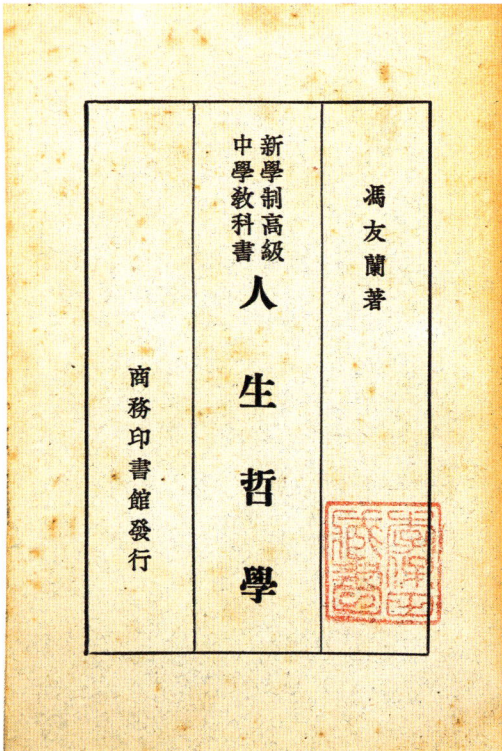

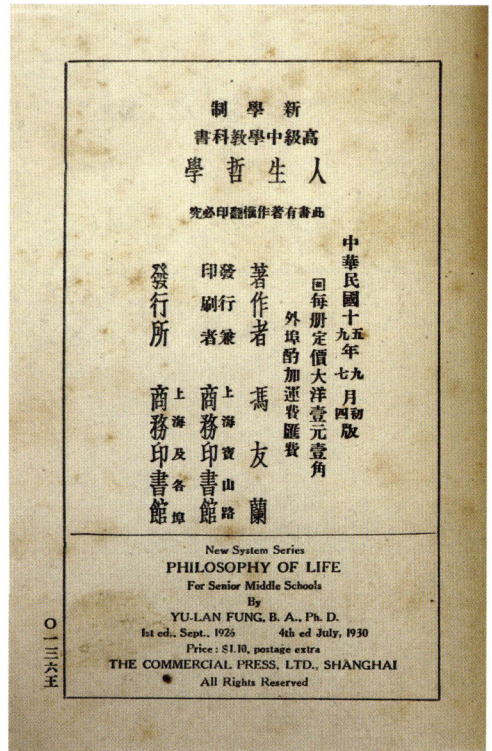

书名：论理学（万有文库）

著者：王了一 / 著

出版印行：商务印书馆

出版时间：民国二十二年（1933）初版

册数：不详

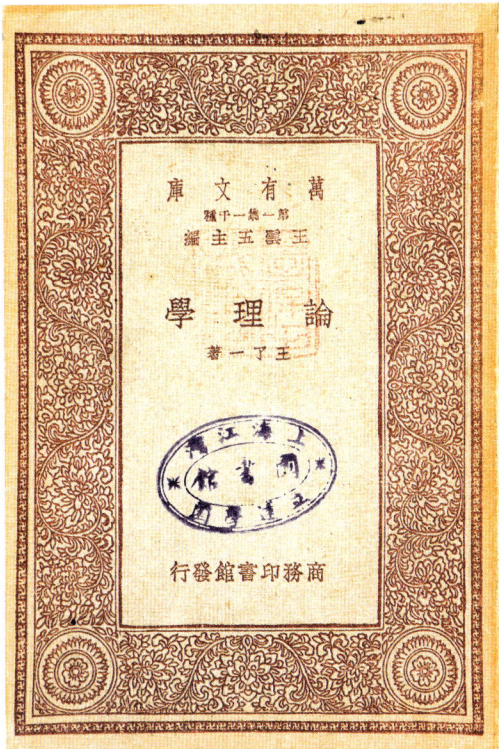

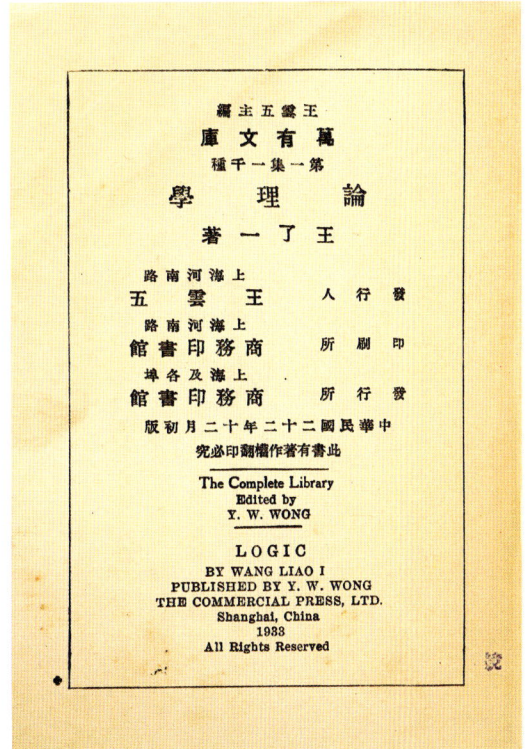

2099

萬有文庫
第一集一千種
王雲五主編

論理學

王了一著

商務印書館發行

---

王雲五主編
萬有文庫
第一集一千種

論理學

王了一著

發行人　上海河南路　王雲五

印刷所　上海河南路　商務印書館

發行所　上海及各埠　商務印書館

中華民國二十二年十二月初版

此書有著作權翻印必究

The Complete Library
Edited by
Y. W. WONG

LOGIC
BY WANG LIAO I
PUBLISHED BY Y. W. WONG
THE COMMERCIAL PRESS, LTD.
Shanghai, China
1933
All Rights Reserved

2100 书名：新政治学大纲
著者：邓初民／著
出版印行：生活书店
出版时间：不详
册数：一

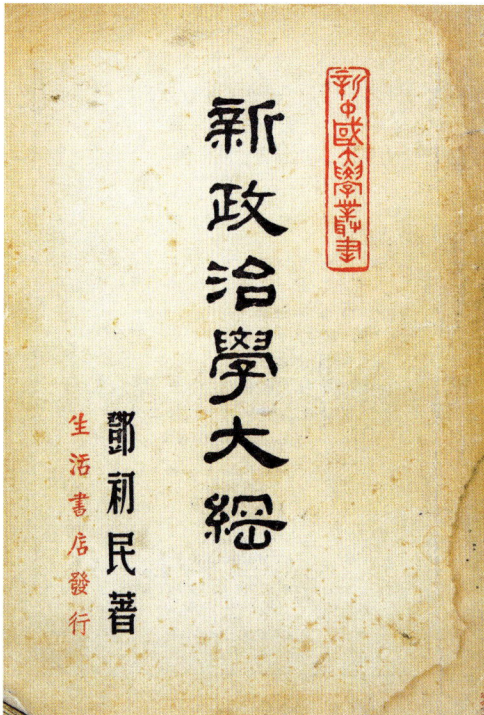

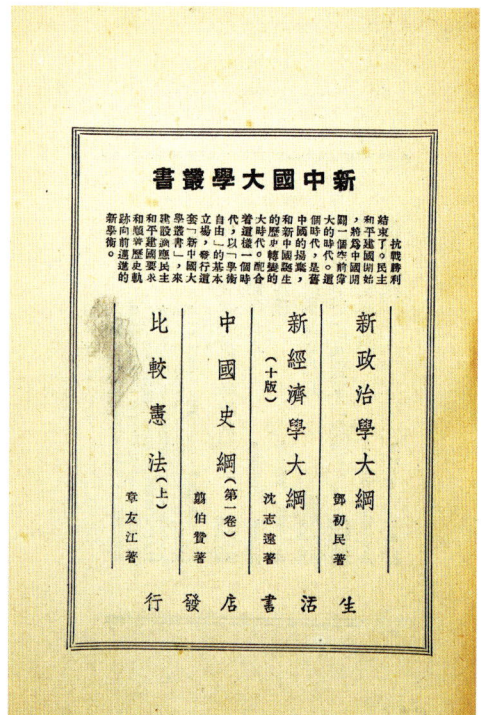

28 童子军类教材

书名：建国教科书初级中学童子军

著者：陈立夫 / 主编　薛元龙 / 编著

出版印行：正中书局

出版时间：民国二十五年（1936）初版　民国二十八（1939）97版

册数：不详

建國敎科書

初級中學

# 童子軍

第一冊

主編者　　　陳立夫

編著者　　　薛元龍

正中書局印行

版權所有
翻印必究

中華民國二十五年八月初版
中華民國二十八年四月九七版

建國
敎科書　初中童子軍

第一冊　實價國幣三角五分
（外埠酌加運費滙費）

主編者　　　陳立夫

編著者　　　薛元龍

發行人　　　吳乘常

印刷所　　　建華印刷所
香港英皇道六九四號

發行所　　　正中書局
上海　廣州路
南京　太平路

（569）

20/9 港

书名：中级童子军（初中学生文库）

著者：胡立人／编

出版印行：中华书局

出版时间：民国二十五年（1936）

册数：一

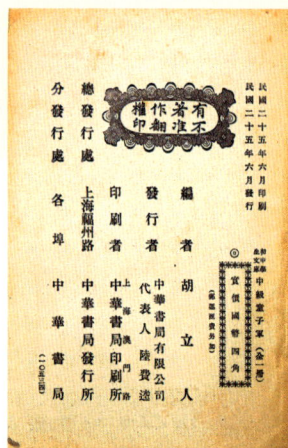

书名：高级童子军（初中学生文库）

著者：胡立人／编

出版印行：中华书局

出版时间：民国二十五年（1936）

册数：一

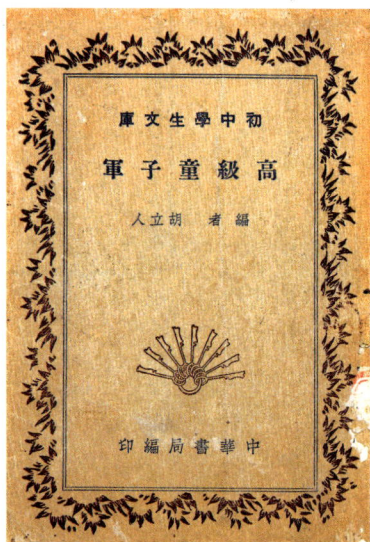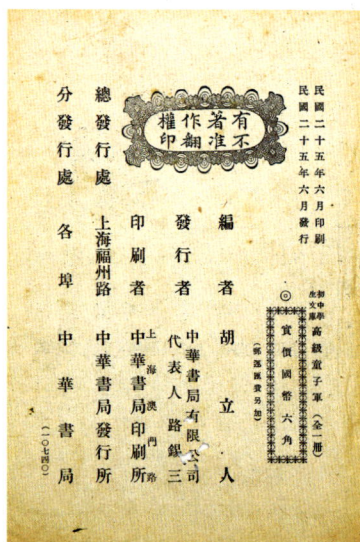

书名：大时代中级童子军

著者：中国童子军江苏省支会理事会 / 编辑

出版印行：大时代出版社

出版时间：民国三十六年（1947）3版

册数：一

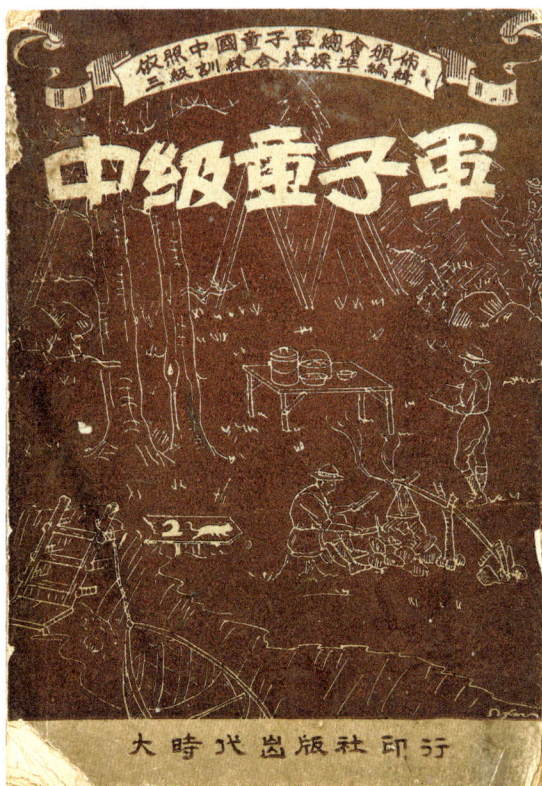

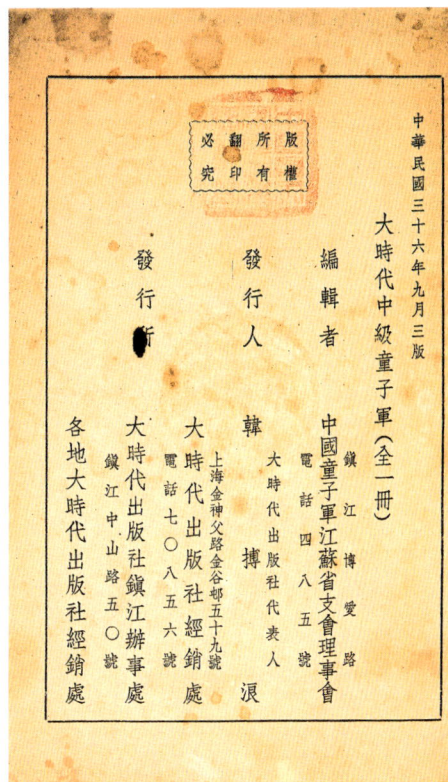

2106　书名：中级童子军训练
　　　　著者：周伯平 / 编著
　　　　出版印行：少年教育用品供应社
　　　　出版时间：民国三十六年（1947）修正新3版
　　　　册数：不详

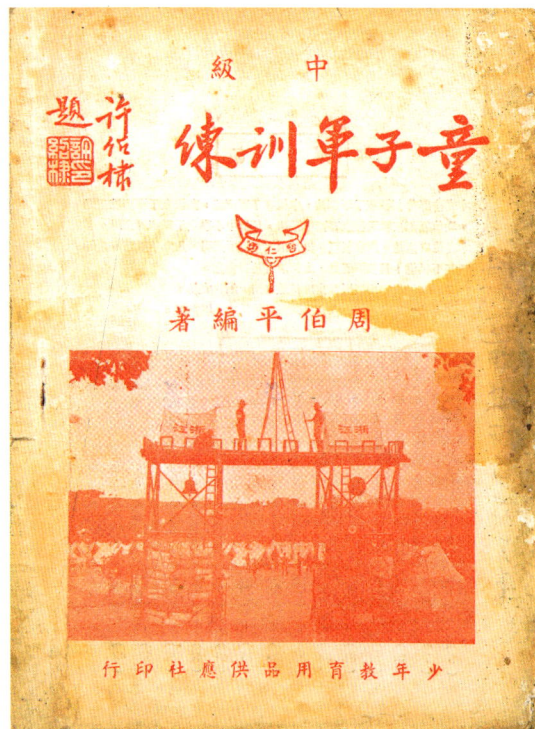

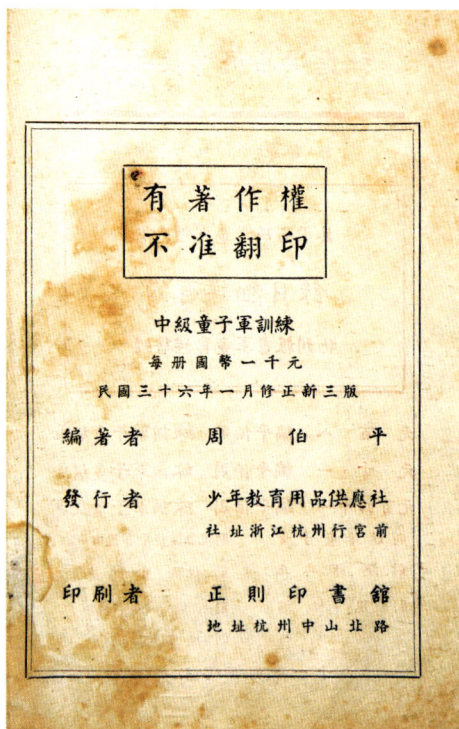

中級

練訓軍子童

許伯梓題

著編平伯周

少年教育用品供應社印行

---

有著作權
不准翻印

中級童子軍訓練

每册國幣一千元

民國三十六年一月修正新三版

編著者　　周　伯　平

發行者　　少年教育用品供應社
　　　　　社址浙江杭州行宮前

印刷者　　正則印書館
　　　　　地址杭州中山北路

书名：初级训练（童子军学术研究会童子军文库）　　　　　　2107

著者：不详

出版印行：广州儿童书店

出版时间：不详

册数：不详

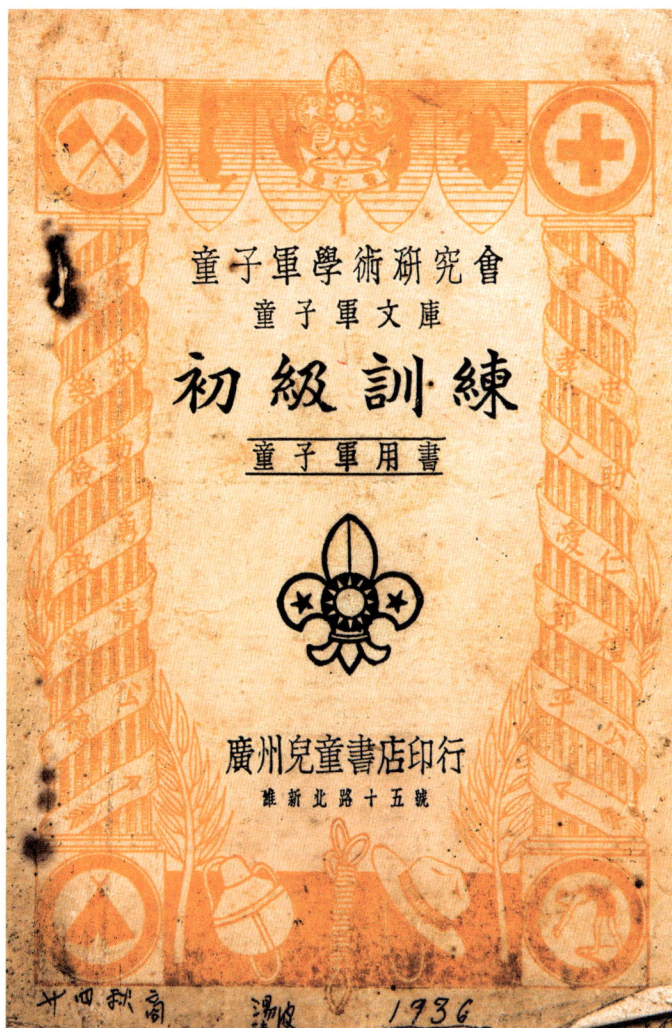

童子軍學術研究會

童子軍文庫

初級訓練

童子軍用書

廣州兒童書店印行

維新北路十五號

1936

# 29 职业教育类教材

书名：职业学校教科书机械学

著者：刘仙洲 / 著

出版印行：商务印书馆

出版时间：民国十年（1921）初版　民国三十四年（1945）增订蓉第2版

册数：一

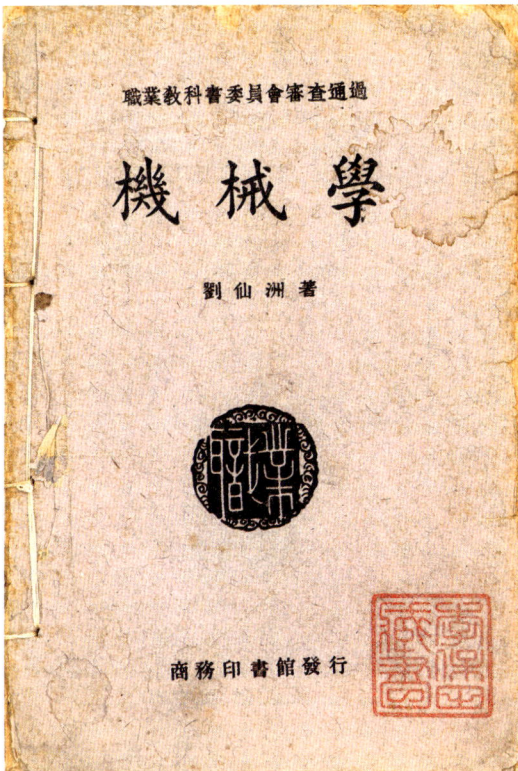

職業教科書委員會審查通過

# 機械學

劉仙洲著

商務印書館發行

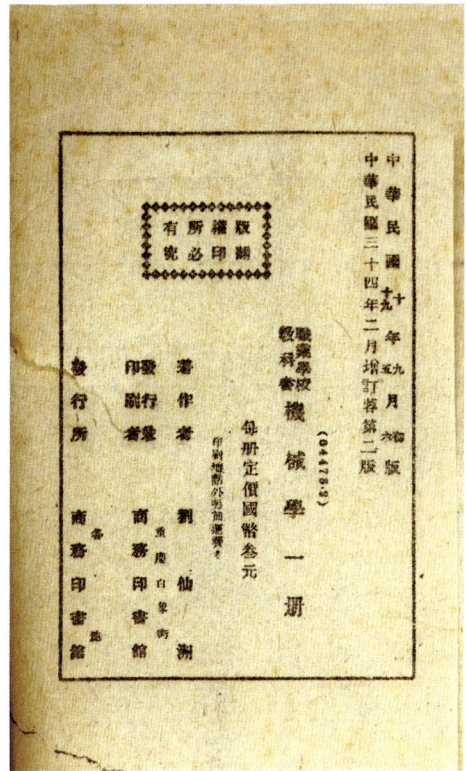

中華民國十年九月初版
中華民國三十四年二月增訂蓉第二版

有所權版
究必印翻

職業學校
教科書機械學一冊

（04478-2）

每冊定價國幣卷元

印刷地點外另加運費

著作者　劉仙洲
　　　　重慶白象街
發行兼　商務印書館
印刷者
發行所　商務印書館

2112

书名：职业学校教科书农具学

著者：顾复 / 编纂

出版印行：商务印书馆

出版时间：民国十六年（1927）初版　民国三十六年（1947）第7版

册数：一

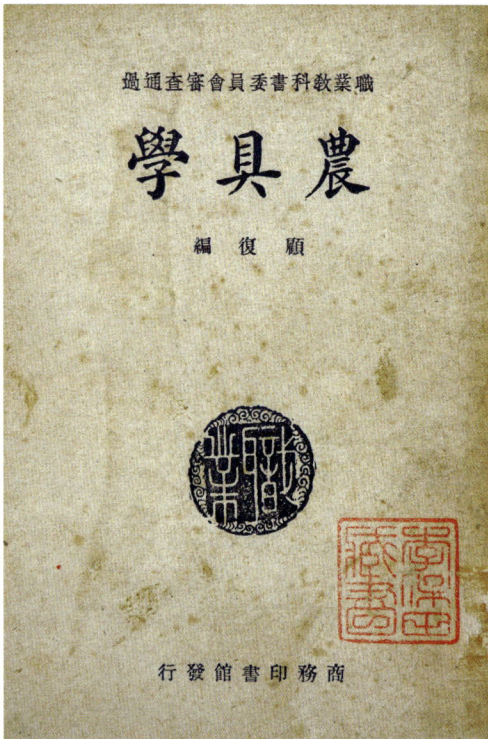

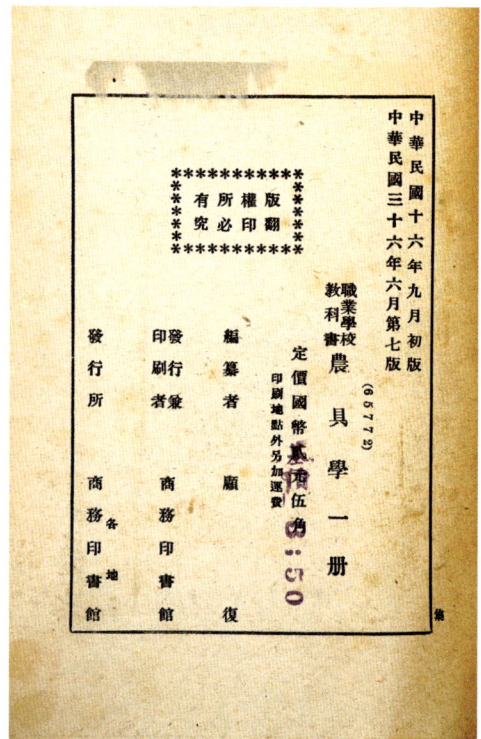

书名：高级农业职业学校教科书作物学泛论

著者：顾复 / 编纂

出版印行：商务印书馆

出版时间：民国十六年（1927）初版　民国二十三年（1934）国难后第5版

册数：一

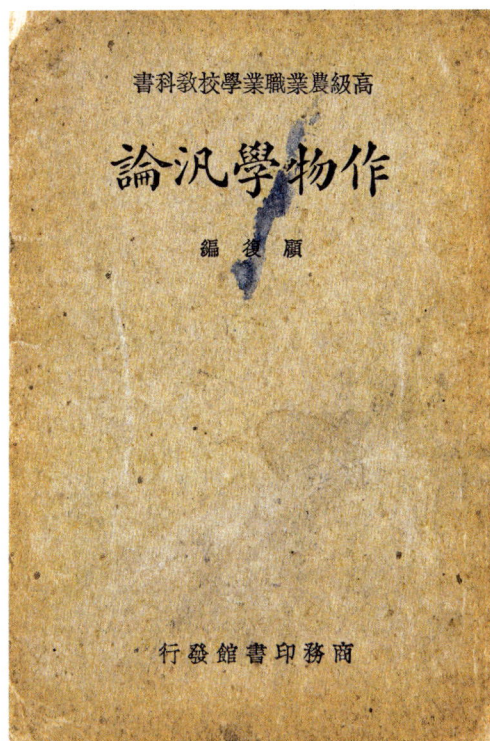

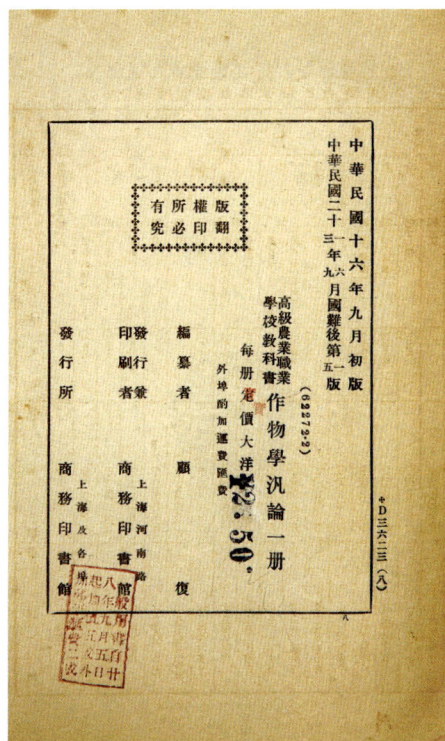

2114　書名：职业学校教科书铸工

著者：冯雄 / 编译

出版印行：商务印书馆

出版时间：民国二十年（1931）初版　民国三十六年（1947）第9版

册数：一

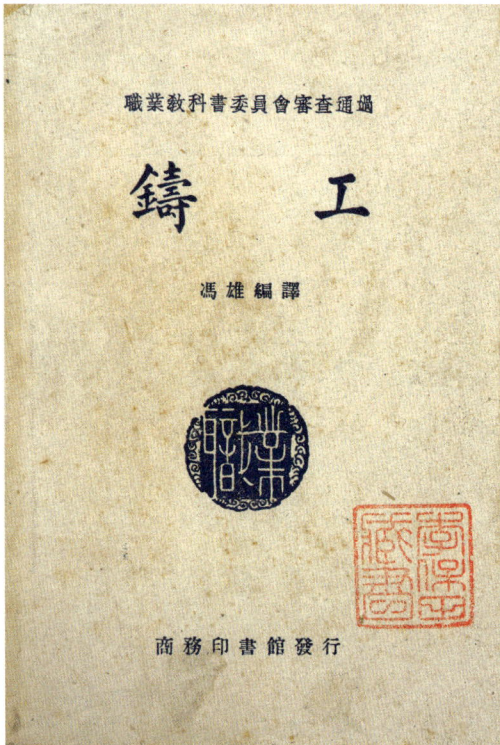

職業教科書委員會審查通過

# 鑄　工

馮雄編譯

商務印書館發行

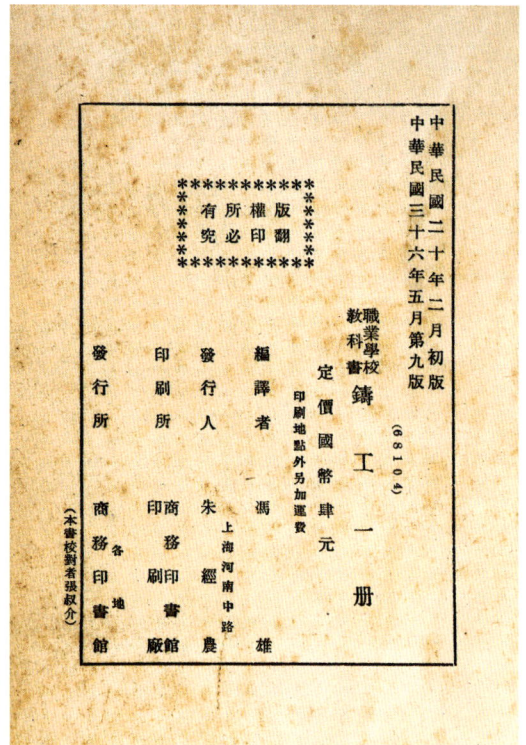

中華民國二十年十二月初版
中華民國三十六年五月第九版

（68104）

職業學校教科書 鑄工 一冊

定價國幣肆元
印刷地點外另加運費

編譯者　馮雄

發行人　朱經農

印刷所　商務印書館印刷廠

發行所　商務印書館 各地

（本書校對者張叔介）

＊＊＊＊＊＊＊＊＊＊＊
＊＊＊　版權所有　＊＊＊＊
＊＊＊　翻印必究　＊＊＊＊
＊＊＊＊＊＊＊＊＊＊＊

书名：职业学校教科书花卉园艺学

著者：章君瑜／编纂

出版印行：商务印书馆

出版时间：民国二十二年（1933）初版　民国三十八年（1949）10版

册数：一

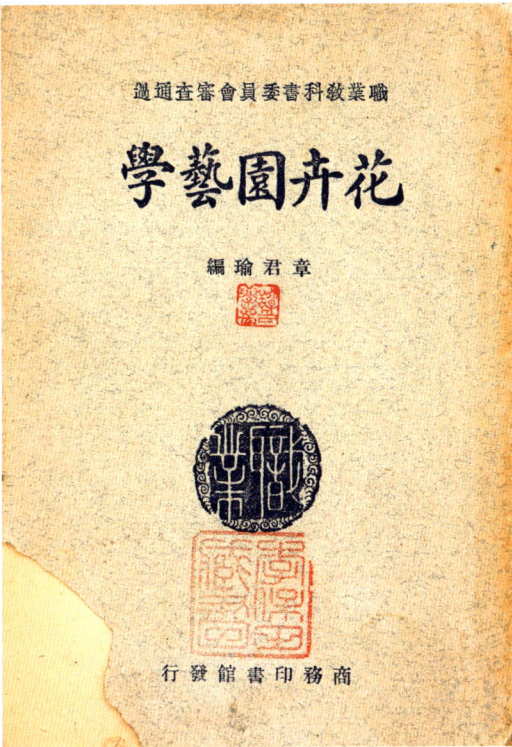

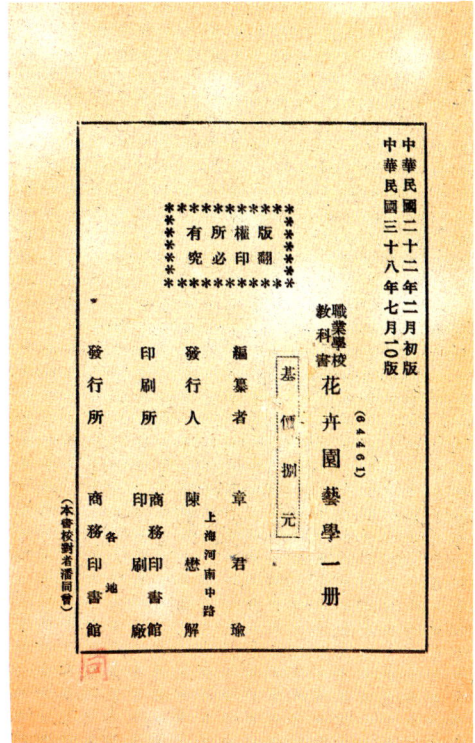

2116　書名：职业学校教科书土壤学
著者：褚乙然 / 编著
出版印行：商务印书馆
出版时间：民国二十二年（1933）初版　民国三十七年（1948）13版
册数：一

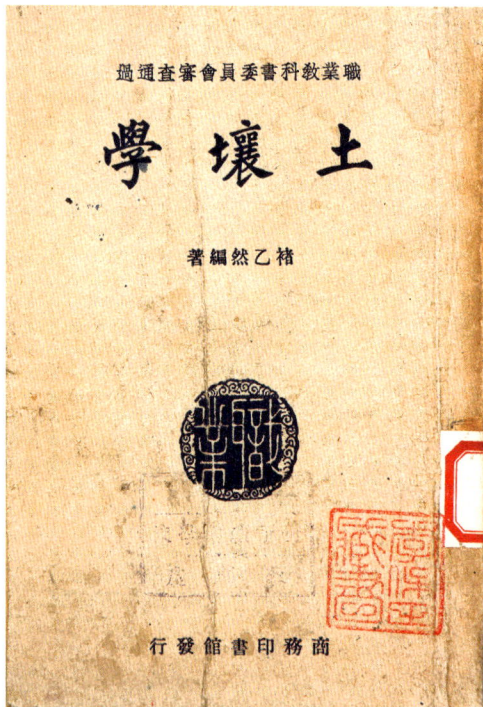

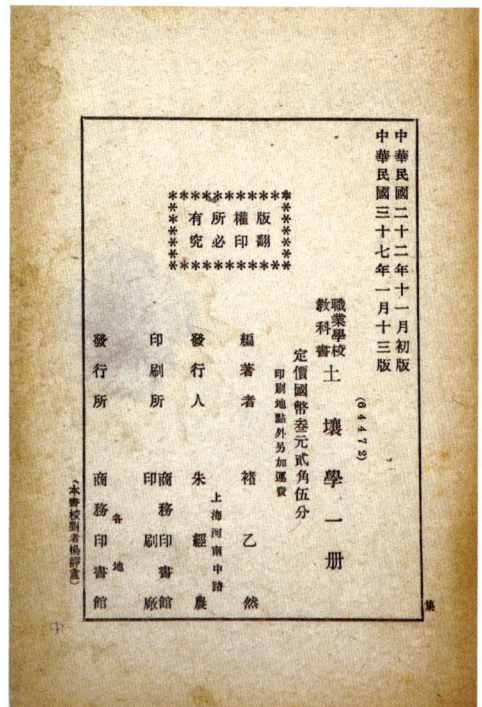

书名：职业学校教科书汽车修理学
著者：何乃民 / 编著
出版印行：商务印书馆
出版时间：1933年
册数：不详

2117

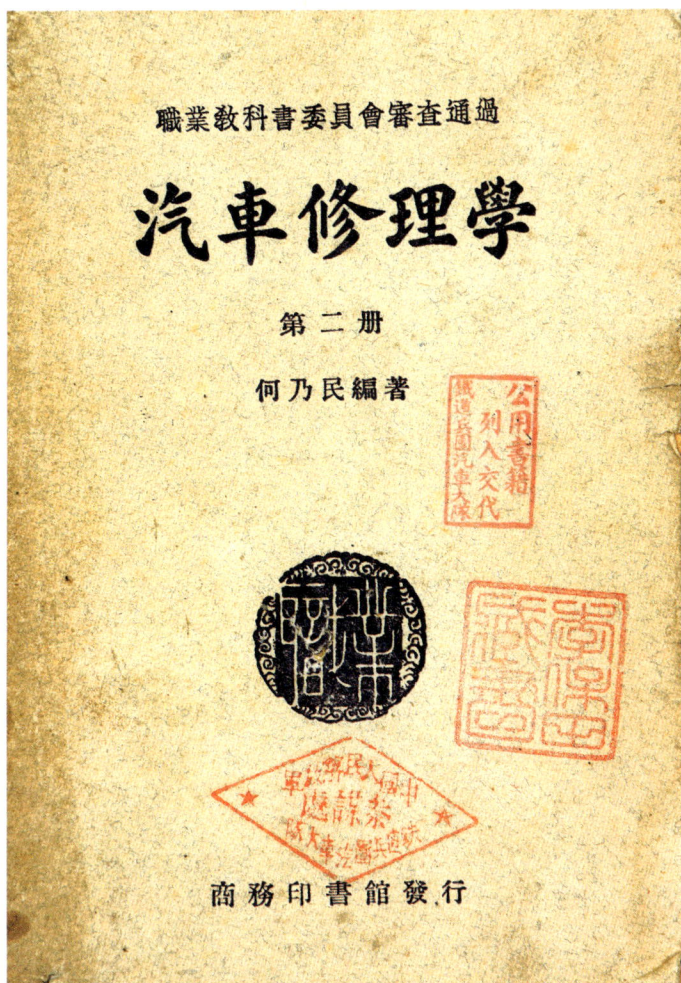

職業教科書委員會審查通過

# 汽車修理學

## 第二冊

何乃民編著

商務印書館發行

2118　书名：职业学校教科书蔬菜园艺学
著者：黄绍绪／编纂
出版印行：商务印书馆
出版时间：民国二十二年（1933）初版　民国三十？年订正9版
册数：一

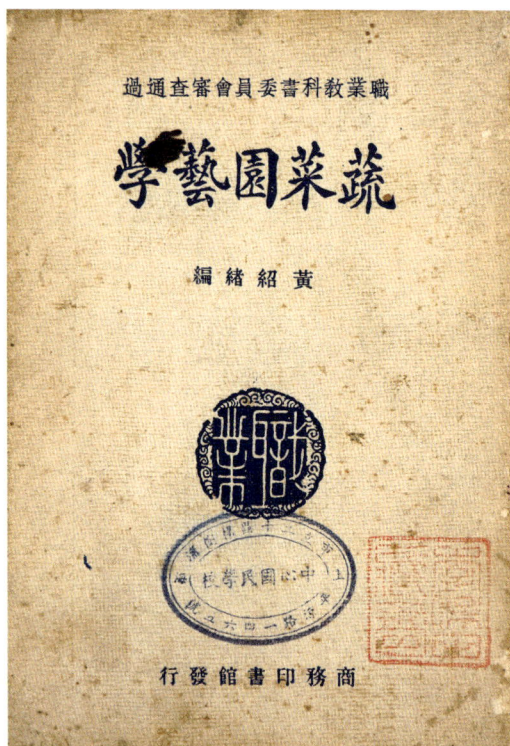

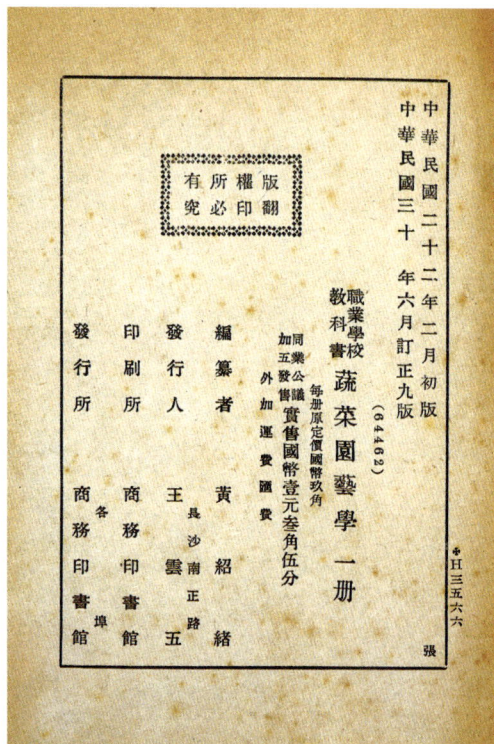

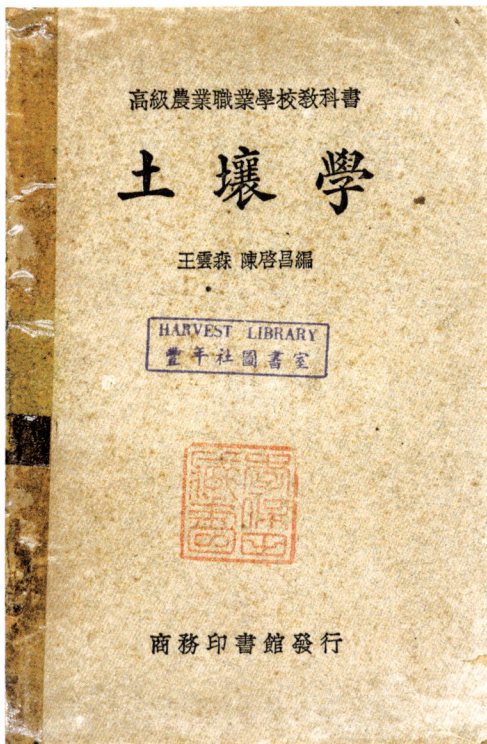

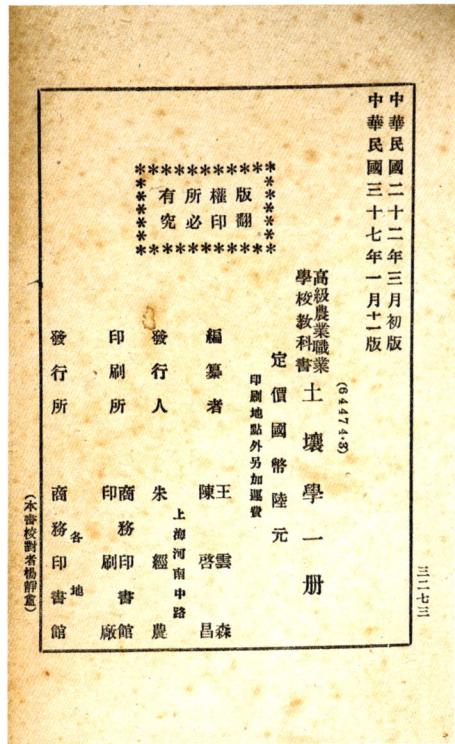

2120

书名：职业学校教科书棉作学

著者：马广文 / 编著　叶元鼎 / 校订

出版印行：商务印书馆

出版时间：民国二十二年（1933）初版　民国三十六年（1947）10版

册数：一

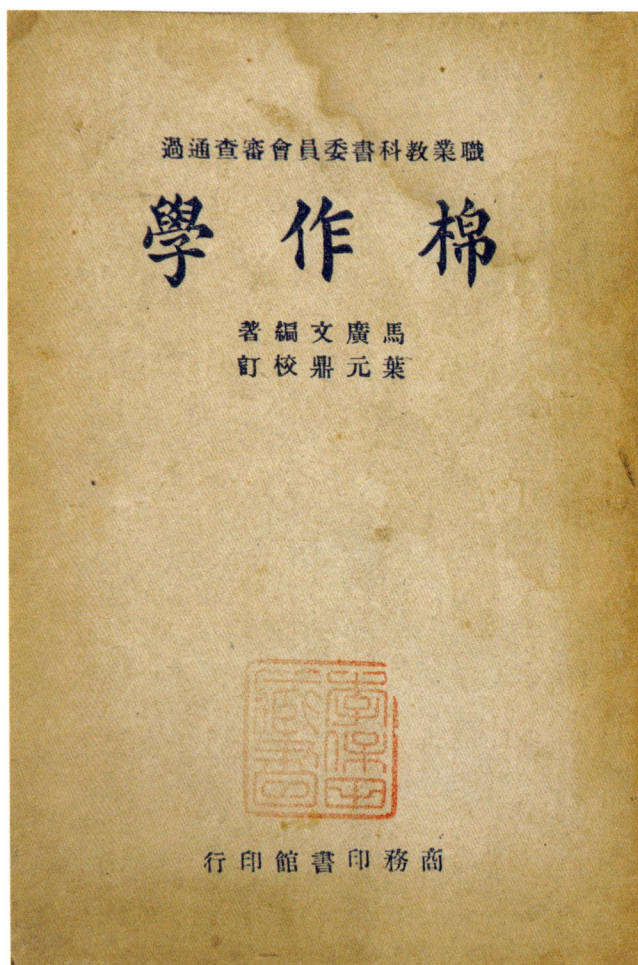

職業教科書委員會審查通過

# 棉 作 學

馬廣文編著
葉元鼎校訂

商務印書館印行

书名：高级工业学校教科书无线电工程学
著者：陈章／编纂
出版印行：商务印书馆
出版时间：民国二十三年（1934）初版
册数：一

2121

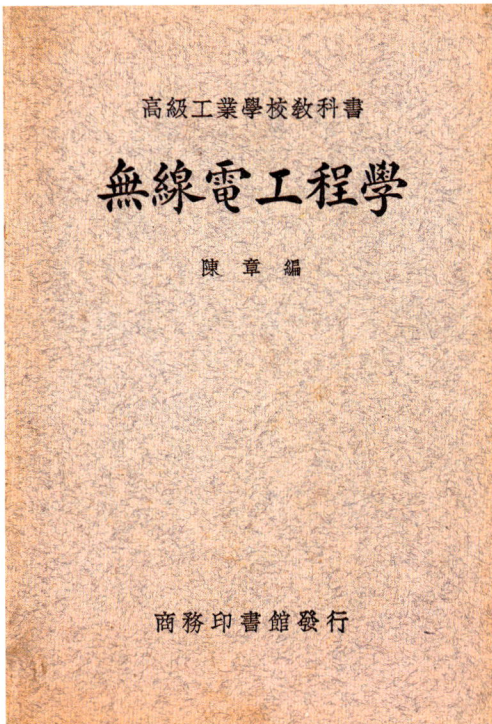

高級工業學校教科書

# 無線電工程學

陳 章 編

商務印書館發行

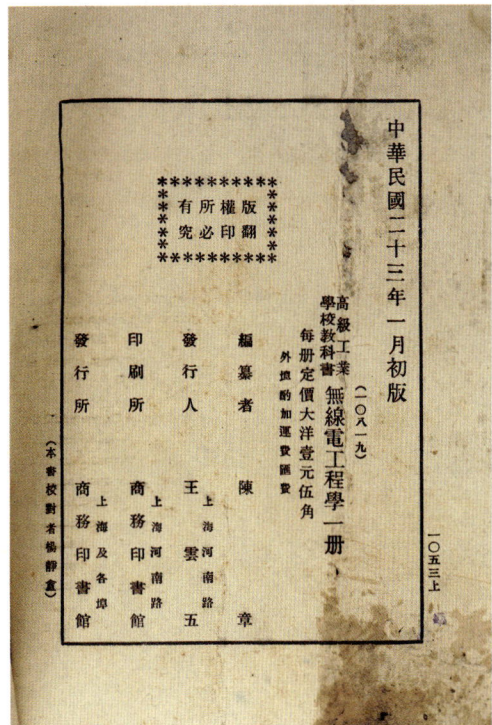

中華民國二十三年一月初版

（一〇六一九）

高級工業學校教科書 無線電工程學一册

每册定價大洋壹元伍角
外埠酌加運費匯費

編纂者 陳 章 上海河南路

發行人 王雲五 上海河南路

印刷所 商務印書館 上海河南路

發行所 商務印書館 上海及各埠

（未奉校對者橋靜意）

2122　书名：职业学校教科书金工工作法

著者：王时杰 / 编著

出版印行：世界书局

出版时间：民国二十三年（1934）初版　民国三十年（1941）重排新1版

册数：一

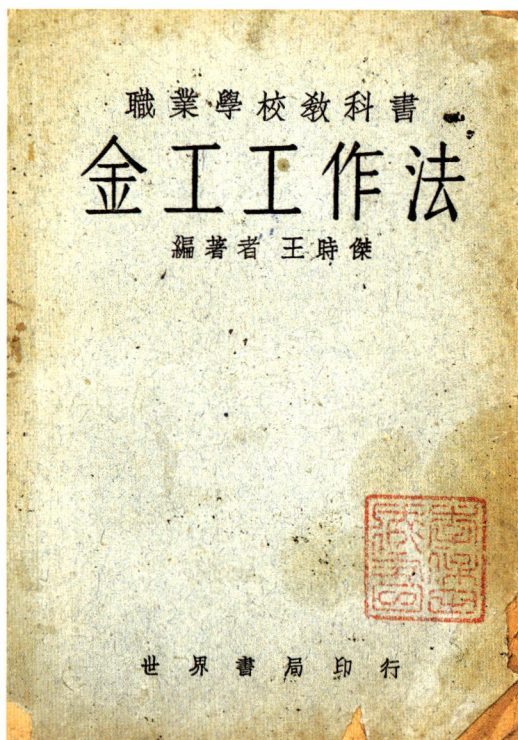

職業學校教科書

# 金工工作法

編著者 王時傑

世界書局印行

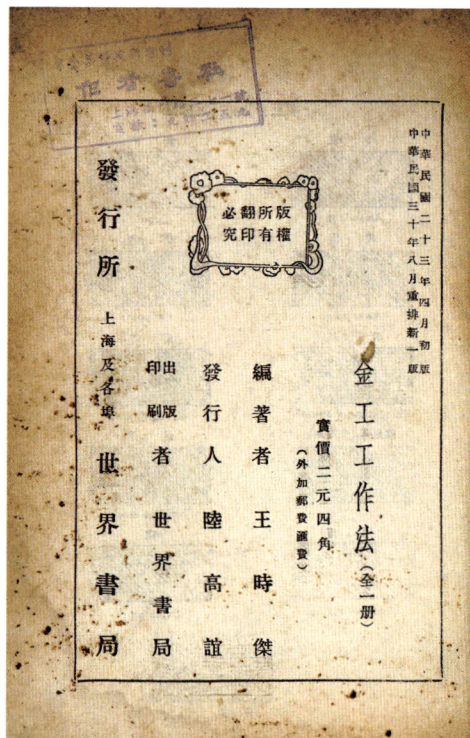

中華民國二十三年四月初版
中華民國三十年八月重排新一版

必翻所版
究印有權

金工工作法（全一册）

發行所　上海及各埠　世界書局

編著者　王時傑

發行人　陸高誼

出版　世界書局

印刷版者

實價二元四角
（外加郵費滙費）

书名：职业学校教科书统计学

著者：金国宝 / 编著

出版印行：商务印书馆

出版时间：民国二十四年（1935）初版　民国二十九年（1940）8版

册数：一

2123

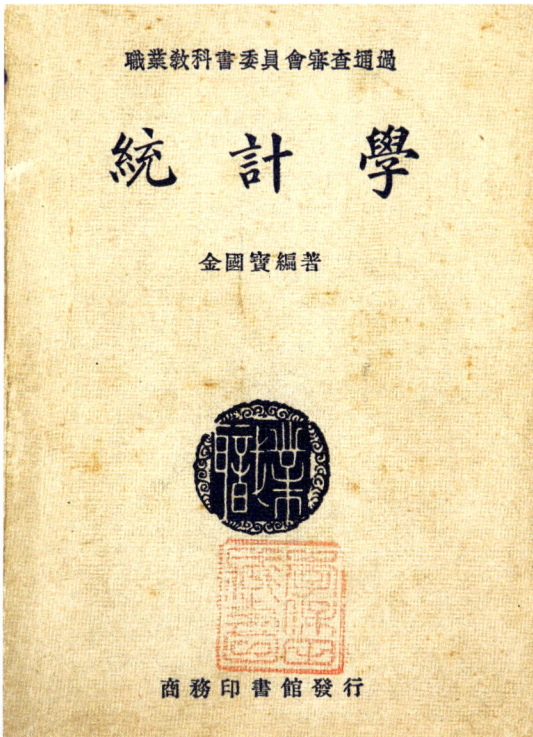

職業教科書委員會審查通過

# 統 計 學

金國寶編著

商務印書館發行

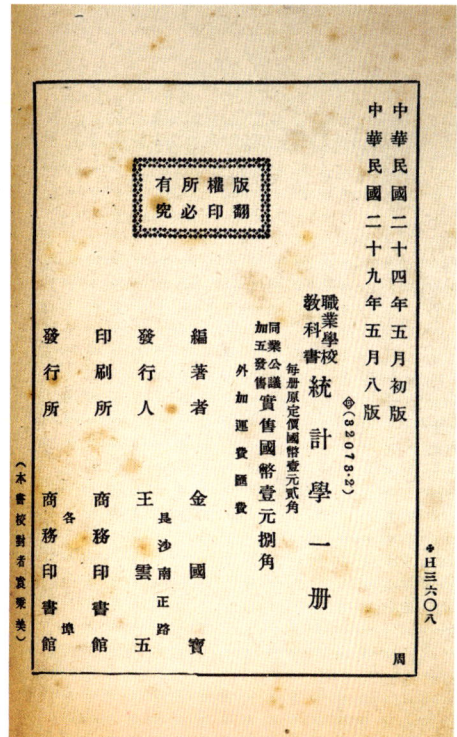

中華民國二十四年五月初版
中華民國二十九年五月八版

◆(32073·2)

職業學校

教科書 統計學 一冊

版權所有　翻印必究

每冊原定價國幣壹元貳角
同業公議實售國幣壹元捌角
加五發售
外加匯費匯費

編著者　　金　國　寶

發行人　　王　雲　五
　　　　　長沙南正路

印刷所　　商務印書館

發行所　　商務印書館
　　　　　各埠

（本書校對者寶潔美）

H三六〇八

周

2124　书名：无线电学初阶
著者：魏心苏 / 编著　苏祖国 / 校订
出版印行：亚美股份有限公司
出版时间：民国廿四年（1935）初版　民国卅八年（1949）增订8版
册数：一

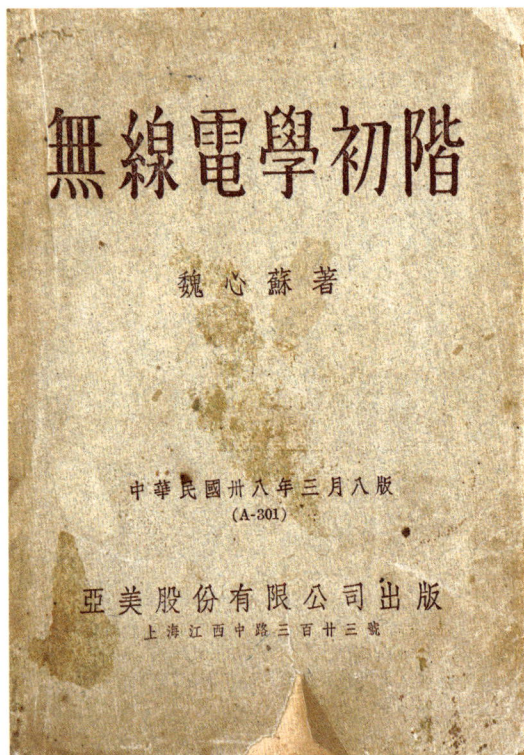

無線電學初階

魏心蘇著

中華民國卅八年三月八版

（A-301）

亞美股份有限公司出版

上海江西中路三百廿三號

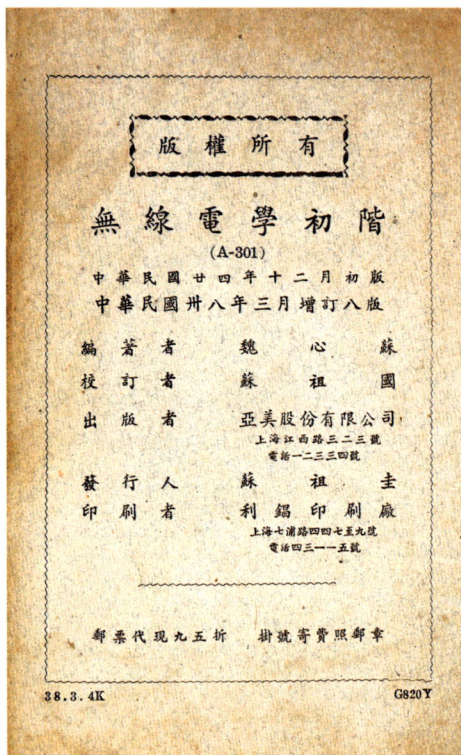

版權所有

無線電學初階

（A-301）

中華民國廿四年十二月初版
中華民國卅八年三月增訂八版

編著者　　魏心蘇

校訂者　　蘇祖國

出版者　　亞美股份有限公司
　　　　　上海江西路三二三號
　　　　　電話一二三三四號

發行人　　蘇祖主

印刷者　　利錩印刷廠
　　　　　上海七浦路四四七五九號
　　　　　電話四三一一五號

郵票代現九五折　掛號寄費照郵章

38.3.4K　　　　　　　　　　G820Y

书名：职业学校教科书应用力学

著者：唐英、王寿宝 / 编著

出版印行：商务印书馆

出版时间：民国二十五年（1936）初版　民国三十八年（1949）13版

册数：一

2125

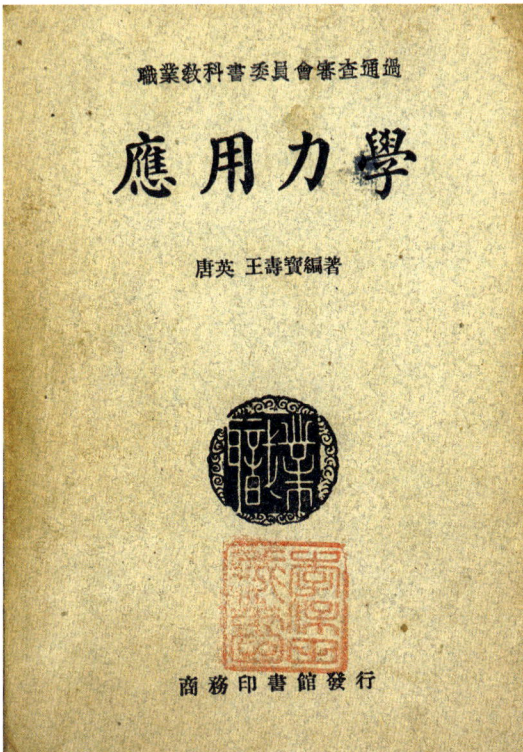

職業教科書委員會審查通過

# 應用力學

唐英　王壽寶編著

商務印書館發行

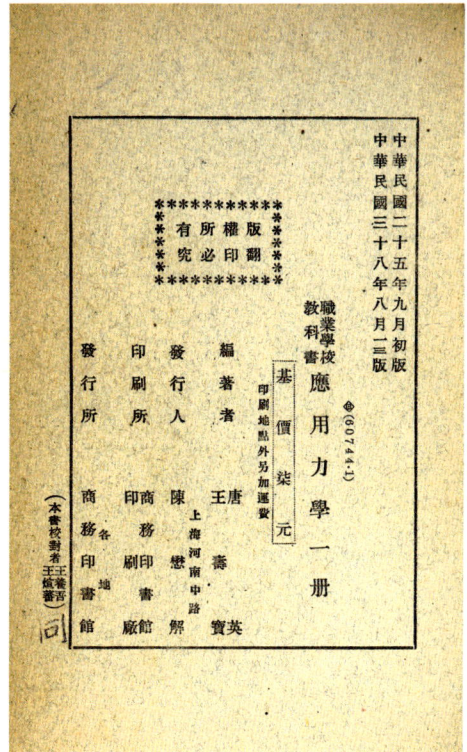

中華民國二十五年九月初版
中華民國三十八年八月二三版

職業學校教科書應用力學一冊

基價柒元

印刷地點外另加運費

◆（00744-1）

＊＊＊＊＊＊＊＊＊＊＊
＊　版權所有　＊
＊　翻印必究　＊
＊＊＊＊＊＊＊＊＊＊＊

編著者　唐　英
　　　　王壽寶

發行人　陳　懋　解
　　　　上海河南中路

印刷所　商務印書館印刷廠

發行所　商務印書館
　　　　各地

（本書校對者王愼蕃）

2126　书名：职业学校教科书投资算术

著者：褚凤仪 / 编著

出版印行：商务印书馆

出版时间：民国二十七年（1938）初版　民国三十年（1941）4版

册数：一

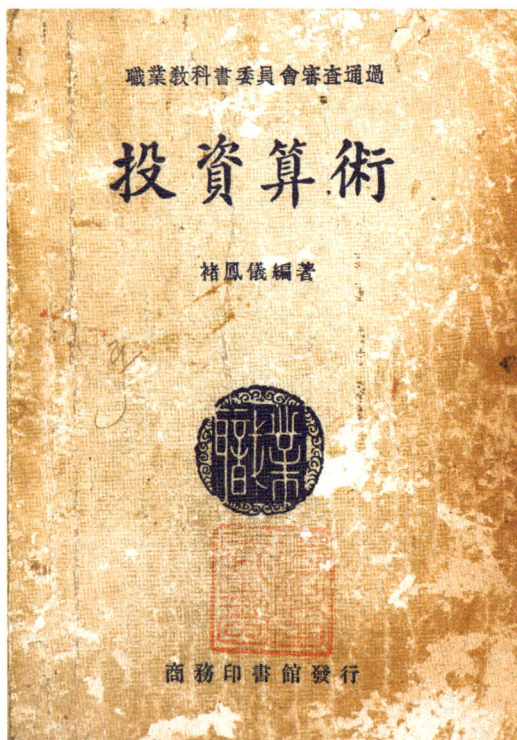

職業教科書委員會審查通過

# 投資算術

褚鳳儀編著

商務印書館發行

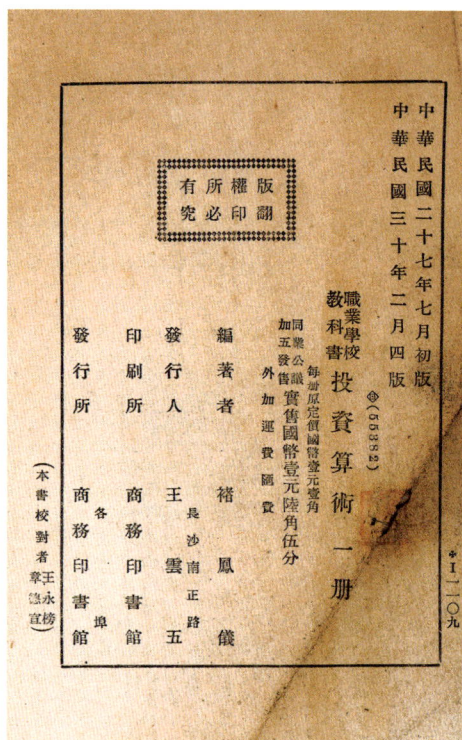

中華民國二十七年七月初版

中華民國三十年二月四版

職業學校教科書

投資算術　一冊

有版
所權
所
究必印翻

編著者　褚鳳儀

發行人　長沙南正路　王雲五

印刷所　商務印書館

發行所　各埠　商務印書館

同業公議　每冊照定價國幣壹元壹角

加五發售　實售國幣壹元陸角伍分

外加運費匯費

（本書校對者章　王永榜宜）

中I二〇九

(55382)

书名：职业学校教科书机械制图（机械画法）

著者：中华职业学校、王品端／编

出版印行：商务印书馆

出版时间：民国二十七年（1938）初版　民国三十五年（1946）7 版

册数：不详

 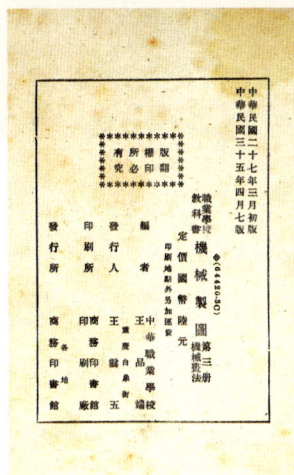

书名：职业学校教科书机械制图（投影画法）

著者：中华职业学校、王品端／编

出版印行：商务印书馆

出版时间：民国二十八年（1939）初版　民国三十六年（1947）8 版

册数：不详

 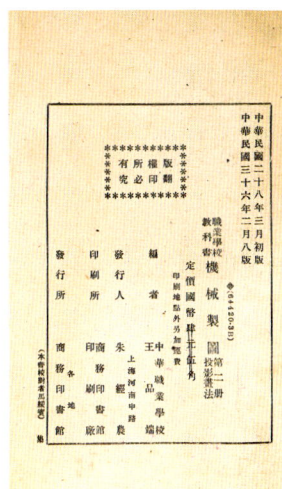

2128　书名：职业学校教科书印染学

著者：李文 / 编著

出版印行：商务印书馆

出版时间：民国二十九年（1940）初版　民国三十六年（1947）4版

册数：一

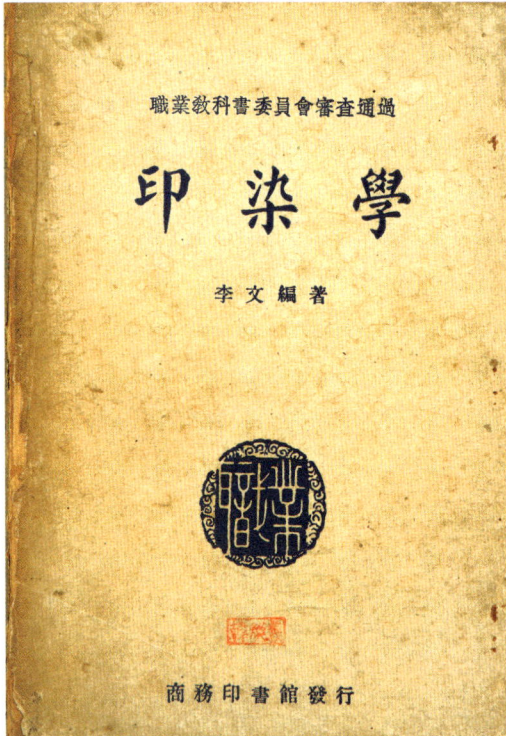

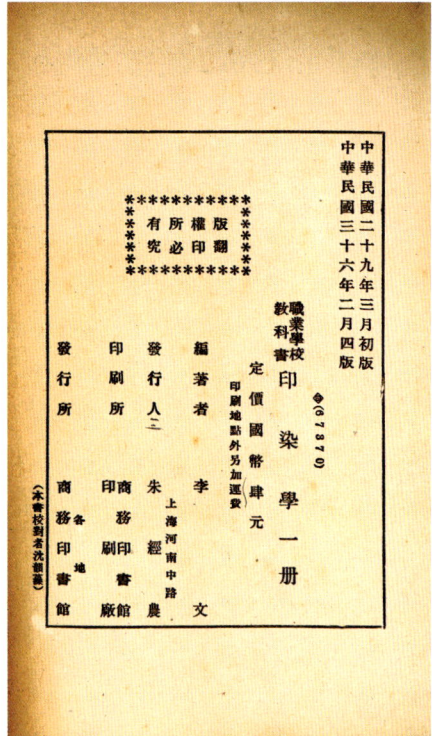

书名：职业学校教科书养蚕学
著者：戴礼澄 / 编著
出版印行：商务印书馆
出版时间：民国二十九年（1940）初版　民国三十五年（1946）再版
册数：一

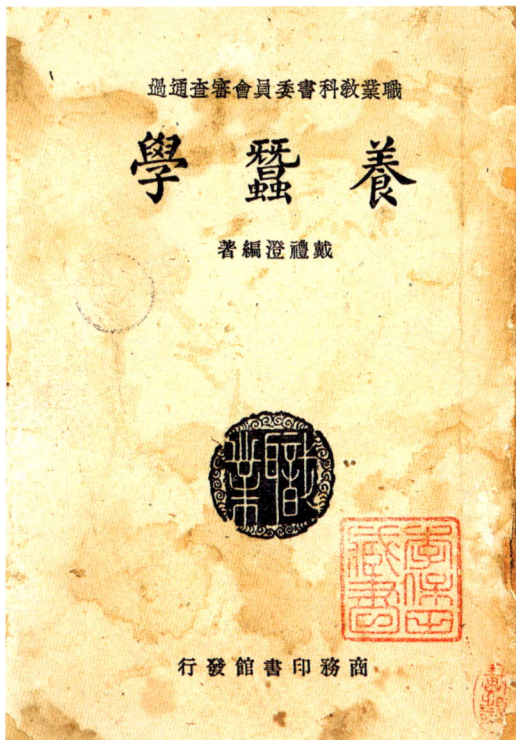

職業教科書委員會審查通過

# 養蠶學

## 戴禮澄編著

商務印書館發行

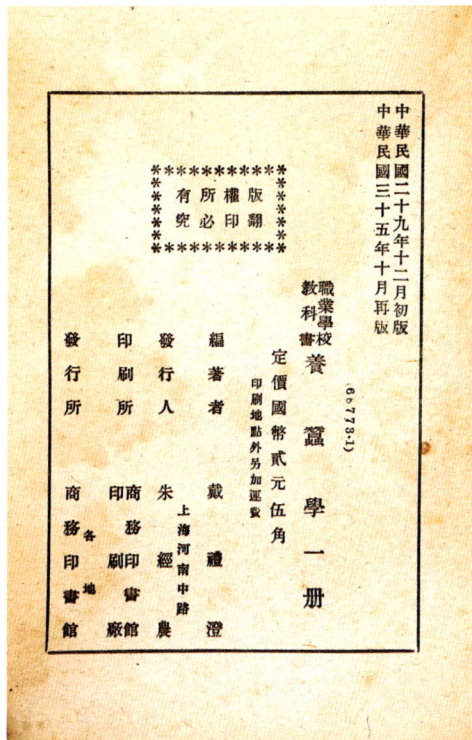

中華民國二十九年十二月初版
中華民國三十五年十月再版

職業學校
教科書　養蠶學一冊

(66773-1)

版權所有　翻印必究印刷地點外另加運費

定價國幣貳元伍角

編著者　戴禮澄
發行人　朱經農　上海河南中路
印刷所　商務印書館印刷廠
發行所　商務印書館　各地

2130

书名：职业学校教科书无机化学

著者：曹漱尘 / 编著

出版印行：商务印书馆

出版时间：民国二十九年（1940）初版　民国三十五年（1946）再版

册数：二

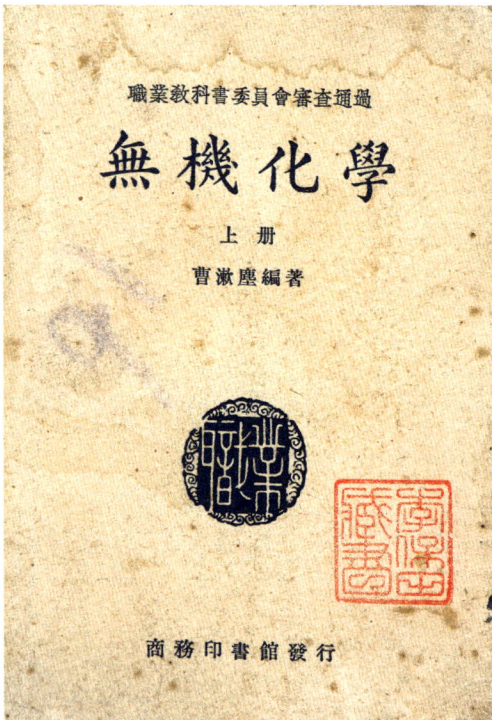

職業教科書委員會審查通過

# 無機化學

## 上冊

曹漱塵編著

商務印書館發行

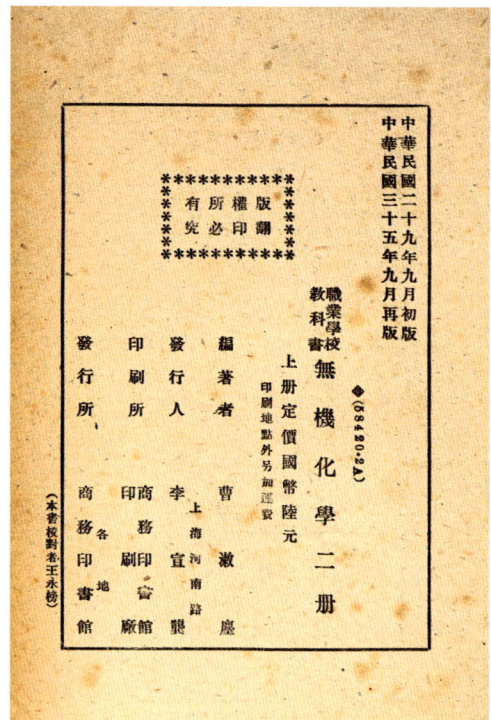

中華民國二十九年九月初版
中華民國三十五年九月再版

◆(5840·2)

版權所有　翻印必究

職業學校教科書 無機化學 二册

上册定價國幣陸元

印刷地點外另加運費

編著者　曹漱塵

發行人　李宣襲　上海河南路

印刷所　商務印書館印刷廠

發行所　商務印書館各地

《本書校對者王永楷》

书名：职业学校教科书作物害虫学

著者：王历农／编著

出版印行：商务印书馆

出版时间：民国二十九年（1940）初版　民国三十六年（1947）6版

册数：一

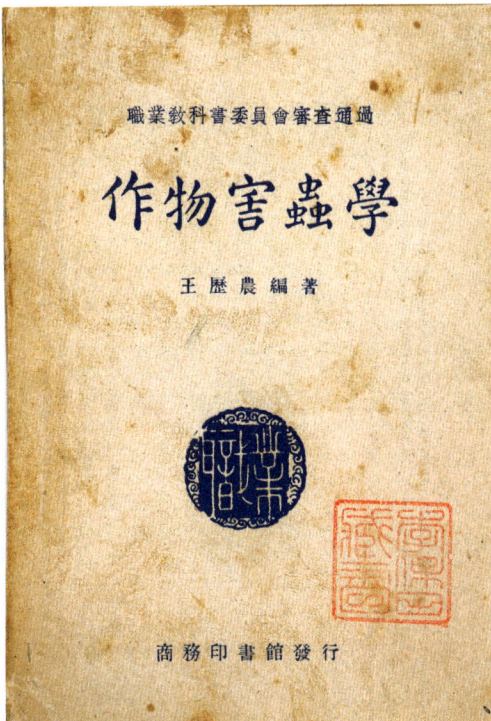

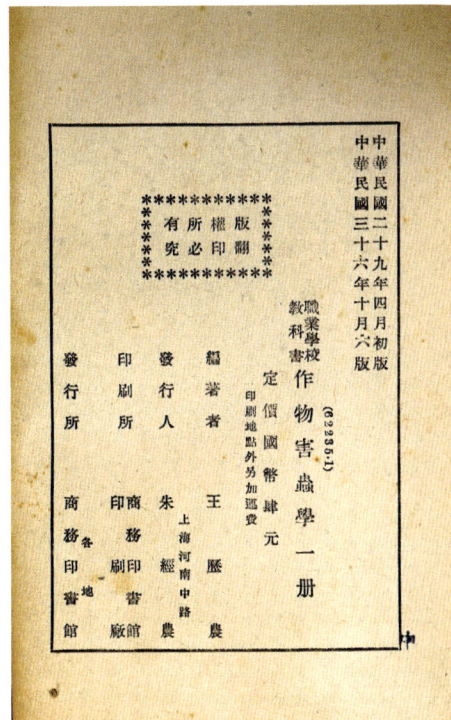

2132

书名：眼科护病学（高级护士职业学校适用）

著者：教育部医学教育委员会、护士教育委员会 / 主编　毕华德 / 编著

出版印行：正中书局

出版时间：民国三十年（1941）初版　民国三十六年（1947）沪15版

册数：一

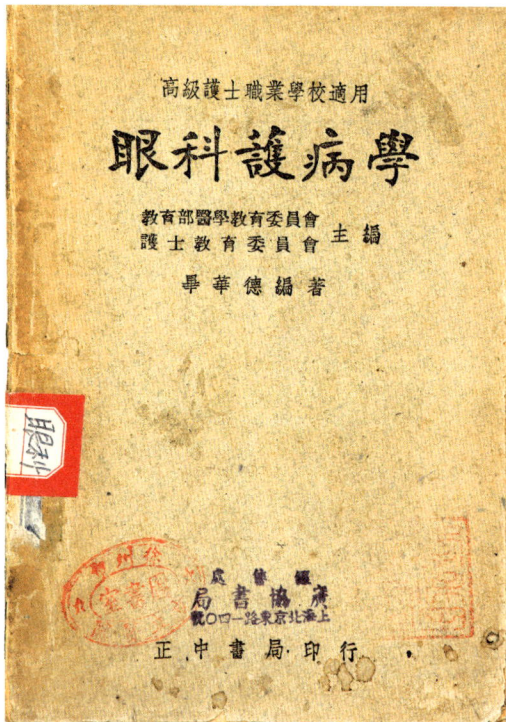

书名：职业学校教科书实用地质学

著者：康永孚 / 编著

出版印行：商务印书馆

出版时间：民国三十六年（1947）初版　民国三十七年（1948）再版

册数：一

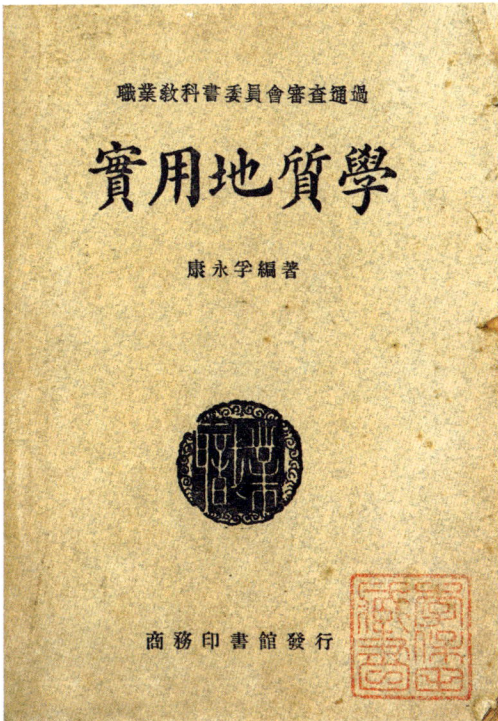

職業教科書委員會審查通過

# 實用地質學

康永孚編著

商務印書館發行

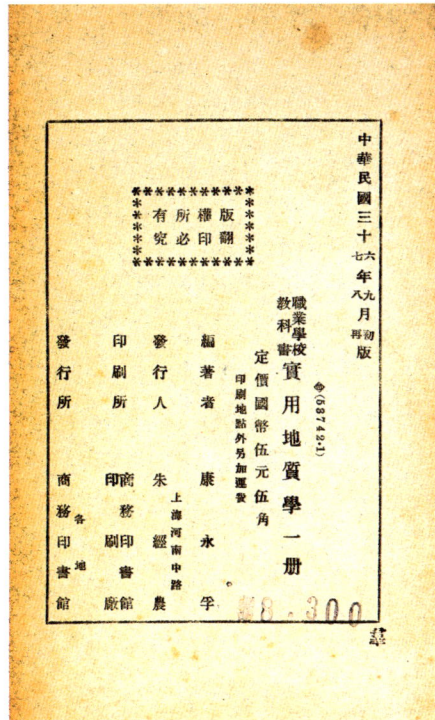

中華民國三十六年九月初版
中華民國三十七年九月再版

版權所有 翻印必究

職業學校教科書實用地質學一冊

定價國幣伍元伍角
印刷地點外另加運費

©(68742·1)

| 編著者 | 康永孚 |
| 發行人 | 朱經農 上海河南中路 |
| 印刷所 | 商務印書館印刷廠 |
| 發行所 | 商務印書館 各地 |

2134　书名：职业学校教科书电工学
　　　著者：舒重则 / 编著
　　　出版印行：商务印书馆
　　　出版时间：民国三十七年（1948）
　　　册数：一

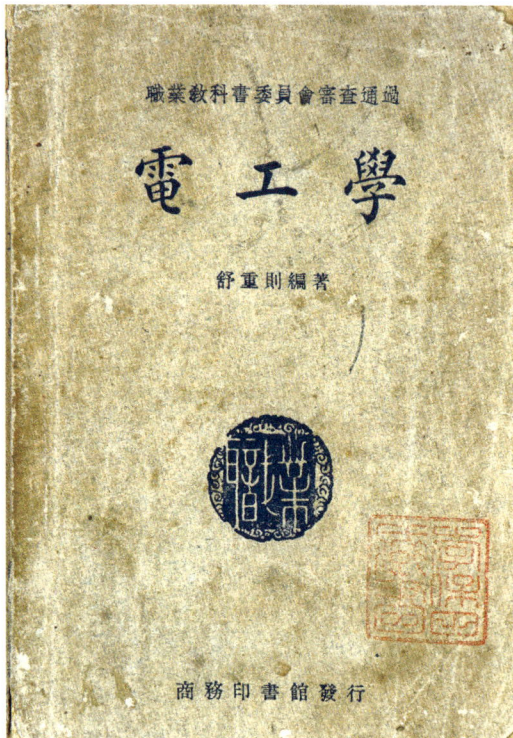

職業教科書委員會審查通過

電 工 學

舒重則編著

商務印書館發行

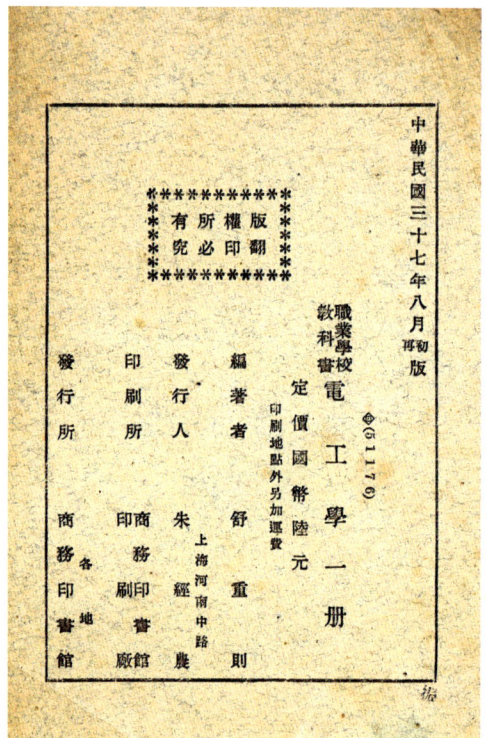

中華民國三十七年八月再版初版

（51176）

電 工 學 一 册

職業學校教科書

定價國幣陸元
印刷地點外另加運費

版權所有　翻印必究

編著者　舒　重　則

發行人　朱　經　農

印刷所　商務印書館印刷廠
上海河南中路

發行所　商務印書館
各地

书名：职业学校教科书房屋构造学
著者：唐英、王寿宝 / 编著
出版印行：商务印书馆
出版时间：不详
册数：一

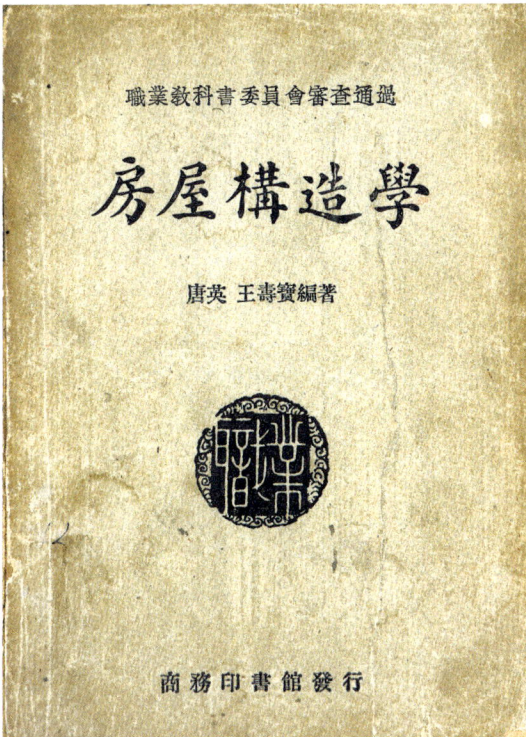

職業教科書委員會審查通過

# 房屋構造學

唐英 王壽寶編著

商務印書館發行

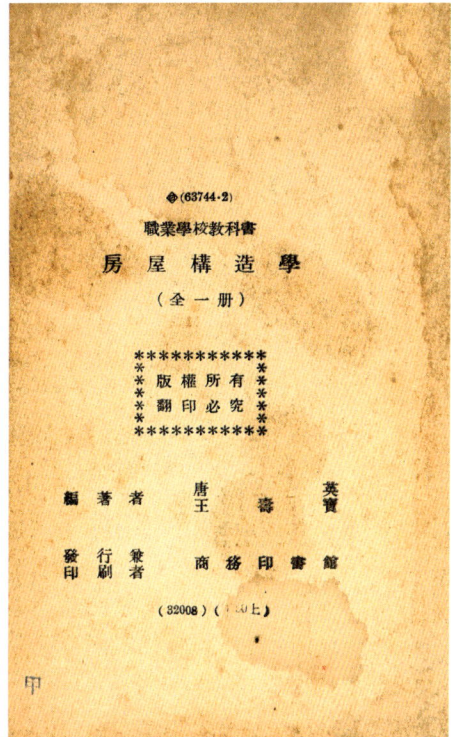

◆(63744·2)

職業學校教科書

# 房屋構造學

（全一册）

\*\*\*\*\*\*\*\*\*\*
\*\*版權所有\*\*\*
\*\*翻印必究\*\*\*
\*\*\*\*\*\*\*\*\*\*

編著者　唐　　　英
　　　　王　壽　寶

發行兼　商務印書館
印刷者

（32008）（　　上）

甲

2136

书名：职业学校教科书油类学

著者：田殿元 / 编著

出版印行：商务印书馆

出版时间：不详

册数：一

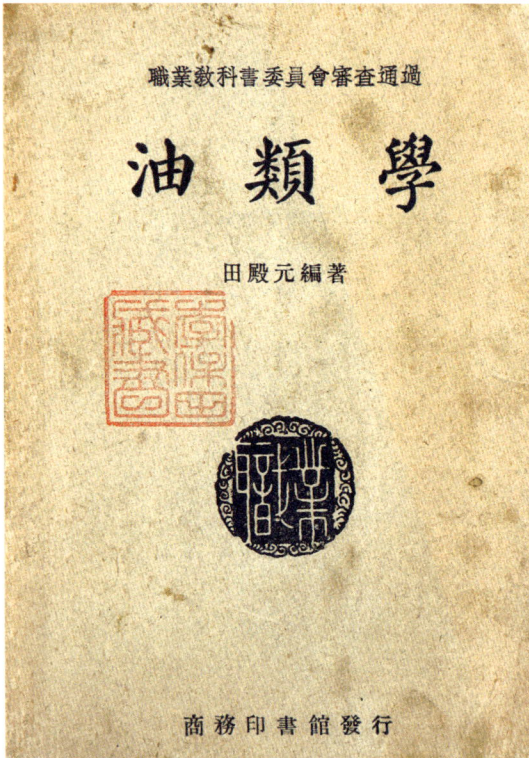

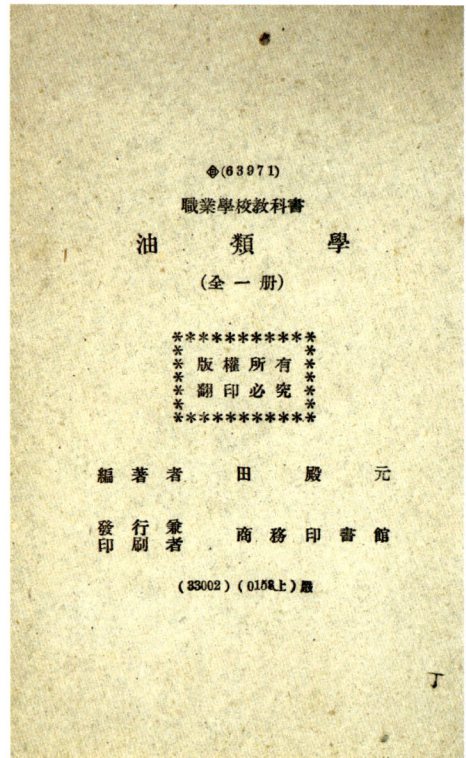

书名：职业学校教科书实用色彩学
著者：李慰慈 / 编著
出版印行：商务印书馆
出版时间：不详
册数：不详

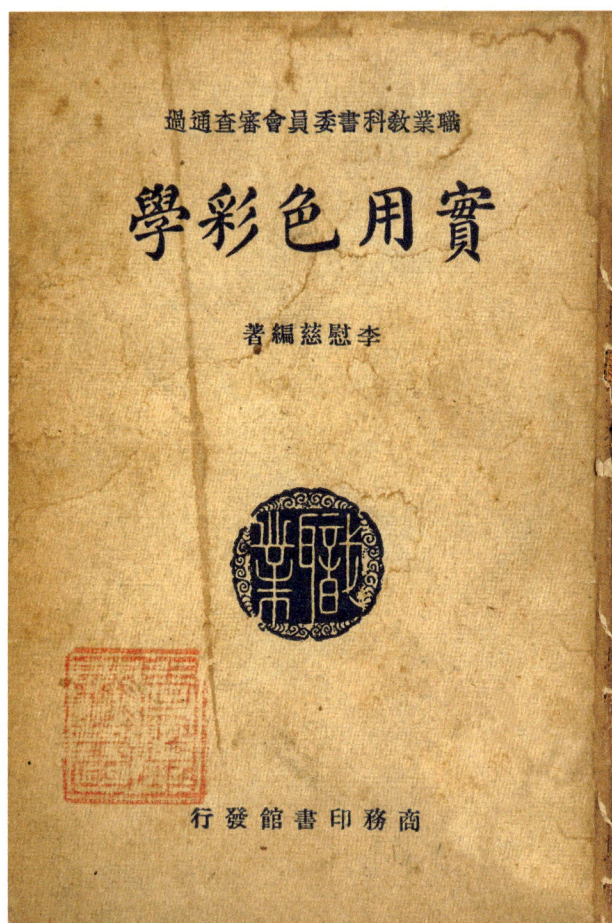

2138　书名：自修展开画法（工业机械必备）
著者：不详
出版印行：不详
出版时间：不详
册数：不详

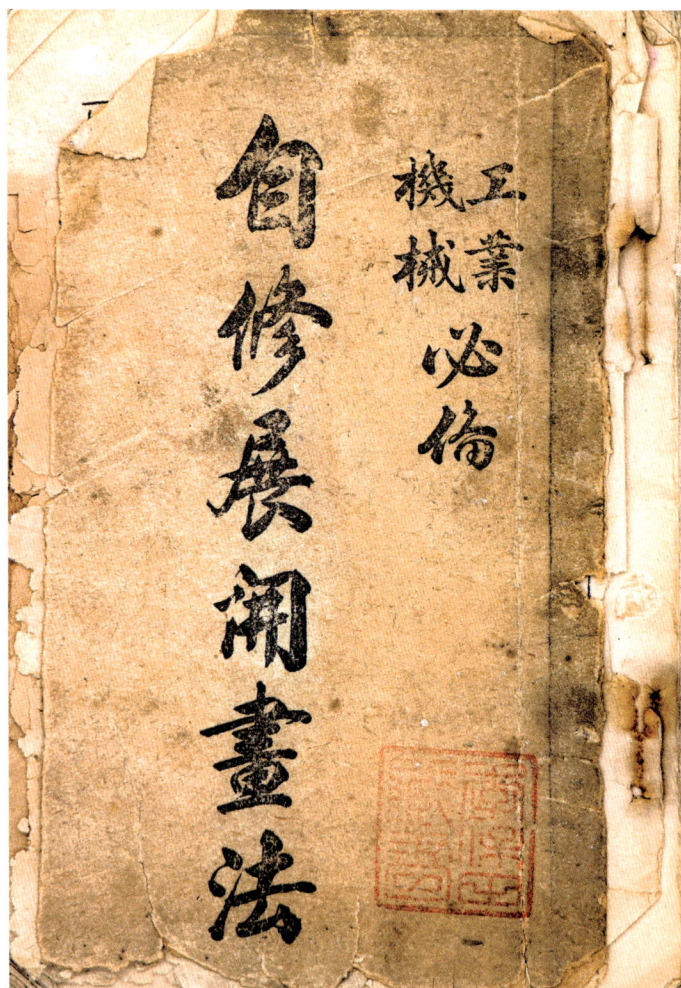

（30） 社会教育类教材

书名：平民千字课
著者：朱经农、陶知行 / 编纂
出版印行：中华平民教育促进会 / 出版　商务印书馆 / 印行
出版时间：民国十二年（1923）初版　民国十四年（1925）132版
册数：四

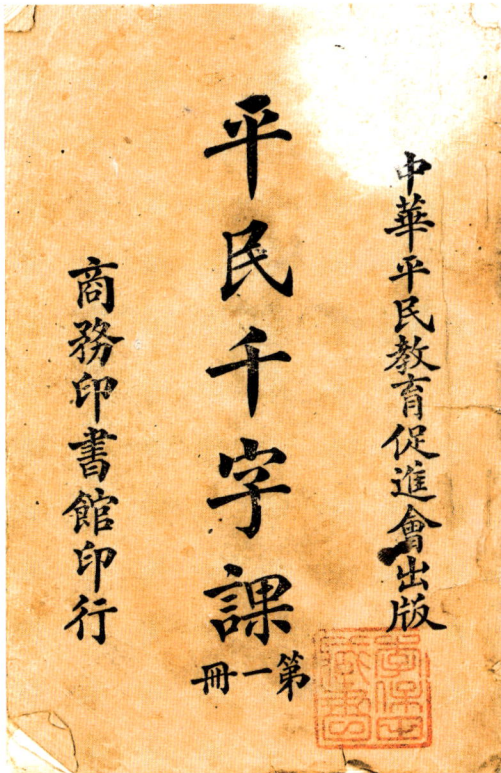

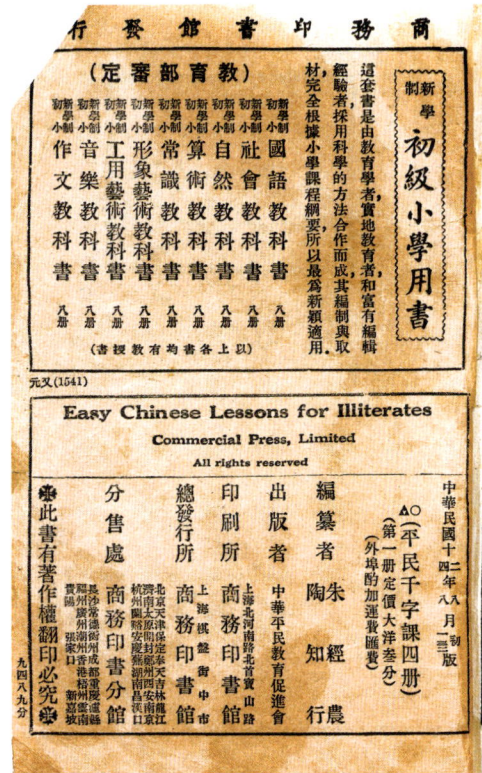

2142

书名：平民千字课本（平民教育适用）

著者：黎锦晖、刘传厚、陆费逵、戴克敦 / 编

出版印行：中华书局

出版时间：民国十三年（1924）初版　民国十八年（1929）19版

册数：四

平民教育适用

平民千字课本

第四册

中华书局出版

POPULAR EDUCATIONAL READERS

CHUNG HWA BOOK COMPANY LTD.

编　者　黎锦晖　刘传厚　戴克敦

发行者　陆费逵

印刷者　中华书局

印刷所　中华书局　上海静安寺路二七七

总发行所　中华书局　上海棋盘街

分发行所　中华书局

民国十三年七月发行
民国十八年七月大版
平民课本（全四册）
第四册实价银三分外埠酌加邮费

书名：平民历史（平民高级学校用书）

著者：马伯援／编辑　傅若愚／校正

出版印行：青年会全国协会

出版时间：民国十三年（1924）初版　民国十五年（1926）重订初版

册数：不详

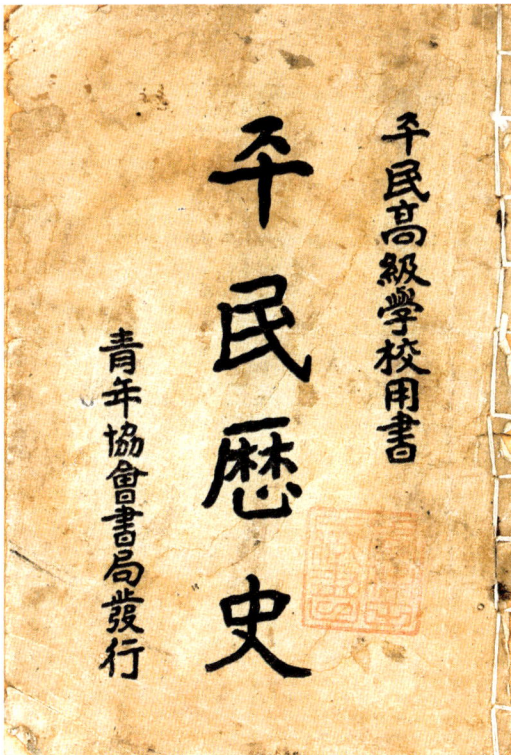

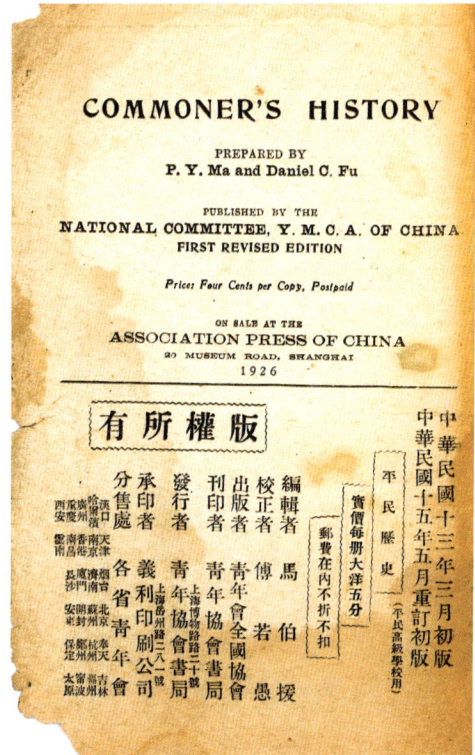

2144　书名：平民教育用书千字课本
　　　著者：魏冰心、董文、戴渭清、曹芝清 / 编辑　范祥善、汪镜人、秦同培、印水心 / 校订
　　　出版印行：世界书局
　　　出版时间：民国十四年（1925）初版　民国十六年（1927）50 版
　　　册数：四

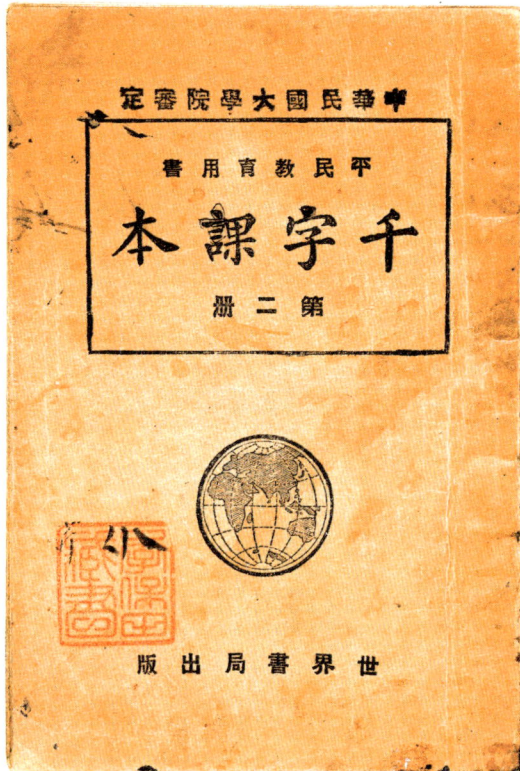

书名：市民千字课（成年青年识字用）
著者：中华平民教育促进会总会 / 编纂
出版印行：中华平民教育促进会总会 / 出版　商务印书馆 / 印行
出版时间：民国十六年（1927）初版　民国十九年（1930）70版
册数：四

2146　书名：改正农民千字课

著者：中华平民教育促进会总会 / 编辑

出版印行：中华平民教育促进总会 / 出版　商务印书馆 / 印行

出版时间：民国十七年（1928）初版　民国二十一年（1932）国难后第 5 版

册数：四

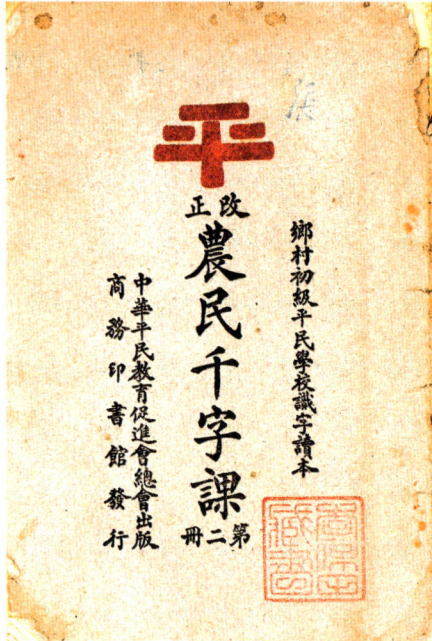

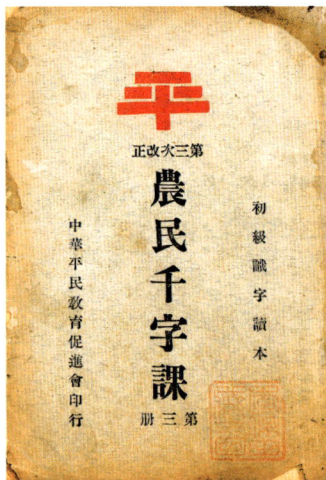

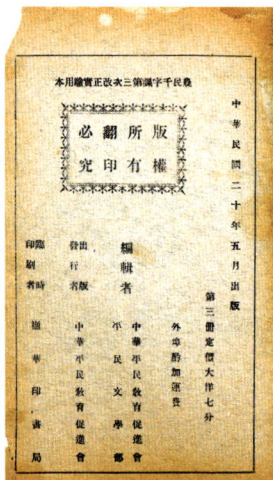

书名：新时代民众学校识字课本

著者：沈百英 / 编纂　陈布雷 / 校订

出版印行：商务印书馆

出版时间：民国十八年（1929）初版　民国十九年（1930）24 版

册数：不详

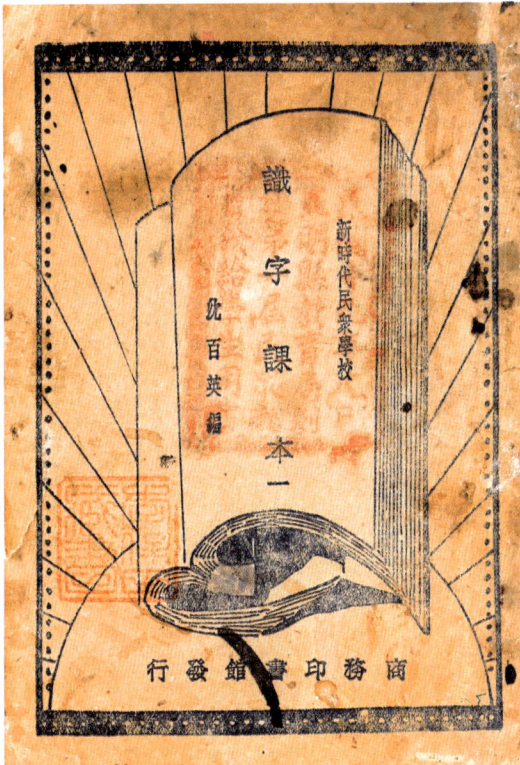

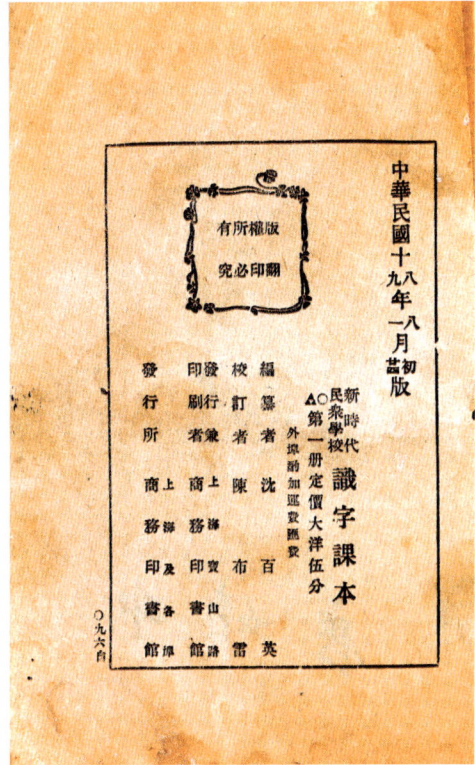

2148

书名：新时代民众学校工业课本

著者：计志中／编纂　张辅良／校订

出版印行：商务印书馆

出版时间：民国十九年（1930）初版

册数：不详

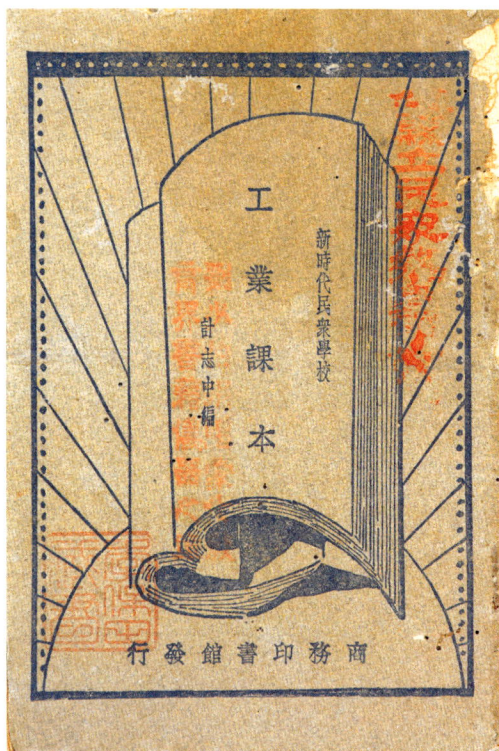

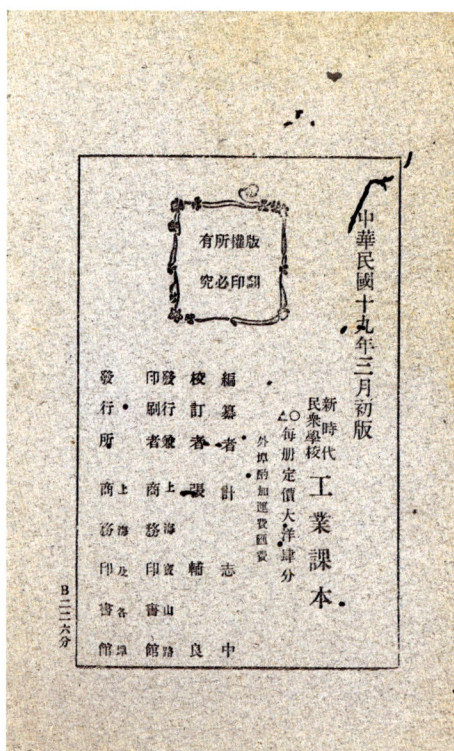

书名：老少通千字课

著者：陶行知 / 编纂　罗珊和、陶宏 / 注音

出版印行：商务印书馆

出版时间：民国二十四年（1935）初版　民国二十四年（1935）再版

册数：四

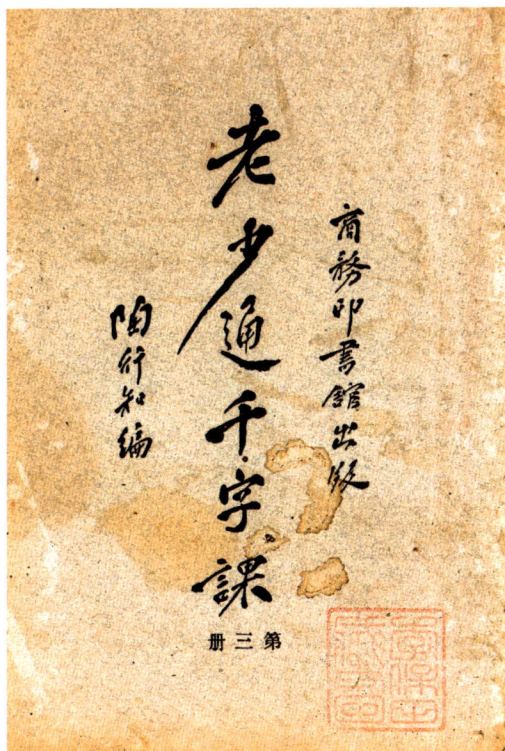

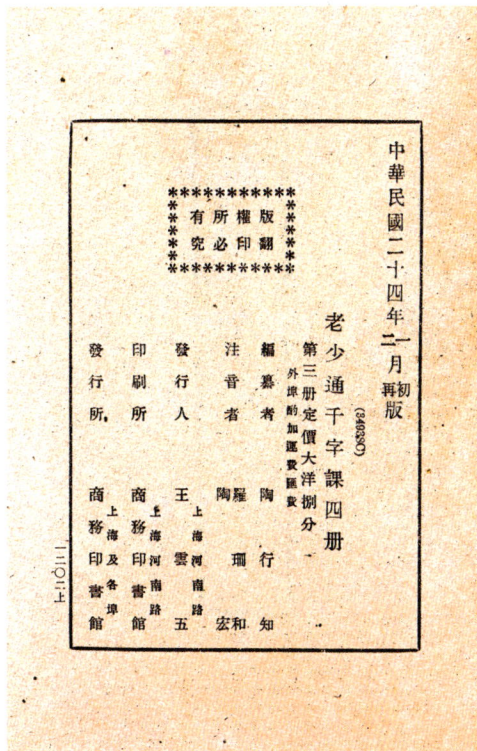

2150　书名：青岛民众读本（初级民众学校用）
著者：芮麟 / 编辑　青岛市民众读物编审委员会 / 校订
出版印行：青岛市教育局
出版时间：民国二十五年（1936）初版
册数：二

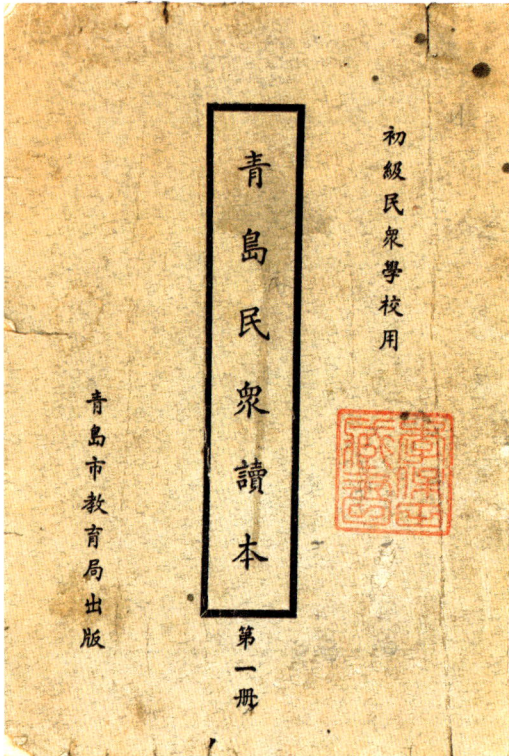

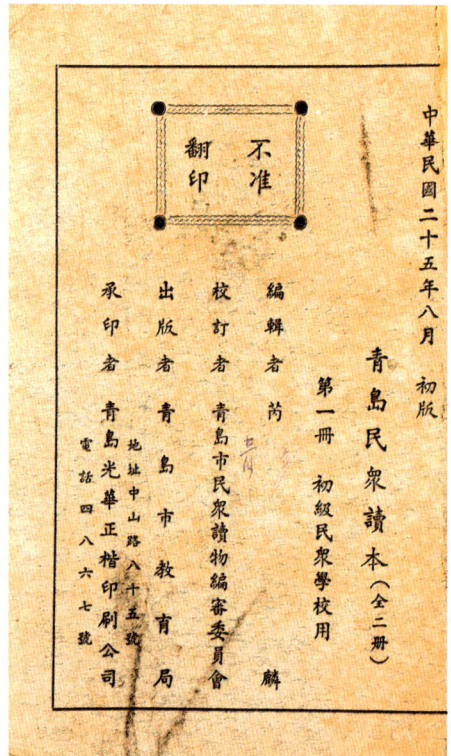

初級民衆學校用

青島民衆讀本

青島市教育局出版

第一册

中華民國二十五年八月　初版

青島民衆讀本（全二册）

第一册　初級民衆學校用

不准 翻印

編輯者　芮　麟

校訂者　青島市民衆讀物編審委員會

出版者　青島市教育局
地址中山路八十五號

承印者　青島光華正楷印刷公司
電話四八六七號

书名：民众学校课本

著者：教育部 / 编

出版印行：新光印刷公司

出版时间：民国二十六年（1937）初版

册数：四

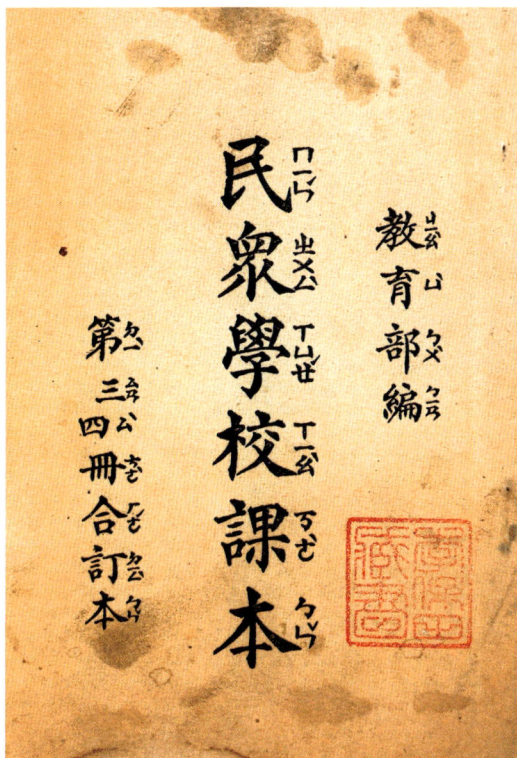

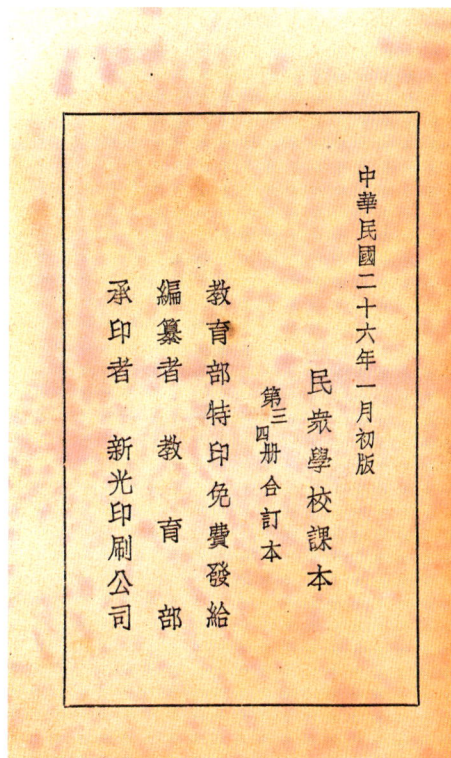

2152　书名：民众教育千字课（试用初版）
著者：孔垅服役区教育组 / 编辑
出版印行：孔垅服役区教育组
出版时间：不详
册数：不详

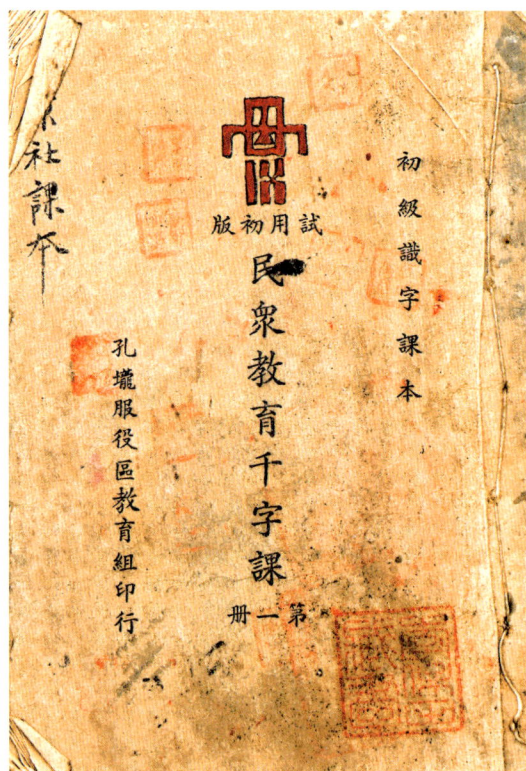

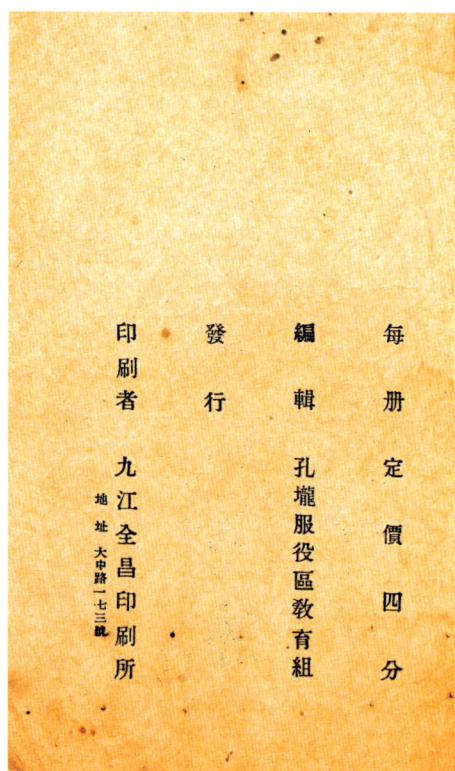

书名：六百字编通俗教育识字课本

著者：不详

出版印行：不详

出版时间：不详

册数：不详

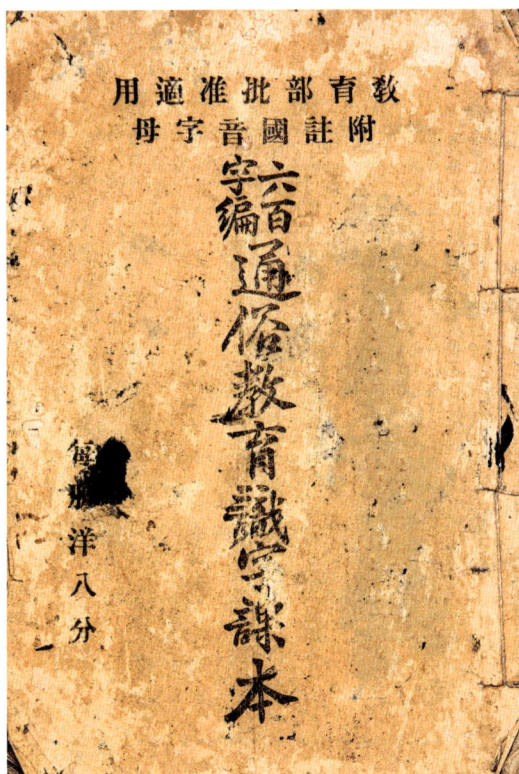

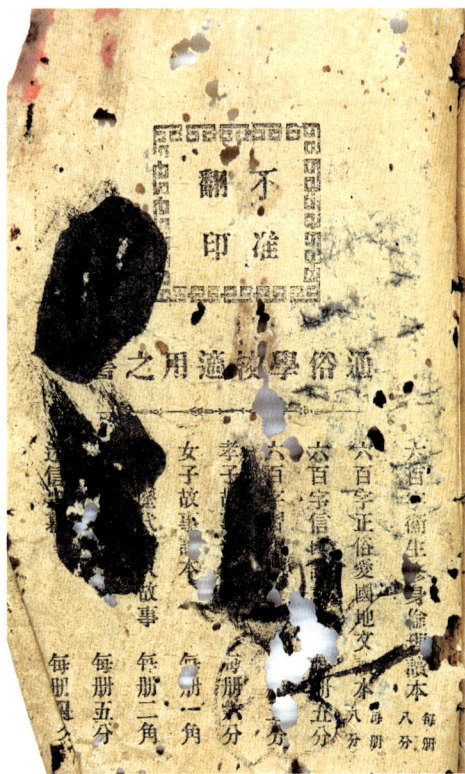

2154　　书名：平民千字课

著者：不详

出版印行：青年协会书局

出版时间：不详

册数：不详

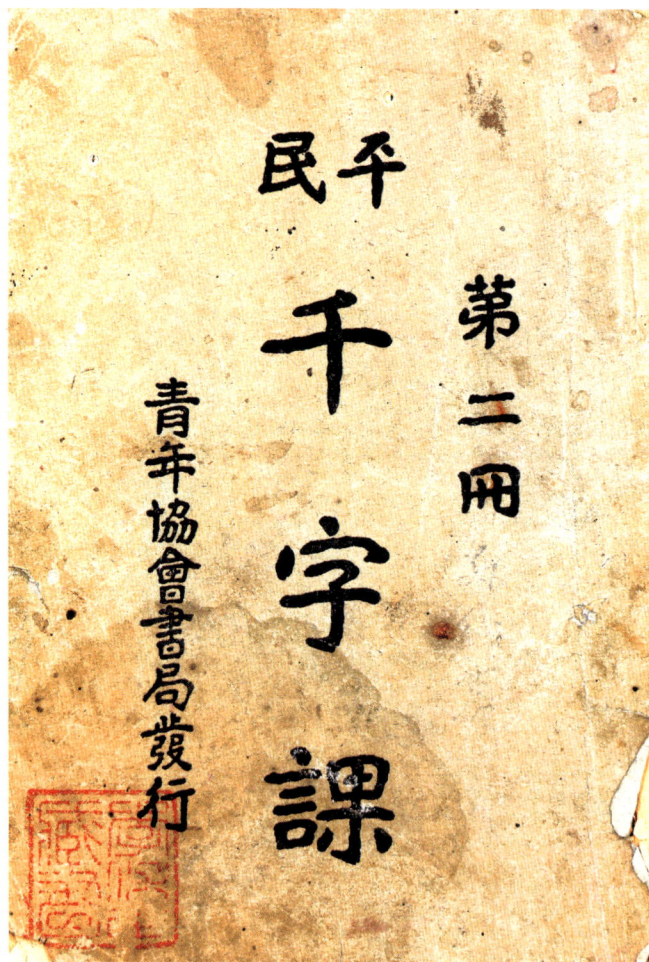

书名：三民主义千字课

著者：不详

出版印行：林县教育局

出版时间：不详

册数：不详

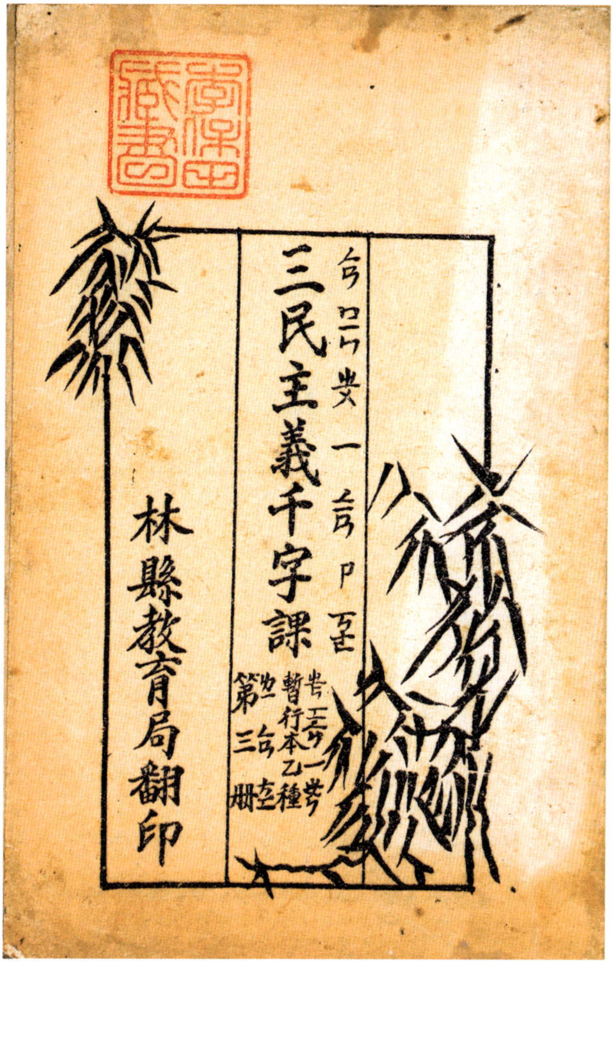

三民主義千字課

林縣教育局翻印

暫行本乙種

第三冊

2156　书名：初级成人班课本
　　　　著者：教育部教科用书编辑委员会 / 编
　　　　出版印行：国定中小学教科书七家联合供应处
　　　　出版时间：不详
　　　　册数：不详

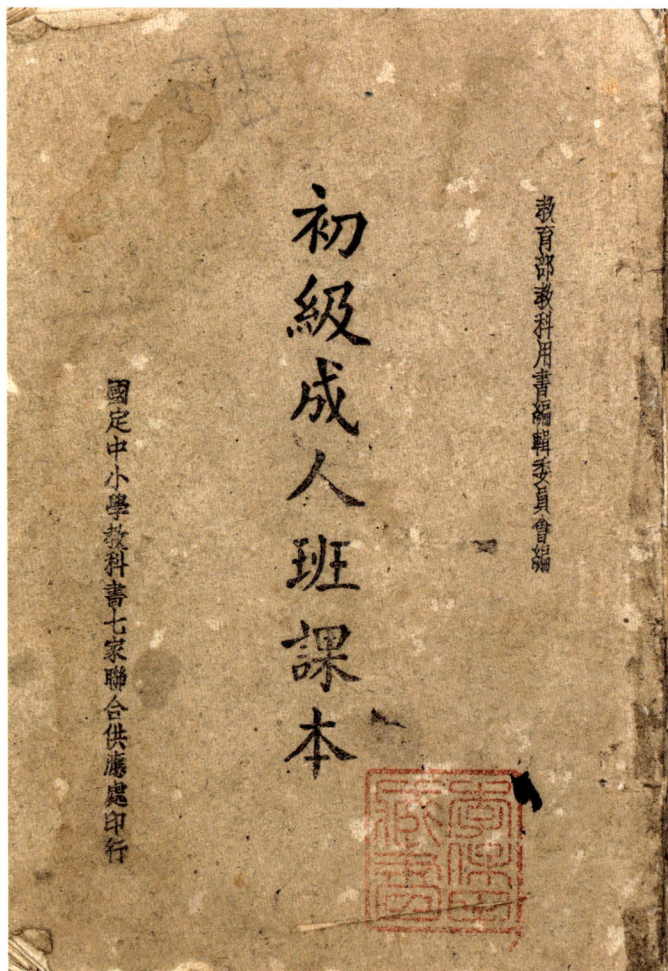

书名：丙种三民主义千字课

著者：教育部 / 编辑

出版印行：东台教育局 / 仿印

出版时间：不详

册数：不详

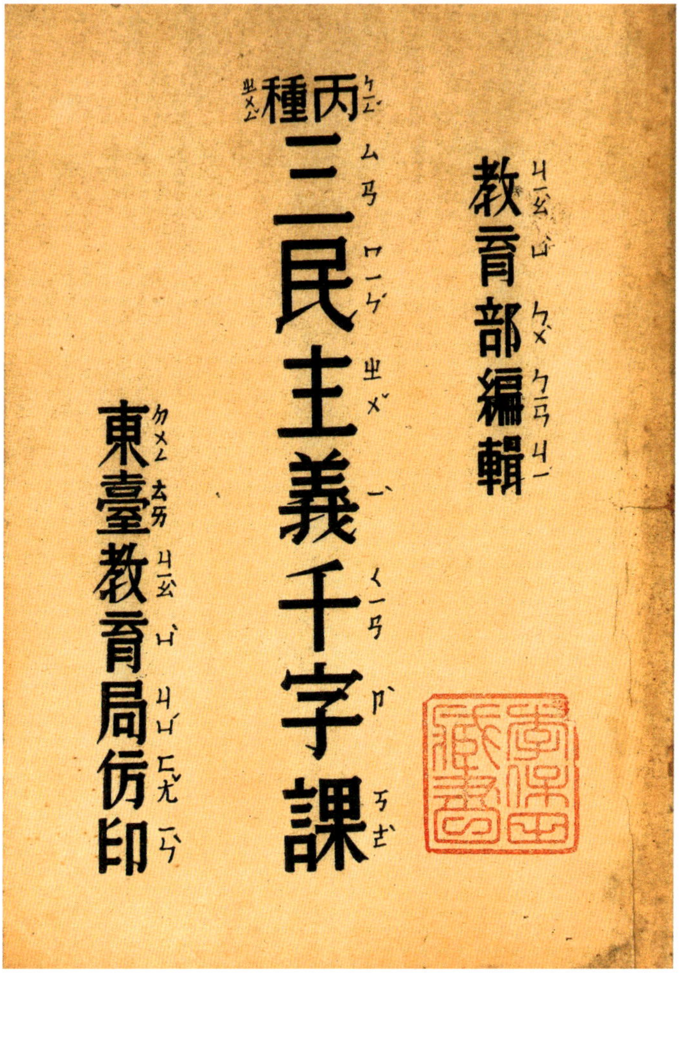

丙種三民主義千字課

教育部編輯

東臺教育局仿印

# 31 教学与教育类教材

①小学教育教材
②中学教育教材
③教育理论类教材
④其他教材

书名：实验单级教授法
著者：顾旭侯 / 编纂　沈澄清 / 参订
出版印行：商务印书馆
出版时间：民国三年（1914）初版
册数：一

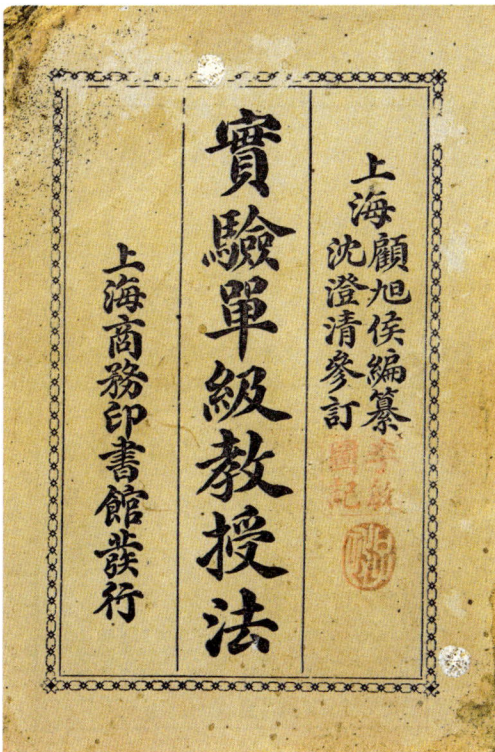

行發館書印務商

王鳳岐鄭朝熙鄧慶灡編莊金枝

實驗單級教授要項　八　分

單級教授與尋常學校不同之點甚多。
本書分編制分班自働助手教授案時
間表管理訓練八章以極明顯之筆順
次述之單級教員不可不手此一編也。

張方鎬編莊金枝

單級教授談　一角

本書分緒論校地校舍體操場校具坐
位教授時間教科結論九章詳細論列。
教員得此於單級編制法無不了然矣。

壬五一五號

Practical Pedagogy
For Ungraded Schools
COMMERCIAL PRESS, LTD.

（實驗單級教授法一册）
（每册定價大洋壹角伍分）

中華民國三年七月初版

著作者　　上海顧旭侯
參訂者　　上海沈澄清
發行者　　商務印書館
印刷所　　商務印書館
　　　　　上海北河南路北首寶山路
總發行所　商務印書館
　　　　　上海教育中市
分售處　　商務印書館分館
常德武口長沙安慶無錫蘇州京
北京天津保定太原濟南開封吉林
長春奉化太原濟南開封成都
潮昌杭州開封贛州疊贛州衢州

※ 此書有著作權翻印必究 ※

五二二

2162 书名：新师范教科书小学组织及行政

著者：饶上达／编　王祖廉、朱文叔／校

出版印行：中华书局

出版时间：民国十四年（1925）发行　民国十九年（1930）12版

册数：一

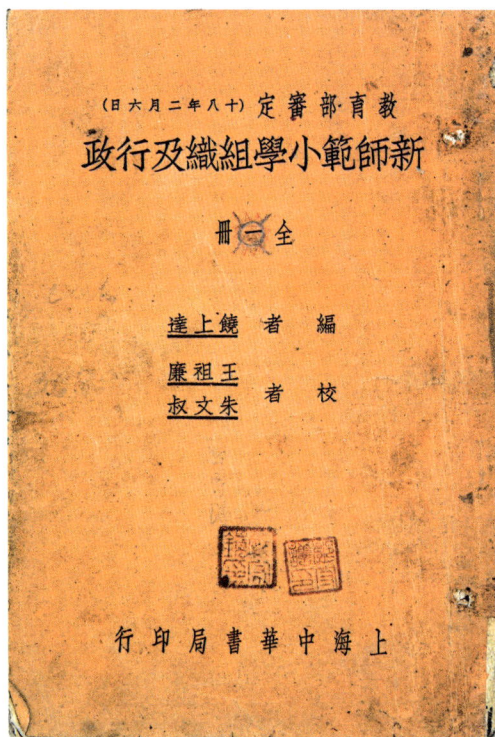

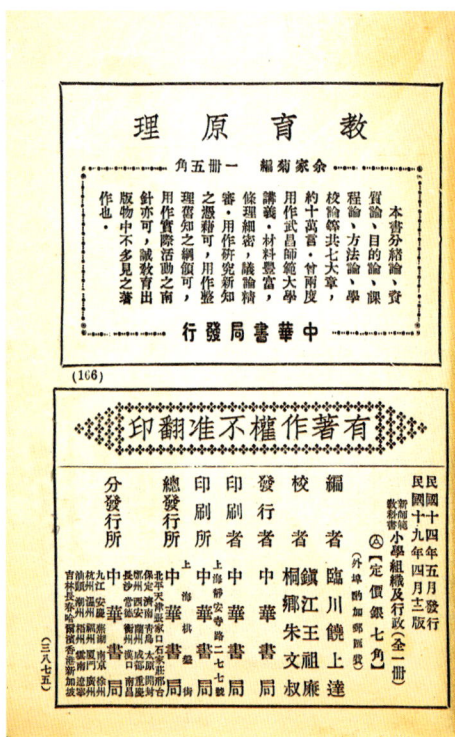

书名：怎样办理短期小学　　　　　　　　　　　　　　　　2163
著者：阴景曙／编纂
出版印行：商务印书馆
出版时间：民国二十五年（1936）初版　民国二十五年（1936）3版
册数：一

陰景曙編

怎樣辦理短期小學

商務印書館發行

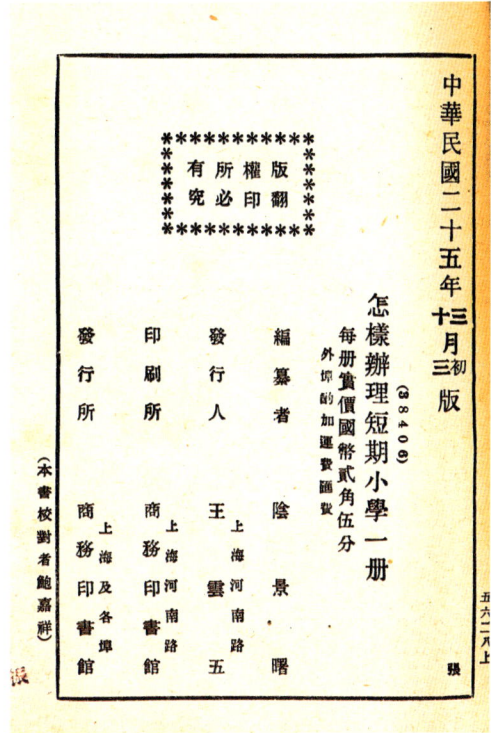

中華民國二十五年十二月初版三版

（8406）

怎樣辦理短期小學一册

每册實價國幣貳角伍分
外埠酌加運費匯費

版權所有·翻印必究

編纂者　　陰　景　曙

發行人　　王　雲　五
　　　　　上海河南路

印刷所　　商務印書館
　　　　　上海河南路

發行所　　商務印書館
　　　　　上海及各埠

（本書校對者鮑嘉群）

2164　书名：初中记事文教学本
　　　　著者：张九如 / 编纂　蒋维乔、庄适 / 校订
　　　　出版印行：商务印书馆
　　　　出版时间：民国十六年（1927）初版　民国三十二年（1943）赣第1版
　　　　册数：不详

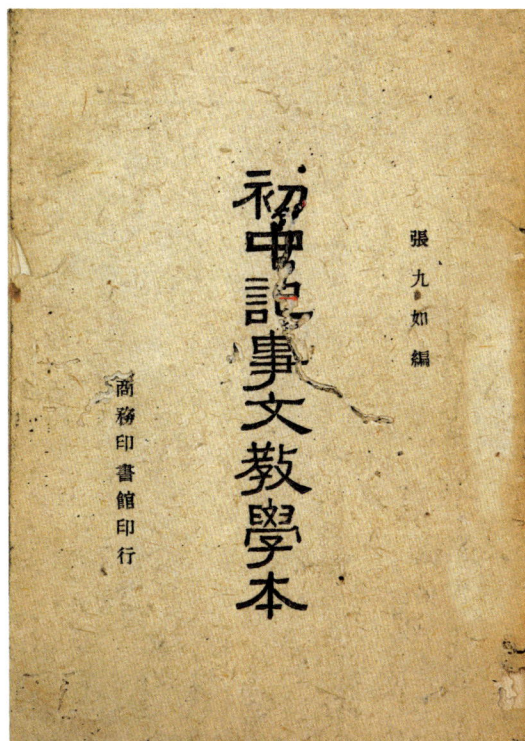

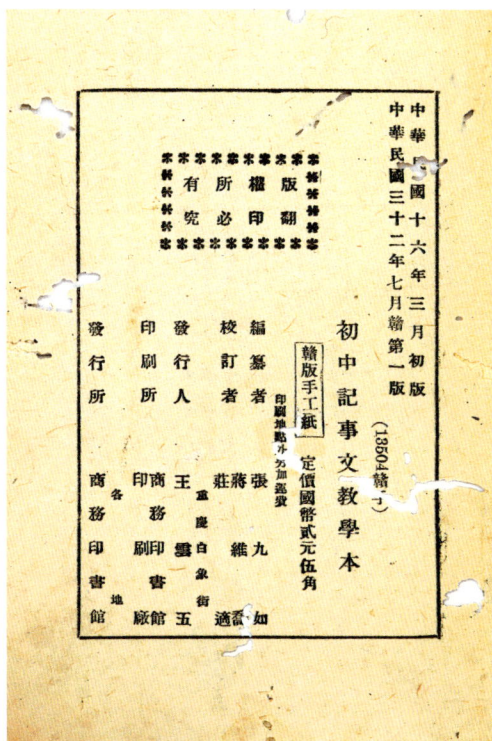

书名：心理学要领（师范学校用）

著者：樊炳清 / 著

出版印行：商务印书馆

出版时间：民国四年（1915）初版

册数：不详

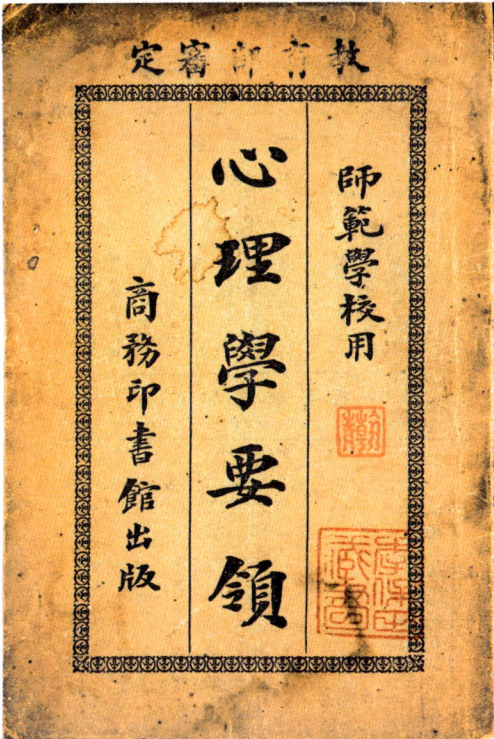

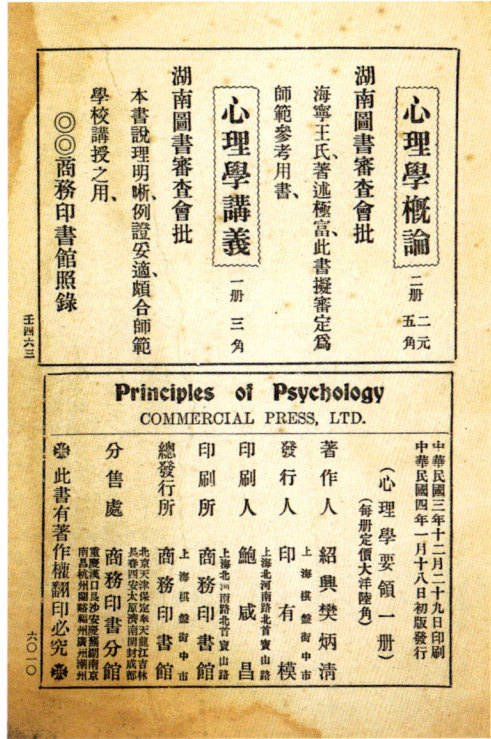

教審定審

師範學校用

心理學要領

商務印書館出版

---

心理學概論
二册
二元
五角

湖南圖書審查會批
海寧王氏、著述極富此書擬審定爲
師範參考用書、

心理學講義
一册
三角

湖南圖書審查會批
本書說理明晰、例證妥適頗合師範
學校講授之用、

◎◎商務印書館照錄

壬四六三

Principles of Psychology
COMMERCIAL PRESS, LTD.

中華民國三年十二月二十九日印刷
中華民國四年一月十八日初版發行

（心理學要領一册）
（每册定價大洋陸角）

著作人　紹興樊炳清
　　　　上海棋盤街中市

發行人　印有模
　　　　上海北河南路北首寶山路

印刷人　鮑咸昌
　　　　上海北河南路北首寶山路

印刷所　商務印書館
　　　　上海棋盤街中市

總發行所　商務印書館
　　　　　上海棋盤街中市

分售處　商務印書分館
　　　　北京天津保定奉天龍江吉林
　　　　昆春四安太原開封成都
　　　　重慶漢口長沙安慶南京
　　　　南昌杭州福州廣州潮州

❀　此書有著作權翻印必究　❀

2166

书名：新著教育学（中等学校用）

著者：杨嘉椿／编纂

出版印行：商务印书馆

出版时间：民国十一年（1922）初版　民国十三年（1924）4版

册数：一

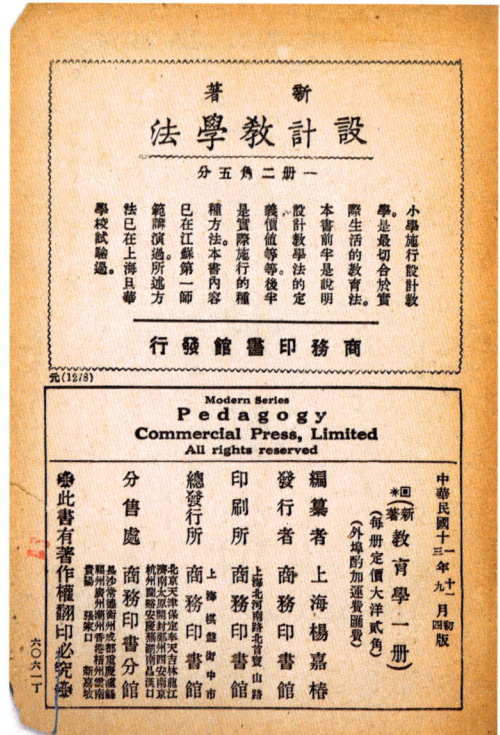

书名：教育心理学大意（原名：Human Behavior）
著者：Colvin and Bagley / 著　廖世承 / 译
出版印行：中华书局
出版时间：1922年
册数：不详

2167

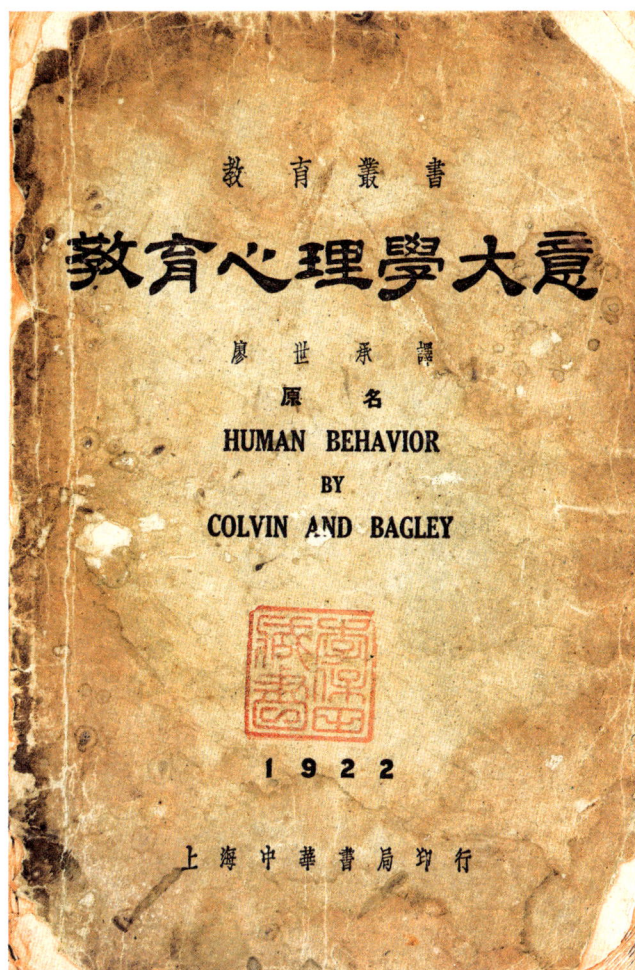

2168 书名：教育心理学（新课程标准师范／乡村师范学校适用）
著者：郭一岑、吴绍熙／编
出版印行：中华书局
出版时间：民国三十六年（1947）15版
册数：二

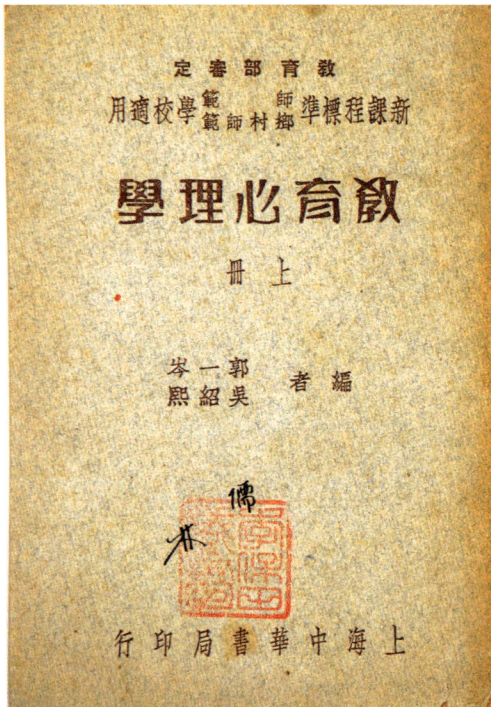

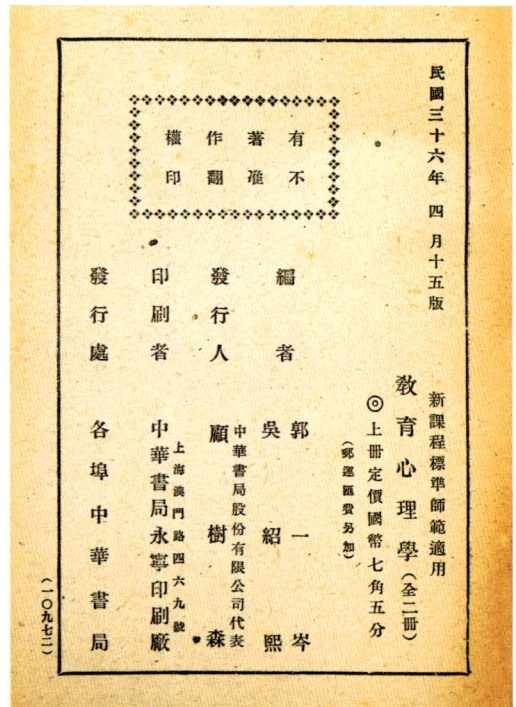

书名：新师范教科书教育史

著者：王炽昌 / 编　徐则陵、朱文叔 / 校

出版印行：中华书局

出版时间：民国十二年（1923）发行　民国十八年（1929）14 版

册数：一

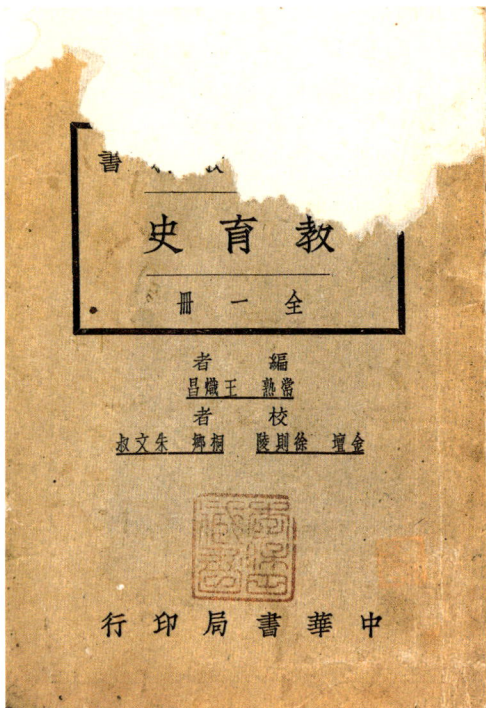

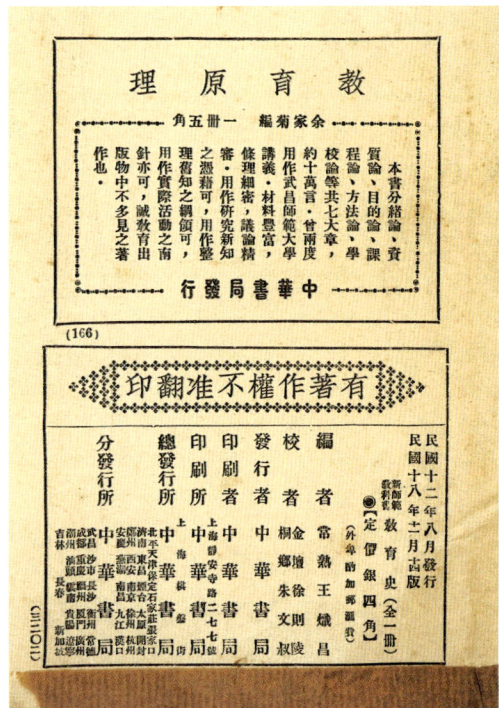

2170　书名：各科教学法（万有文库）

著者：范寿康 / 著

出版印行：商务印书馆

出版时间：民国二十二年（1933）初版

册数：不详

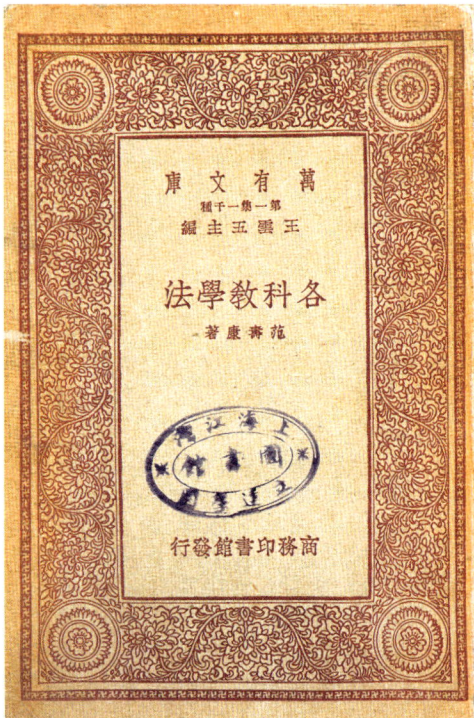

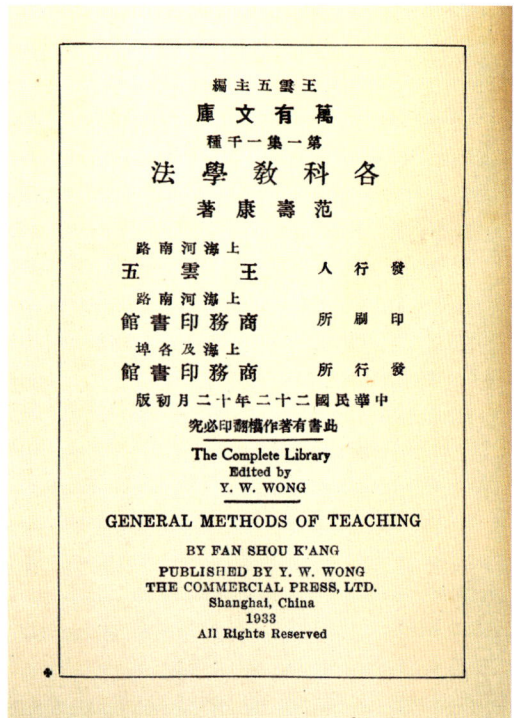

书名：新中国教科书师范学校教育辅导

著者：钟道赞、孙邦正 / 编著

出版印行：正中书局

出版时间：民国三十五年（1946）泸初版　　民国三十五年（1946）泸22版

册数：不详

2171

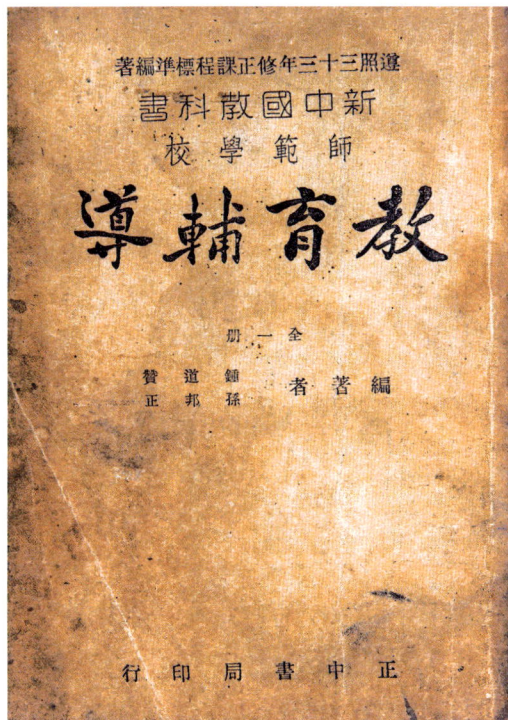

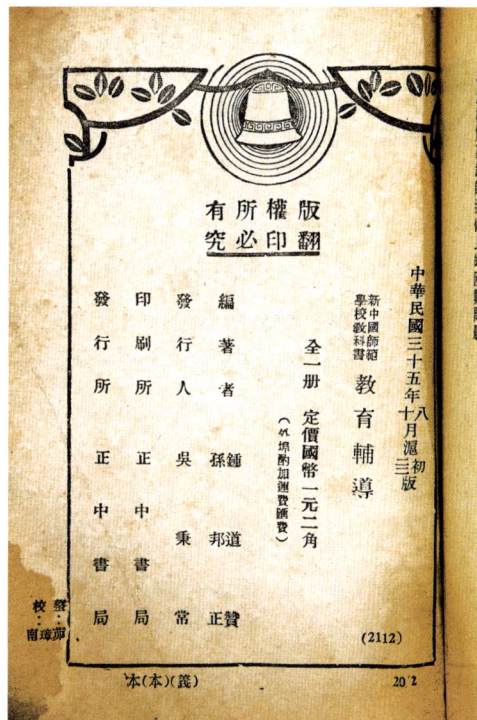

2172

书名：小学会考升学指南算术

著者：不详

出版印行：南华书店

出版时间：不详

册数：不详

32 幼儿教育类教材

书名：范字教材（小学适用）

著者：蒋昂、范祥善 / 编　钮家鲁 / 书

出版印行：商务印书馆

出版时间：民国六年（1917）初版　民国廿二年（1933）国难后第1版

册数：八

範字教材

小學適用　第一輯

編者　蔣昂　范祥善

書者　鈕家魯

商務印書館發行

範字教材

財

貼

（5）　第四輯

民國二十一年一月二十九日敝公司
突遭國難總處印刷所編譯所壽棧
房均被炸燬附設之漁芇樓東方圖書
館尚公小學亦遭碳及盡付焚如三十
五載之經營盡於一旦迄蒙各界慰
問眷望速圖恢復詞意懇摯衡情何莫
敝館雖處境艱困不敢不勉爲其難因
亦將次第出版惟係圖版裝製不能各書
如原式本勢所限想荷　鑒原謹布下
忱統祈　垂譽
上海商務印書館謹啟

不　准　複　製

編書　印發　發印
者　刷行　行者
策者　所者

範字
教材　八輯
第二輯定價大洋壹角伍分
外埠酌加運費隨寄
（三六九）

鈕　范　蔣
家　祥　昂
魯　善

上海
河南路上海商務印書館
及各埠商務印書館

中華民國六年十月初版
民國廿二年四月印行國難後第一版

2176　书名：新法故事读本（乙编）
　　　著者：赵宗预、王砥平、徐君石、胡永承／编纂　严既澄／校订
　　　出版印行：商务印书馆
　　　出版时间：民国十年（1921）初版　民国十年（1921）5版
　　　册数：十

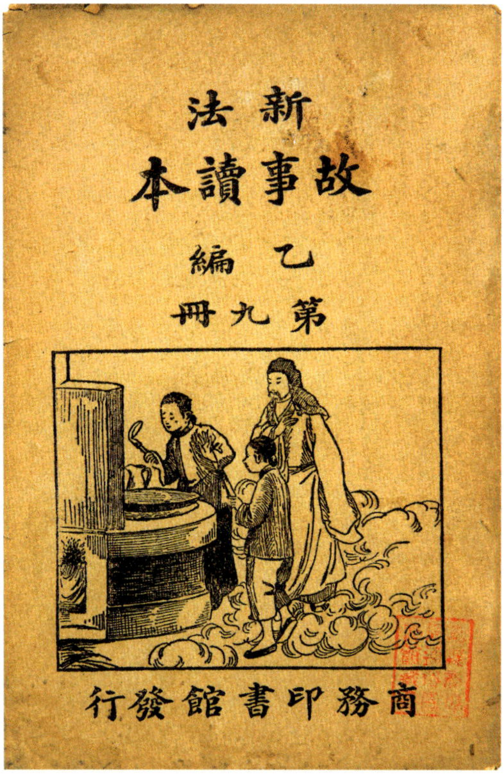

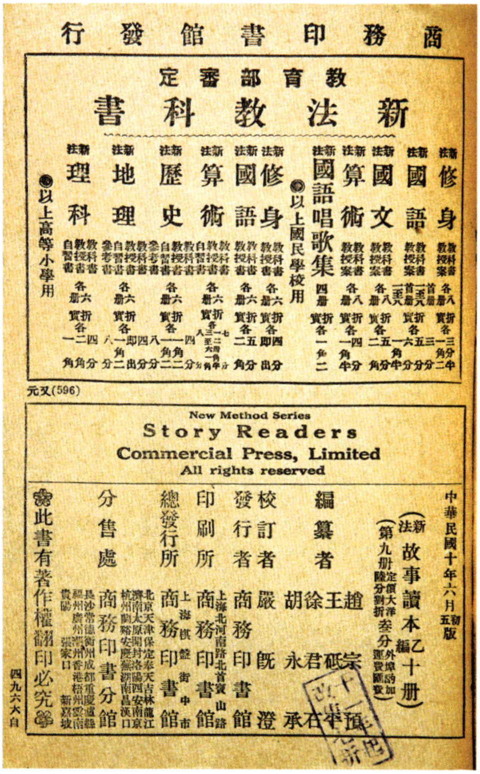

书名：全世界的小孩子（儿童常识丛书）

著者：上海万竹小学校／编译

出版印行：中华书局

出版时间：民国十一年（1922）发行　民国十八年（1929）10版

册数：六

兒童常識叢書

全世界的小孩子

第　三　集

中華書局印行

國民政府內政部註冊

有不
准著
作翻
權印

民國十一年五月印刷
民國十八年十一月十版行

分發行所

總發行所 上海棋盤街

印刷所

發行者 中華書局

編譯者 上海萬竹小學校

十七年七月二十日執照第二十號

全世界的小孩子（全六集）

第三集定價銀一角

（外埠另加郵匯費）

分發行所

福州 廈門 廣州 九江 成都 濟南 北平 天津 張家口 石家莊 邢台 保定
溫州 杭州 安慶 重慶 青島 長沙 太原
蕪湖 南京 蘇州 衡州 漢口 西安 開封
貴陽 昆明 徐州 當塗 蘭州 南昌
梧州 揚州 鎮江 南寧

中華書局

上海靜安寺路哈同路口

中華書局

（一六八一）

2178

书名：游戏新教材

著者：陈志超、高元浚 / 编　姜丹书 / 校

出版印行：中华书局

出版时间：民国十五年（1926）发行　民国廿七年（1938）11版

册数：一

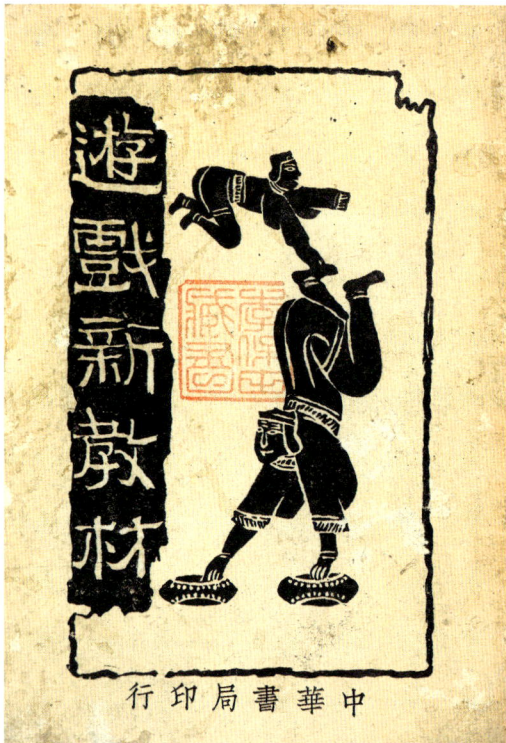

遊戲新教材

中華書局印行

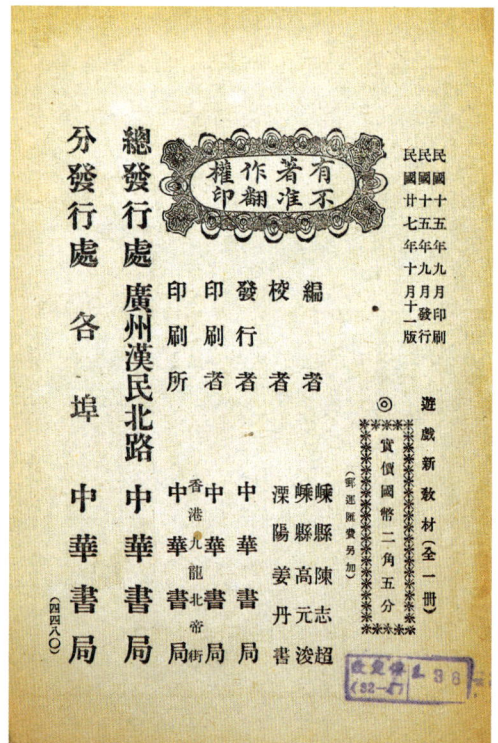

著作權翻印不准有

民國廿七年九月十一版
民國十五年九月發行
民國十五年九月印刷

編著者　嵊縣　陳志超
　　　　深陽　高元浚
校者　嵊縣　姜丹書
印刷者　中華書局
發行者　中華書局
印刷所　香港九龍北帝街　中華書局
總發行處　廣州漢民北路　中華書局
分發行處　各埠　中華書局

（四四八〇）

遊戲新教材（全一冊）

實價國幣二角五分
（郵運匯費另加）

书名：小朋友游戏
著者：张雪林、苏兆骧 / 编
出版印行：北新书局
出版时间：1931年初版　1933年3版
册数：不详

小朋友叢書之一
小朋友遊戲
上册
張雪林
蘇兆驤　編
上海
北新書局印行
1933

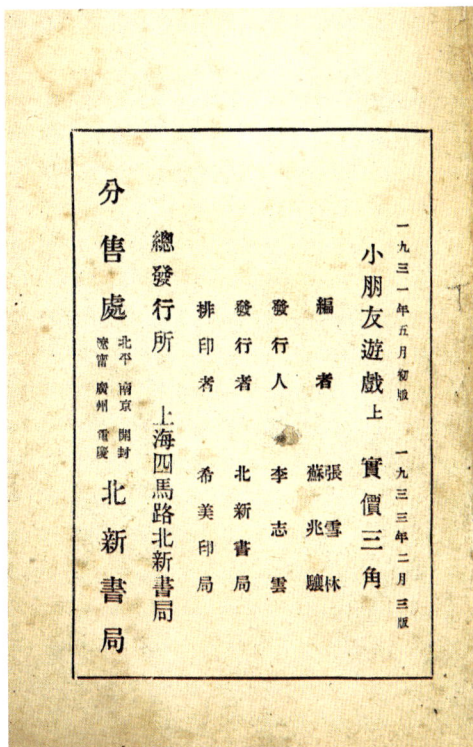

一九三一年五月初版　一九三三年二月三版

小朋友遊戲上　實價三角

編者　張雪林　蘇兆驤
發行人　李志雲
發行者　北新書局
排印者　希美印局
總發行所　上海四馬路北新書局
分售處　北平　南京　開封　廣州　寧富　重慶
北新書局

2180　书名：儿童游戏新法
　　　著者：陈鹤琴、屠哲梅 / 编著
　　　出版印行：儿童书局
　　　出版时间：民国二十一年（1932）初版　　民国二十三年（1934）4版
　　　册数：一

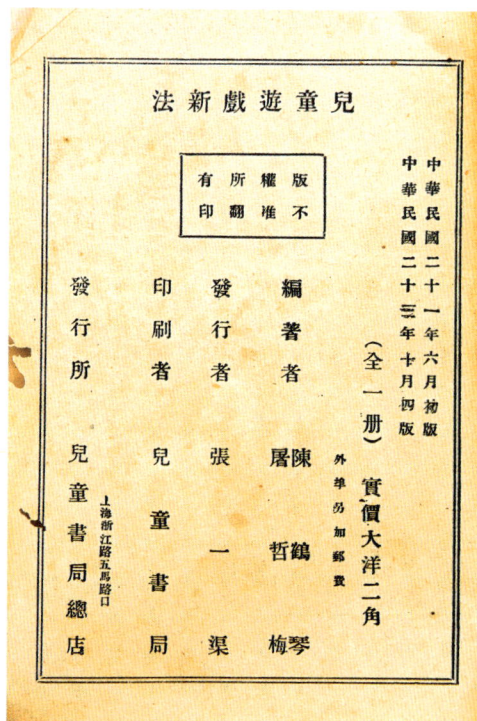

书名：霜·雪（儿童科学丛书）
著者：丁柱中、陈鹤琴／主编　白桃／编　陶知行／校
出版印行：儿童书局
出版时间：1933年
册数：不详

2182

书名：儿童物语（绘图儿童百科全书）
著者：李龙公 / 编辑
出版印行：广益书局
出版时间：民国二十二年（1933）6版
册数：一

绘图儿童百科全书 第一组 小学种

兒童物語

绘图儿童百科全书

兒童物語

上海廣益書局印行

---

繪圖詳註小說讀本

新學制制用
兒童文藝

本書編纂法

（一）全書標點，均用新式符號。（二）每篇分段中，均有插圖。（三）篇幅有小引。（四）敘述事實之李句，極用淺近俗字及難詞，均各篇木附釋要。（五）註明僻字及難詞，而詞句文極合法。（六）程廣而集新穎，精裝布套。可供小學校肄業生用，淺及深，程度適中。

全書分上中下三集每集四冊。共十二冊。一冊二角，二元四角。一定布套價。三元二角。

既便教授
又利自修

版權所有
翻印不准

中華民國二十二年五月六版

繪圖兒童物語 全一冊
定價大洋壹角五分

編輯者　海上　李龍公
發行者　上海廣益書局
印刷者　上海廣益書局
總發行所　上海廣益書局

分發行所
北平
廣東
長沙
江西
漢口
開封

廣益書局

书名：新生活教科用书说话（小学低年生用）

著者：蒋息岑 / 主编　顾志贤 / 选材

出版印行：大东书局

出版时间：民国二十二年（1933）初版　民国二十三年（1934）三版

册数：不详

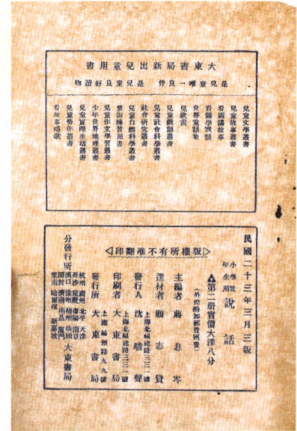

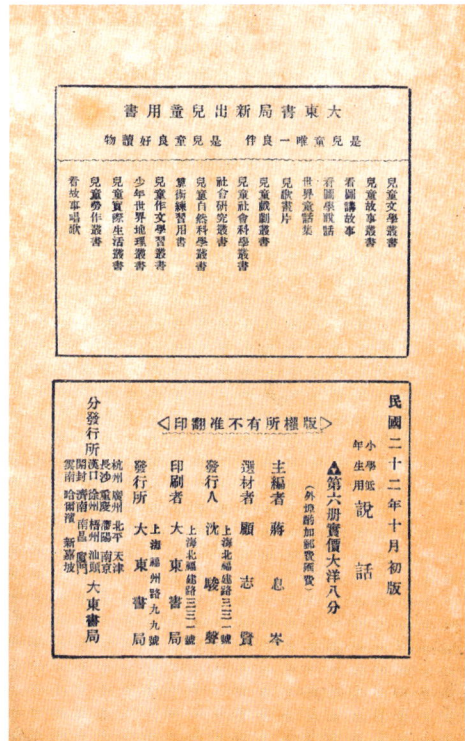

2184 | 书名：空气与我们（儿童科学丛书）
著者：沈志坚／编
出版印行：新中国书局
出版时间：民国二十三年（1934）初版
册数：不详

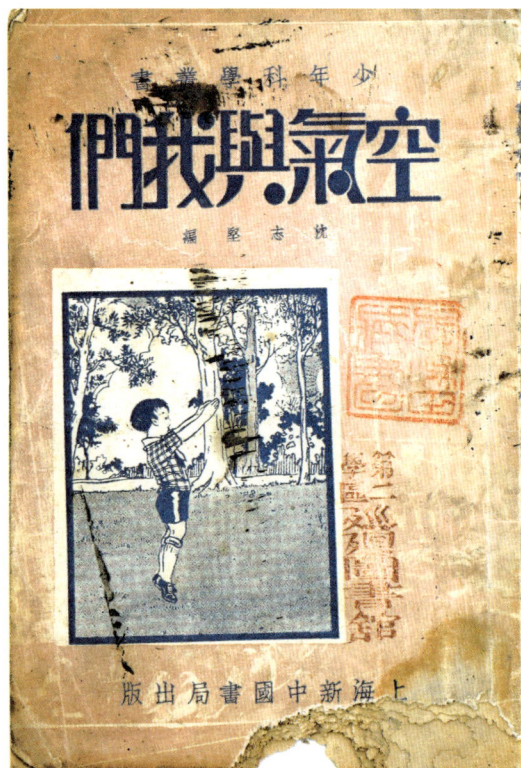

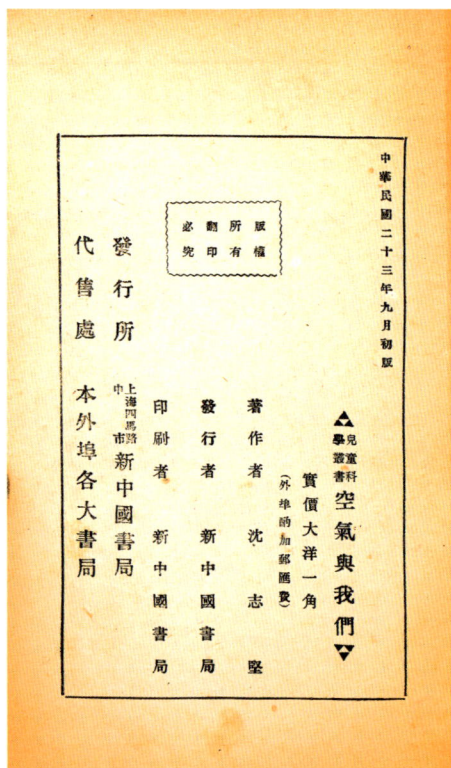

中華民國二十三年九月初版

△兒童科學叢書▽
空氣與我們

實價大洋一角
（外埠酌加郵匯費）

著作者　沈志堅

發行者　新中國書局

印刷者　新中國書局

發行所　新中國書局
上海四馬路
中市

代售處　本外埠各大書局

版權所有
翻印必究

书名：新生活公民训练用书大家要爱护（小学低年级用）

著者：马客谈／主编　乔一乾、徐尚裴、朱玉华、蒋镜湖／撰述

出版印行：大东书局

出版时间：民国二十三年（1934）初版

册数：一

 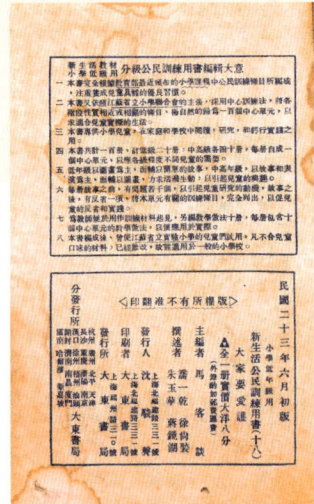

书名：新生活分级公民训练教材老龙精（小学中年级用）

著者：马客谈／主编　朱建侯、王问奇、单蕴华、朱洁夫、杨守仁／撰述

出版印行：大东书局

出版时间：民国二十四年（1935）初版

册数：不详

 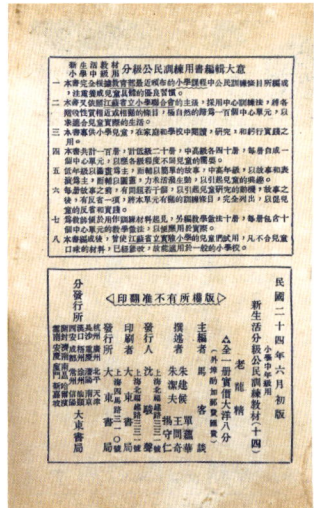

书名：小学生分年补充读本系列
著者：朱菱阳等 / 编　殷佩斯、赵景源等 / 校
出版印行：商务印书馆
出版时间：民国二十四年（1935）初版
册数：不详

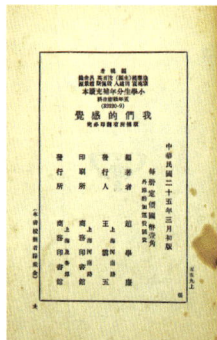

书名：我们看植物怎样过冬（低级儿童百科丛书）
著者：儿童书局编辑部 / 编辑　陈伯吹、陈汝惠、徐晋 / 撰稿
出版印行：儿童书局
出版时间：民国二十五年（1936）初版　民国卅六年（1947）新11版
册数：一

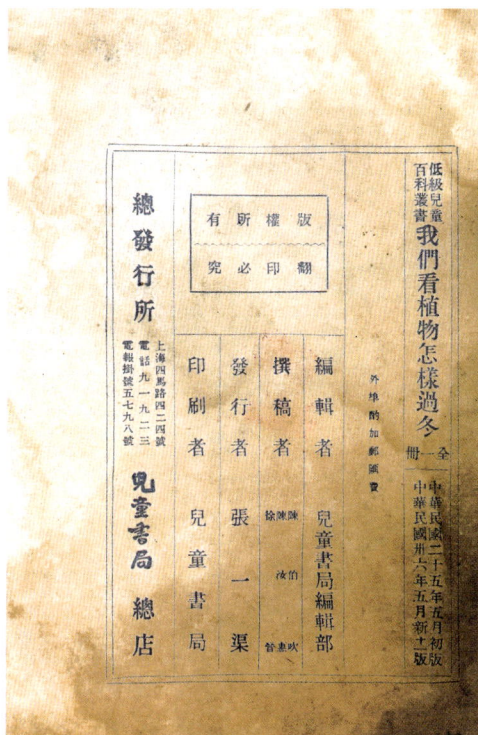

2188    书名：小学低年级自然副课本系列
        著者：陈一鸣等／编
        出版印行：中华书局
        出版时间：民国二十五年（1936）
        册数：不详

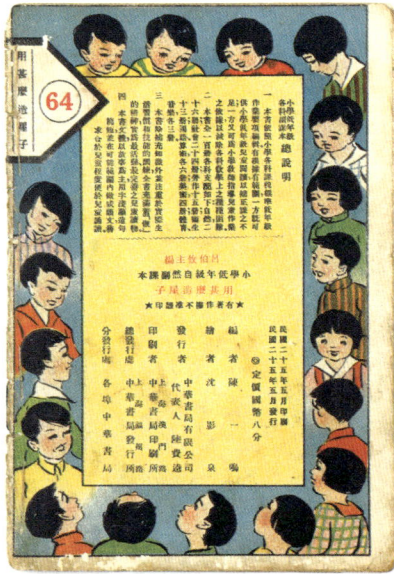

书名：儿童课外读本
著者：窦卫宸 / 编绘
出版印行：诚文信书局
出版时间：民国廿九年（1940）
册数：二

兒童課外讀本
上 冊

天津誠文信書局發行

中華民國廿九年九月印刷
中華民國廿九年十月發行

此書有著作權
不許翻印

兒童課外讀本（上）

（全二冊定價國幣五角
外埠酌加運費）

編繪者　竇　衛　宸

發行者　誠文信書局

印刷者　誠文信印刷部

總發行所　誠文信德記書局
天津鍋店街
電話二三八五九號

2190

书名：幼稚识字

著者：徐晋 / 著

出版印行：儿童书局

出版时间：民国三十年（1941）7版

册数：四

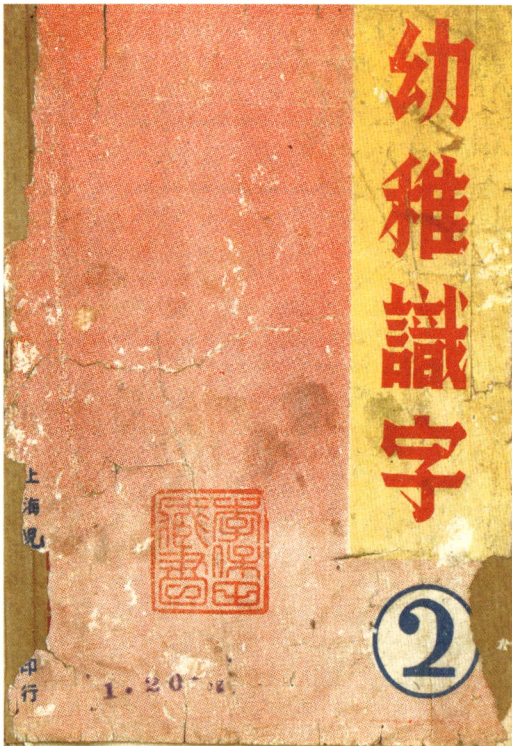

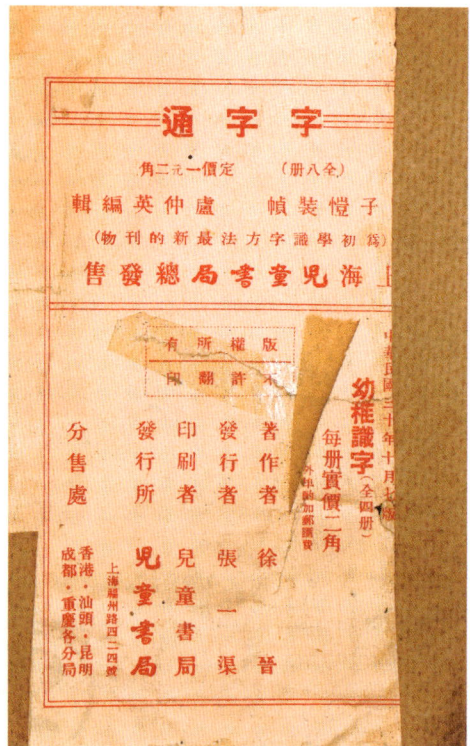

书名：基本暑期课本

著者：沈秉廉、赵白山、宗亮寰、赵景源 / 主编　王志成、沈百英、李惠乔、宋文藻、姜元琴、徐子龄、
　　　许观光、马精武、马静轩、杨志先 / 编辑

出版印行：基本书局

出版时间：民国三十五年（1946）初版　民国三十六年（1947）5版

册数：五

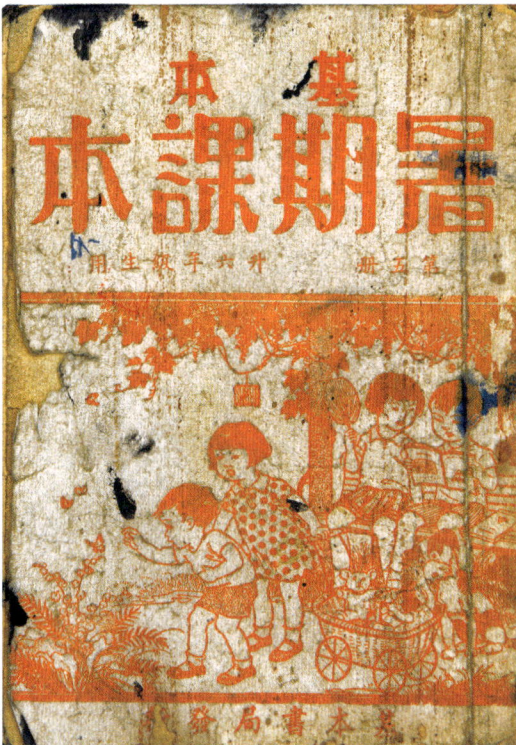

2192　书名：小猫（动物童话）
　　　　著者：陈鹤琴 / 编　沈善芝 / 助编
　　　　出版印行：儿童书局
　　　　出版时间：民国三十五年（1946）8 版
　　　　册数：一

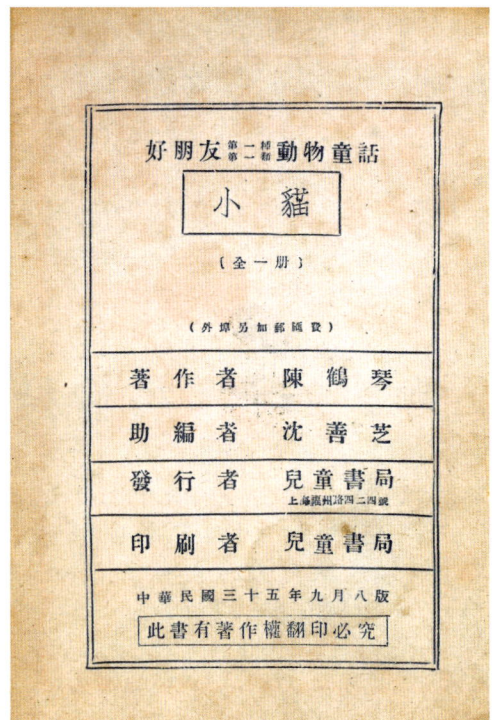

书名：新小学文库第一集
著者：朱经农、沈百英 / 主编
出版印行：商务印书馆
出版时间：民国三十六年（1947）初版
册数：不详

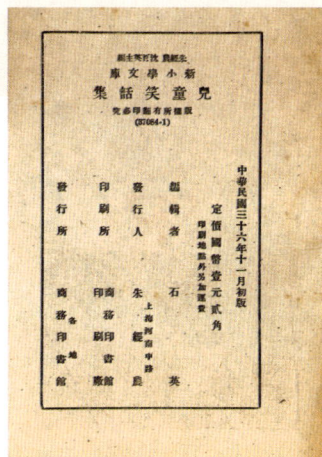

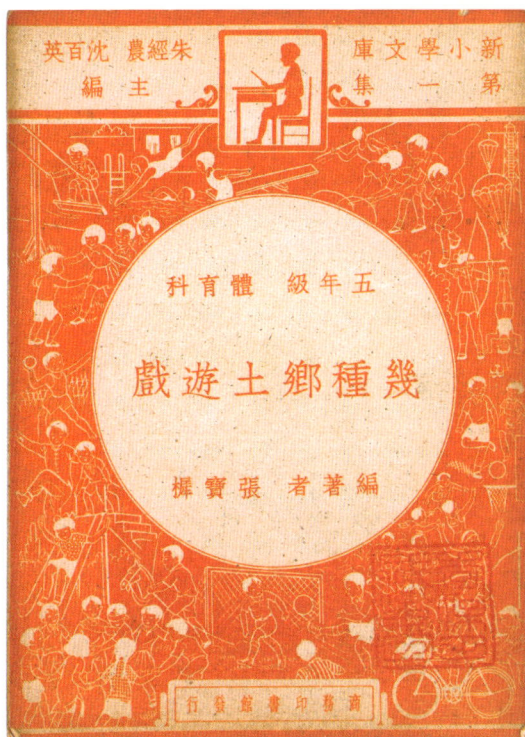

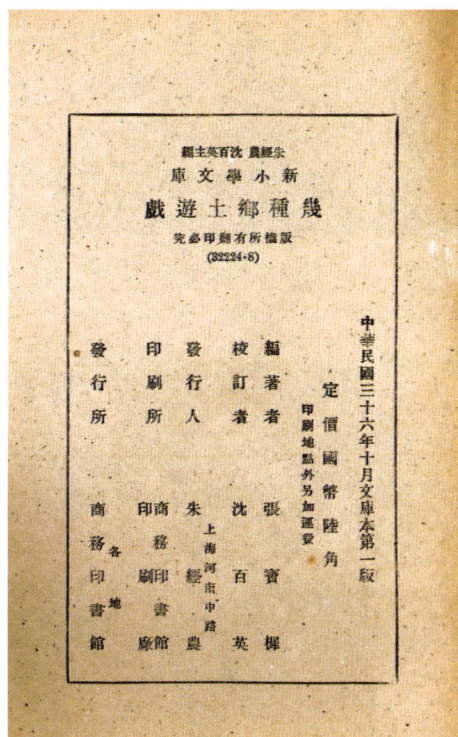

书名：低年级社会（新儿童基本文库）

著者：不详

出版印行：大东书局

出版时间：民国三十七年（1948）3版

册数：不详

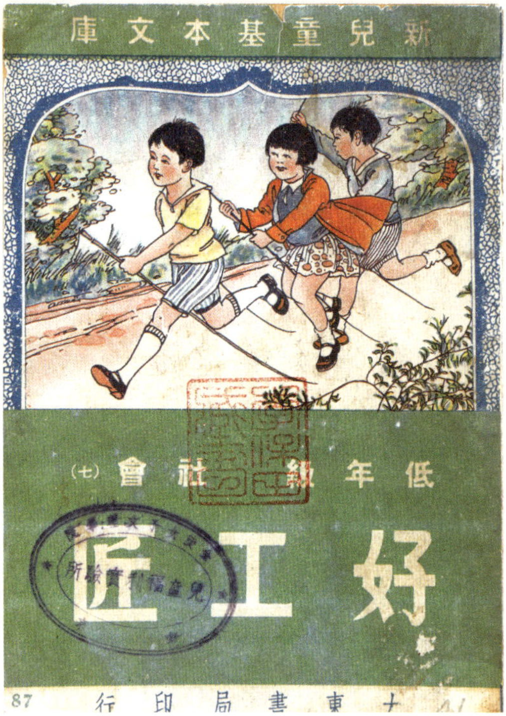


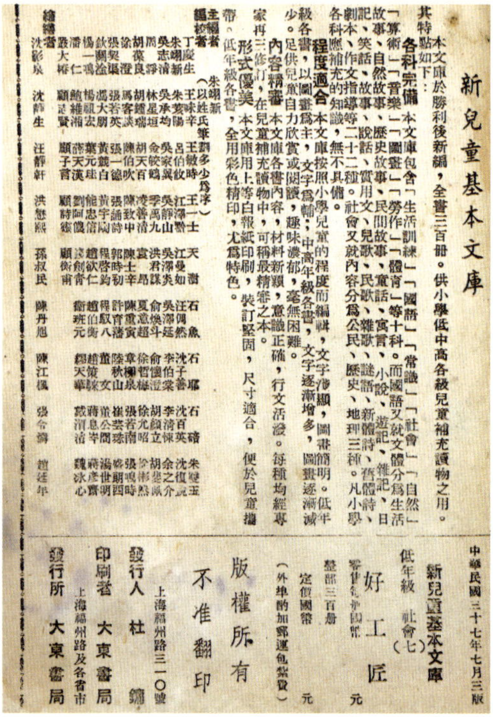

新兒童基本文庫

本文庫於勝利後新編，全書三百册。供小學低中高各級兒童補充讀物之用。其特點如下：

**各科完備** 本文庫包含「生活訓練」「國語」「常識」「社會」「自然」「算術」「音樂」「圖畫」「勞作」「體育」等十科。而國語又就文體分爲生活故事、自然故事、歷史故事、民間故事、童話、寓言、小說、遊記、雜記、日記、笑話、說話、實用文、兒歌、民歌、雜歌、謎語、新體詩、舊體詩、劇本、作文指導等二十二種。社會又就內容分爲公民、歷史、地理三種。凡小學各科應補充的知識，無不具備。

**程度適合** 本文庫按照小學兒童的程度而編輯，文字淺顯，圖畫簡明。低年級各書，以圖畫爲主，文字爲輔；中高年級各書，文字逐漸增多，圖畫逐漸減少。足供兒童自力欣賞或閱讀，趣味濃郁，毫無困難。

**內容精審** 本文庫各書內容，材料新穎，意識正確，行文活潑。每種均經專家再三修訂，在兒童補充讀物中，可稱最精審之本。

**形式優美** 本文庫用上等白報紙印刷，裝訂堅固，尺寸適合，便於兒童攜帶。低年級各書，全用彩色精印，尤爲特色。

主編者 朱翊新

編校者 （以姓氏筆劃多少爲序）

繪圖者 沈彰泉 沈靜生 汪靜軒 洪懋熙 孫叔民 陳丹旭 陳江楓 張令濤 趙廷年

中華民國三十七年七月三版

新兒童基本文庫

低年級 社會（七）

好工匠

零售每册國幣 元

整部三百册 定價國幣 元

（外埠酌加郵運包紮費）

版權所有 不准翻印

發行人 杜鏞 上海福州路三一〇號

印刷者 大東書局 上海福州路及各省市

發行所 大東書局

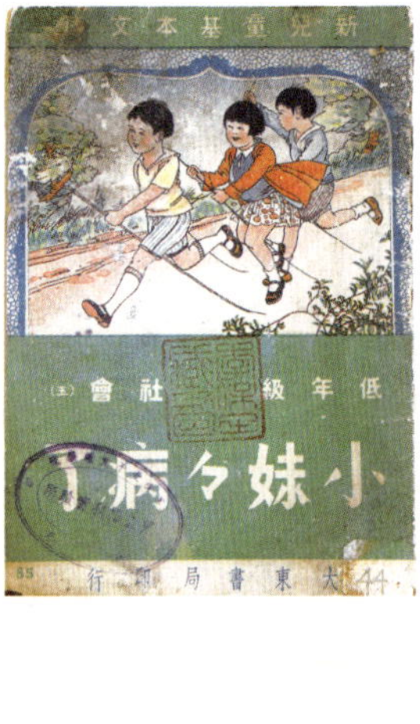


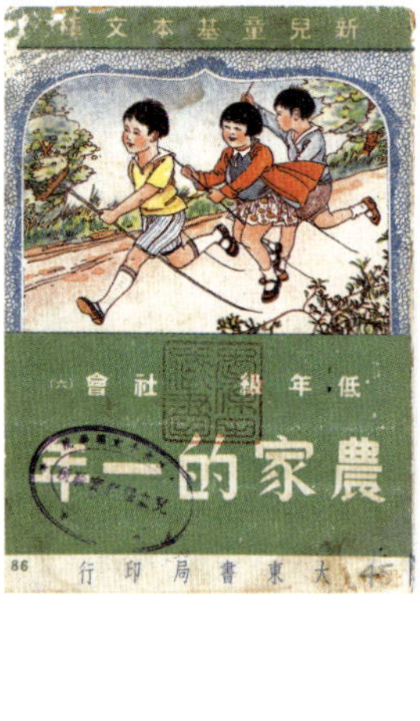


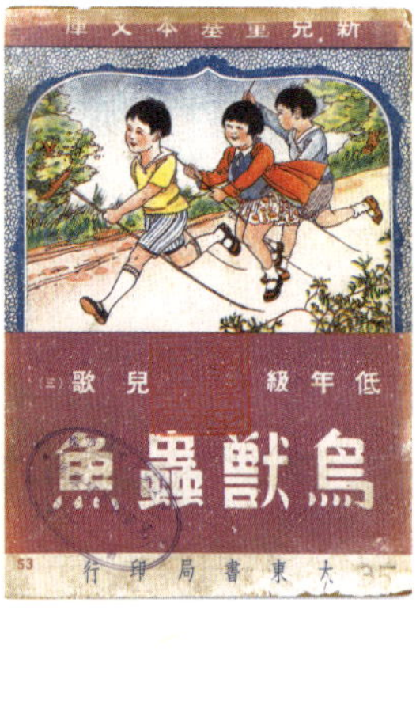

书名：儿童国语读本
著者：叶圣陶 / 著
出版印行：开明书店
出版时间：民国三十七年（1948）初版
册数：不详

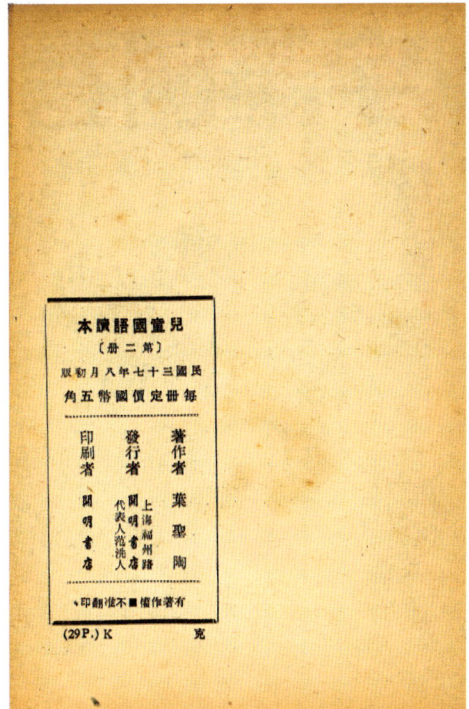

2196

书名：看图识字

著者：戴克敦 / 编

出版印行：商务印书馆

出版时间：不详

册数：二

书名：看图识字

著者：不详

出版印行：上海文光书局

出版时间：不详

册数：不详

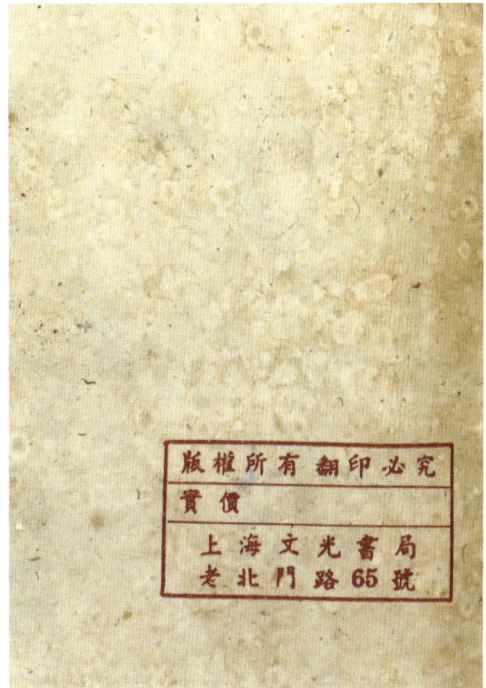

2198    书名：新时代幼稚园读本

著者：不详

出版印行：不详

出版时间：不详

册数：不详

书名：最新学生画宝

著者：沈影泉 编绘

出版印行：上海文光书局

出版时间：不详

册数：不详

2202

书名：幼稚课本
著者：不详
出版印行：不详
出版时间：不详
册数：不详

书名：百乐幼稚园读本

著者：不详

出版印行：百乐书屋 / 出版　百成公司 / 发行

出版时间：不详

册数：不详

2204

书名：幼稚园常识

著者：不详

出版印行：大方书局

出版时间：不详

册数：不详

书名：幼稚园读本

著者：不详

出版印行：东南书局

出版时间：不详

册数：不详

2206

书名：儿童世界

著者：不详

出版印行：商务印书馆

出版时间：不详

册数：不详

书名：初级小学故事新读本

著者：不详

出版印行：大东书局

出版时间：不详

册数：不详

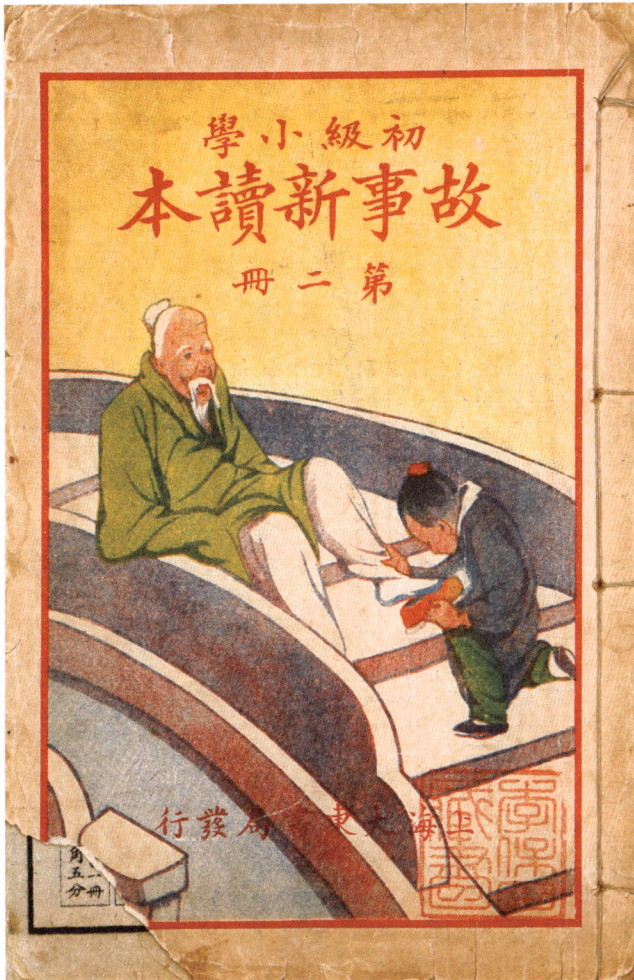

2208

书名：儿童图画诗歌

著者：教育部选定

出版印行：儿童书局

出版时间：不详

册数：不详

33 其他教材

书名：共和国教科书法制概要（中学校及师范学校用）

著者：陶保霖 / 编纂

出版印行：商务印书馆

出版时间：民国三年（1914）初版　民国十三年（1924）27版

册数：一

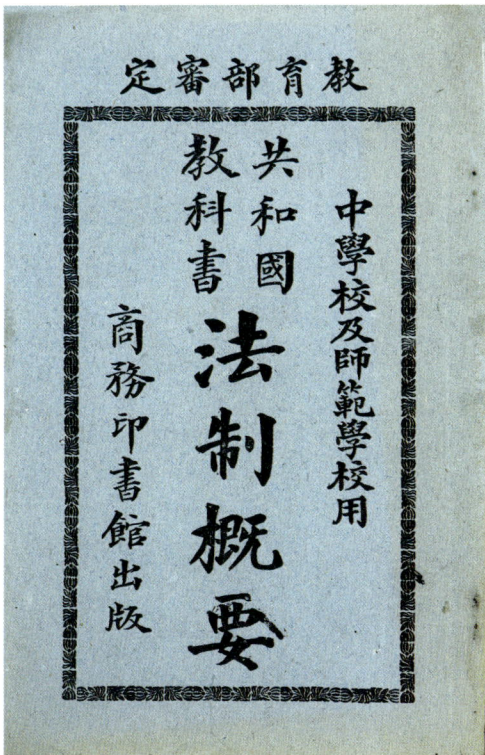

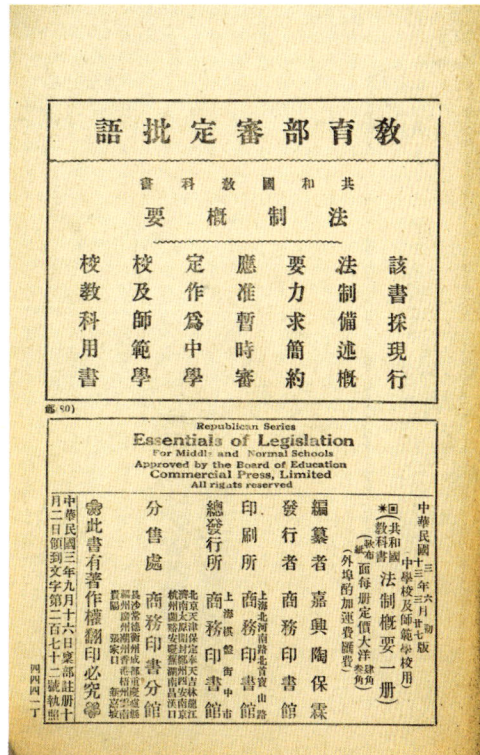

2212

书名：高等小学教科集字

著者：盛联三 / 编纂　白祝华、陈穆卿、王麟阁 / 校订

出版印行：商务印书馆

出版时间：民国六年（1917）初版

册数：一

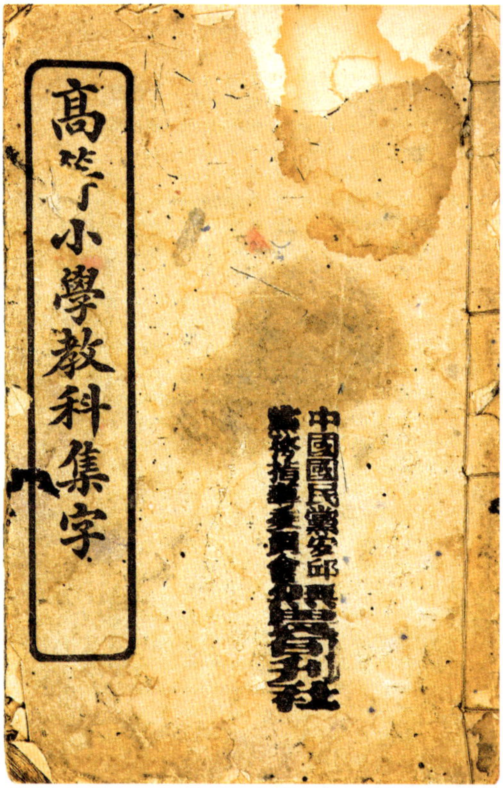


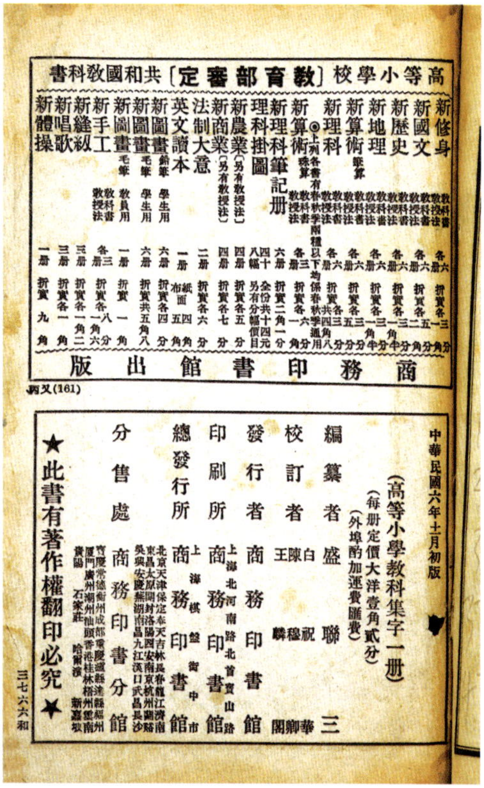
高等小學校［教育部審定］共和國教科書

新修身　新國文　新歷史　新地理　新算術　新理科　新算術　新理科筆記册　理科掛圖　新農業　新商業　法制大意　英文讀本　新圖畫　新圖畫　新圖畫　新手工　新縫紉　新唱歌　新體操

商務印書館出版

(高等小學教科集字一册)

(每册定價大洋壹角貳分)

(外埠酌加運費匯費)

中華民國六年十月初版

編纂者　盛聯三

校訂者　白祝華　陳穆卿　王麟閣

發行者　商務印書館

印刷所　上海北河南路北首寶山路　商務印書館

總發行所　上海棋盤街中市　商務印書館

分售處　商務印書分館

★此書有著作權翻印必究★

书名：美术文（高级中学国文科用书） 2213
著者：王玉章 / 编
出版印行：商务印书馆
出版时间：民国二十年（1931）
册数：一

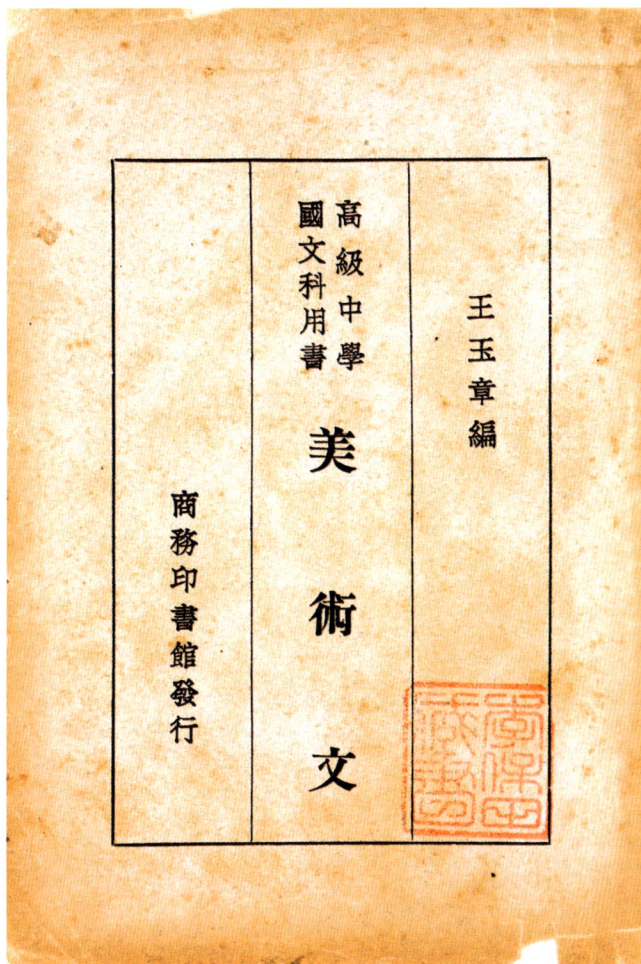

2214

书名：无图本混合课本（一年制短期小学适用）

著者：王倘、陈礼江、喻任声／主编　徐经纶、胡琦蕴、叶岛、周载贵、陈石真、解炳如／助编

出版印行：商务印书馆

出版时间：民国二十五年（1936）初版

册数：六

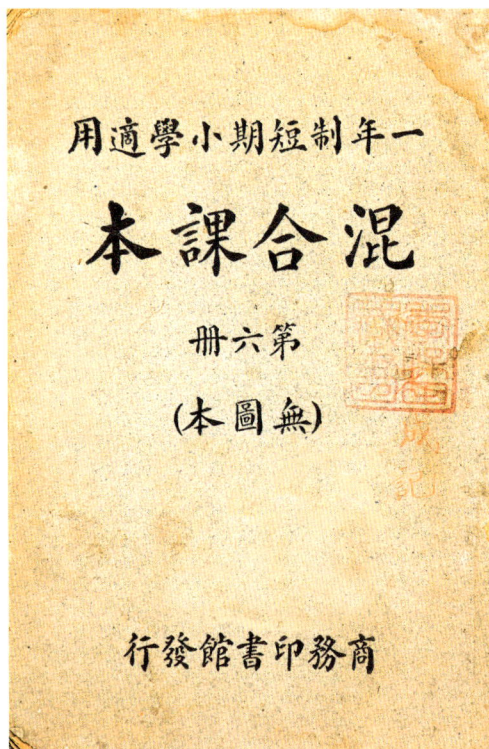

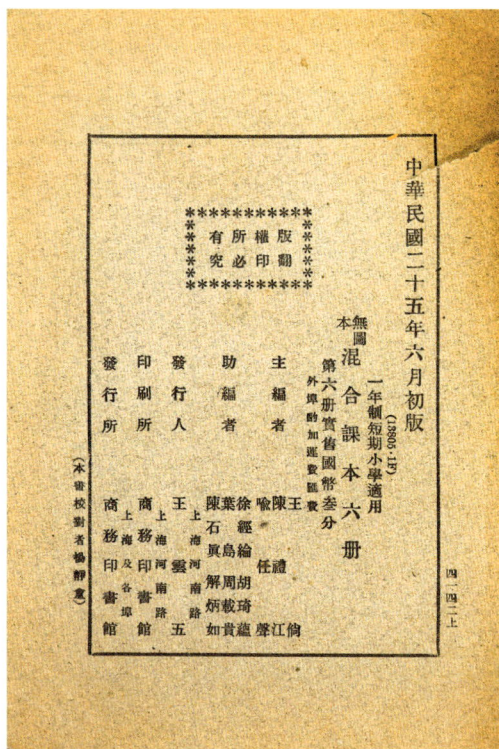

书名：学校舞蹈教材（小学体育科适用）

著者：高少是 / 编译

出版印行：中华书局

出版时间：民国二十二年（1933）发行　民国二十九年（1940）5版

册数：一

小學體育科適用

学校舞蹈教材

高少是編譯

中華書局印行

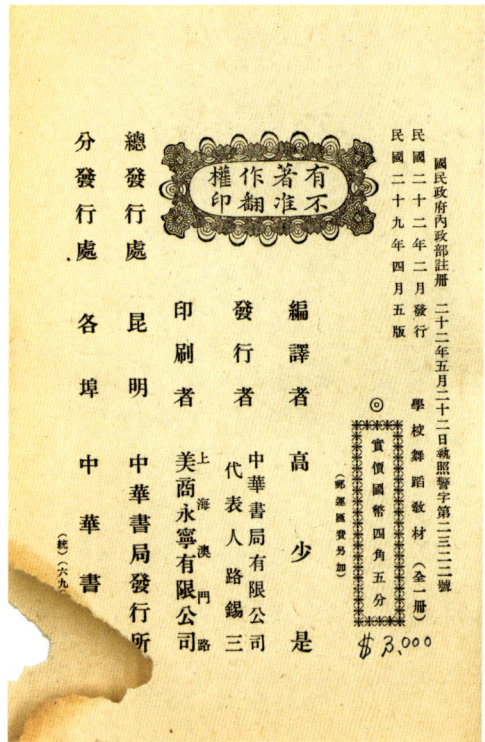

有著作權
准不翻印

國民政府內政部註冊
二十二年五月二十二日執照警字第二三三號
學校舞蹈敎材（全一册）

民國二十二年二月發行
民國二十九年四月五版

實價國幣四角五分
（郵運匯費另加）

編譯者　高　少　是

發行者　中華書局有限公司
　　　　代表人路錫三

印刷者　上海澳門路
　　　　美商永寧有限公司

總發行處　昆明
　　　　中華書局發行所

分發行處　各埠　中華書

（總）（六九）

$3,000

2216　书名：社会科学基础教程（增订新版）

著者：徐懋庸、何广之 等集体编著

出版印行：新生书局／出版　大众书店／发行

出版时间：民国三十五年（1946）再版

册数：不详

社會科學基礎教程

徐懋庸
何幹之　等集體編著

增訂新版
新生書局出版

◁ 程教礎基學科會社 ▷

一（整圓拾貳價定）一

集體編著　徐懋庸　何幹之

出版者　新生書店

印刷者　中國印刷廠

大連市大江町二

發行者　大衆書店

大連市浪速町一三三

總經售處　各大書店

民國三十五年二月再版

一一〇，〇〇〇册

书名：新中华教科书各科样本（高级小学校用）

著者：不详

出版印行：中华书局

出版时间：不详

册数：不详

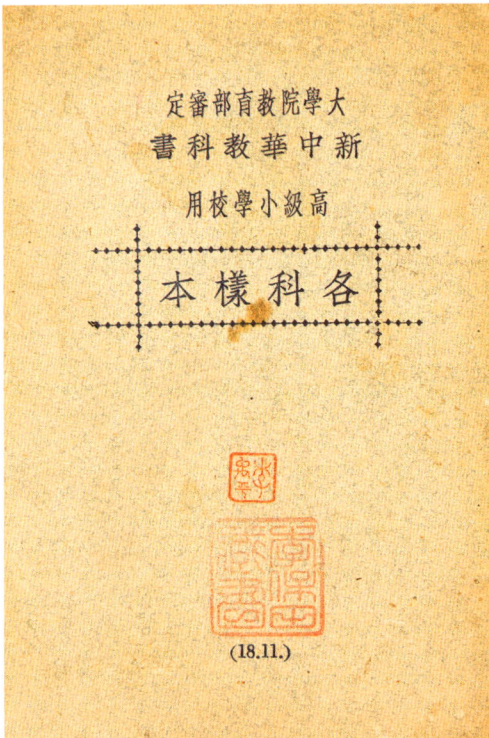

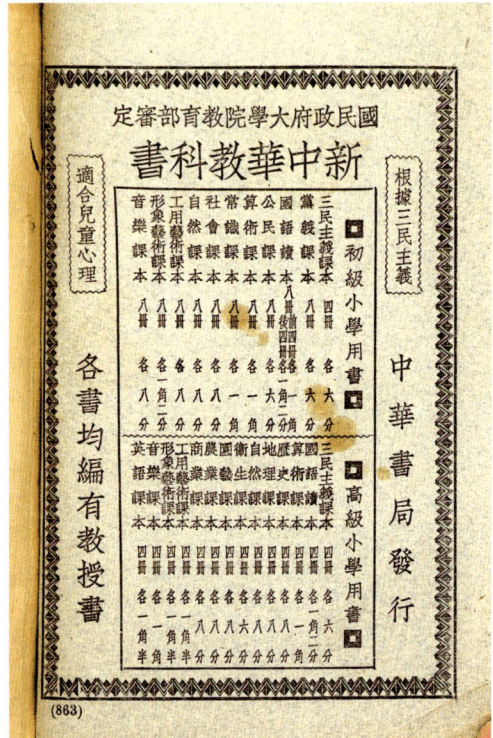

2218　书名：共和国教科书法制大意（高等小学校学生用）
著者：不详
出版印行：商务印书馆
出版时间：不详
册数：不详

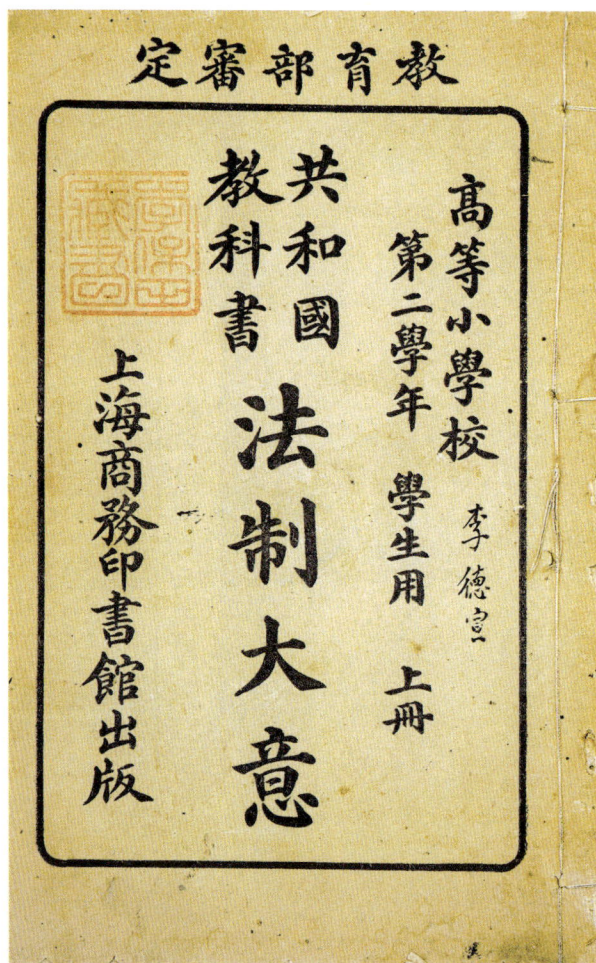

书名：舞蹈教材（国民学校适用）

著者：高桵 / 编译

出版印行：不详

出版时间：不详

册数：不详

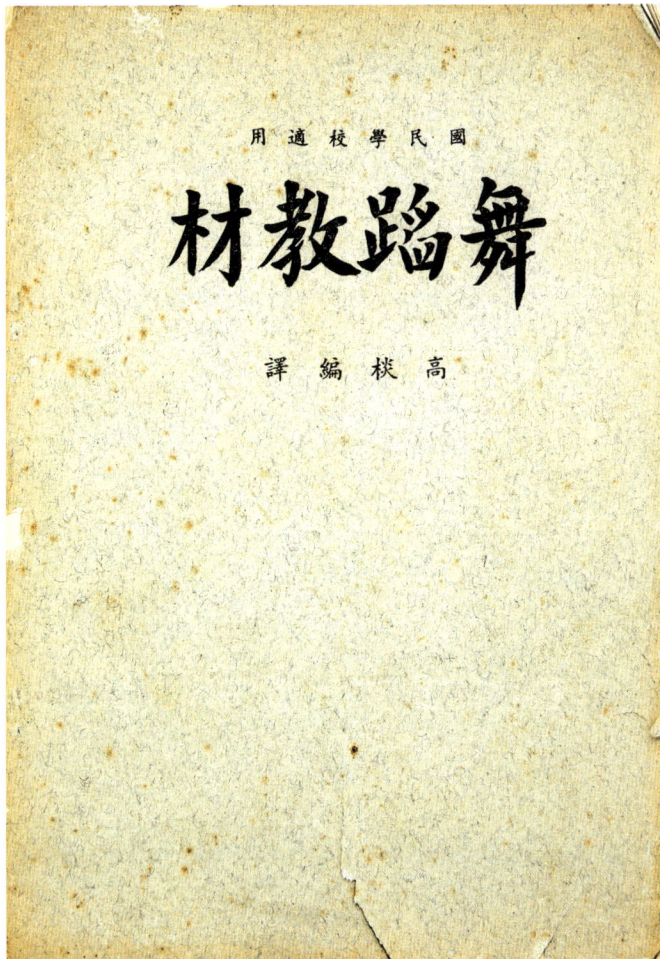

國民學校適用

舞蹈教材

高桵編譯

2220　书名：新学制高级中学教科书天文学
著者：王华隆 / 著
出版印行：商务印书馆
出版时间：不详
册数：不详

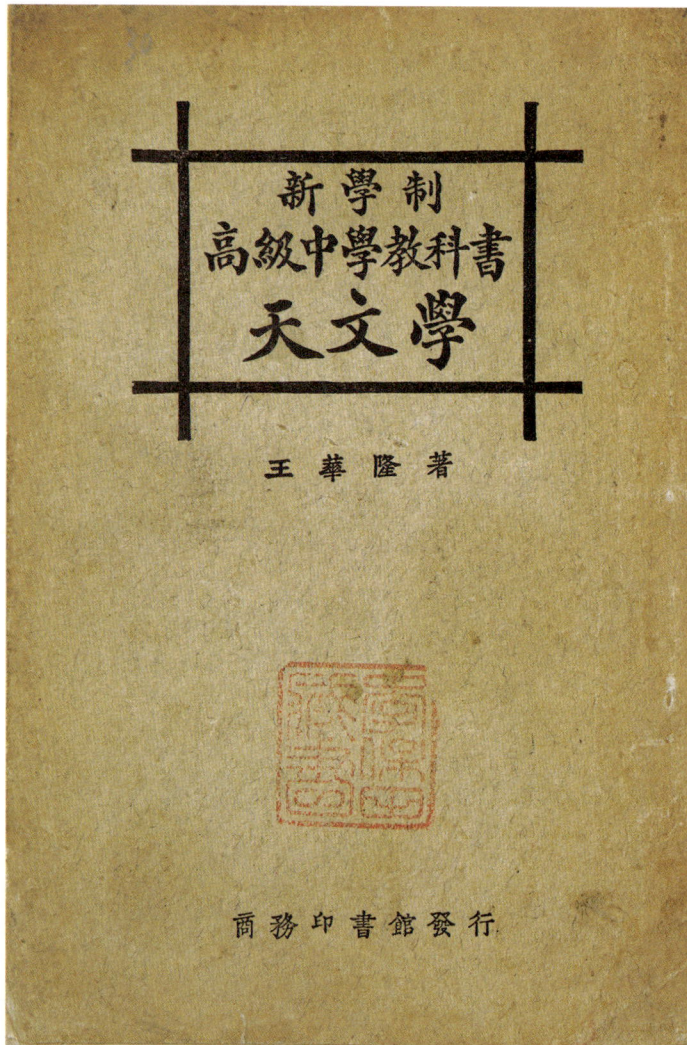

民国政府各地方政府编教材

# ① 山西省政府编教材

书名：通俗国文教科书（国民学校春季始业用）
著者：山西国民教科审编委员会 / 编辑
出版印行：晋新书社发行所
出版时间：民国九年（1920）初版　民国十五年（1926）7版
册数：八

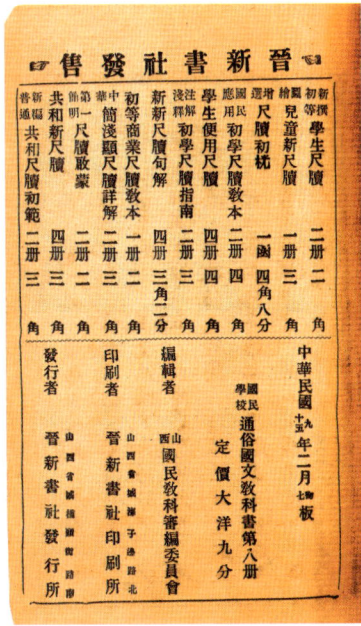

教育部審定
通俗國文教科書
國民學校用　春季始業
山西省城晋新書社印售
第八冊

晋新書社發售

初等學生尺牘　二册　二角
新撰學生尺牘　二册　二角
兒童新尺牘　一册　一角
增繪尺牘初桄　一册　四角八分
學生便用尺牘
國民初學尺牘教本　二册　四角
應用初學尺牘指南　四册
注解初學尺牘句解
新新尺牘詳解　四册　三角二分
淺釋新尺牘
中簡淺顯尺牘詳解　四册　三角
華和新尺牘
第一尺牘敢蒙　二册
共和尺牘初範　四册
新編共和尺牘
普通共和尺牘初範　二册　三角

中華民國十五年二月七版
國民學校通俗國文教科書第八冊
定價大洋九分
編輯者　山西國民教科審編委員會
印刷者　晋新書社印刷所
發行者　晋新書社發行所

教育部審定
通俗國文教科書
國民學校用　春季始業
第三冊

教育部審定
通俗國文教科書
國民學校用　春季始業
山西新改明蒋書墨莊印

教育部審定
通俗國文教科書
國民學校用　春季始業
太原范華製版印刷廠印行
第七冊

2226

书名：通俗国文教科书（初级小学春季始业用）

著者：山西国民教科审编委员会 / 编辑　山西教育厅编辑处 / 修正

出版印行：太原范华制版印刷厂

出版时间：民国十六年（1927）

册数：不详

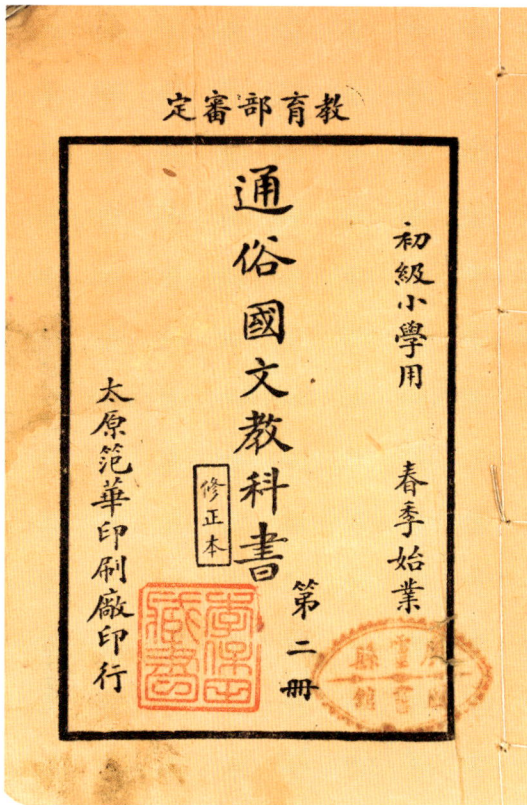

教育部審定

通俗國文教科書 第二册

修正本

初級小學用　春季始業

太原范華印刷廠印行

◁范華製版印刷廠發售▷

初級小學尺牘教本　二册　三角

新學生白話尺牘　四册　五角

新體女子白話尺牘　二册　二角五分

新注音詳解學生新字典　精裝　六角　平裝　九角

式白話學生字典　一册　二角

縮圖新兒童　十四册　一元一角二分

繪圖兒童智識寶庫二十　一元八角五分

國音彩圖方字　附教授法　每盒五角　兩盒一元

初級小學作文新範　三册　四角

初級古文讀本　二册　五角

玩具製造法　二册　四角

中華民國十六年出版
通俗國文教科書修正本第二册
定價大洋八分

編輯者　山西國民教科審編委員會

修正者　山西教育廳編輯處

發行者　太原范華製版印刷廠

印刷兼

分售處　臨汾東關　汾陽城內　范華公

书名：农业课本（初级小学补习科用）
著者：山西教育厅编辑处 / 编辑兼发行
出版印行：山西教育厅编辑处
出版时间：民国十六年（1927）初版
册数：不详

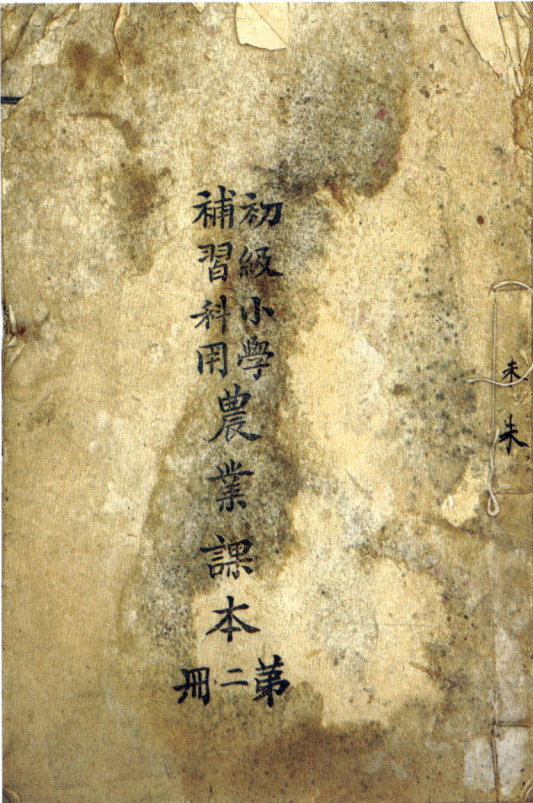

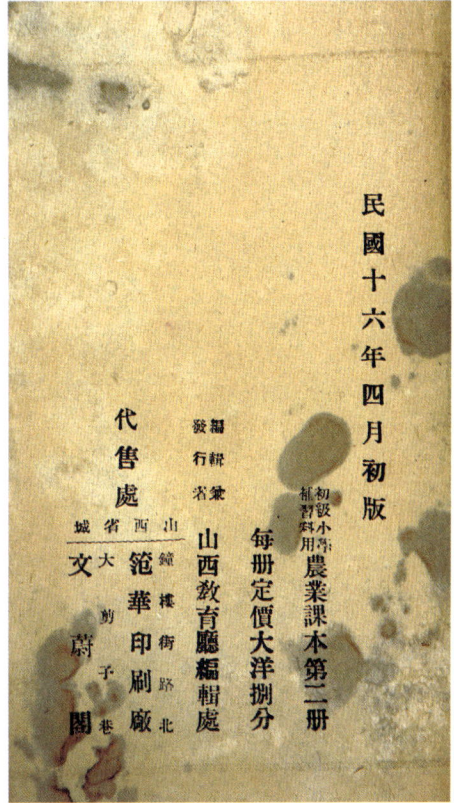

初級小學
補習科用 農業課本 第二冊

未

民國十六年四月初版

初級小學
補習科用 農業課本 第二冊

每冊定價大洋捌分

編輯兼
發行者　山西教育廳編輯處

代售處

山西　鐘樓街路北　范華印刷廠

省城　大剪子巷　文蔚閣

2228　书名：小学教师必读

　　　　著者：中国国民党山西省党务指导员会训练部、山西省政府教育厅 / 编辑

　　　　出版印行：太原省城桥头街晋新书社

　　　　出版时间：民国十八年（1929）初版

　　　　册数：不详

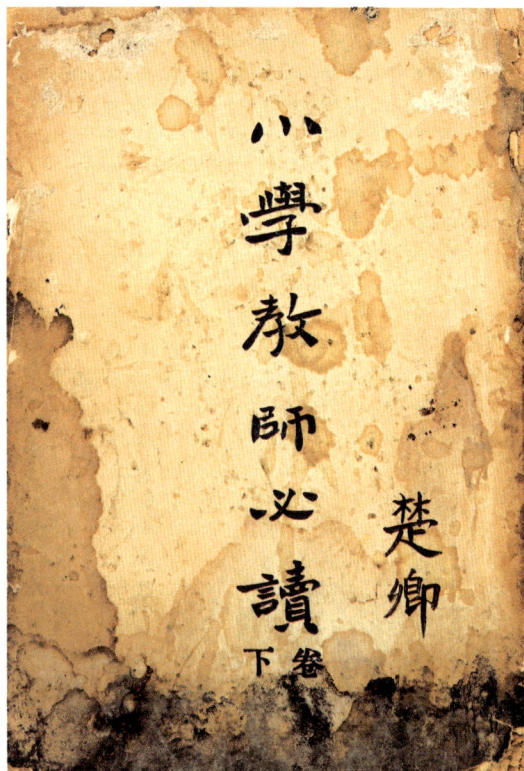

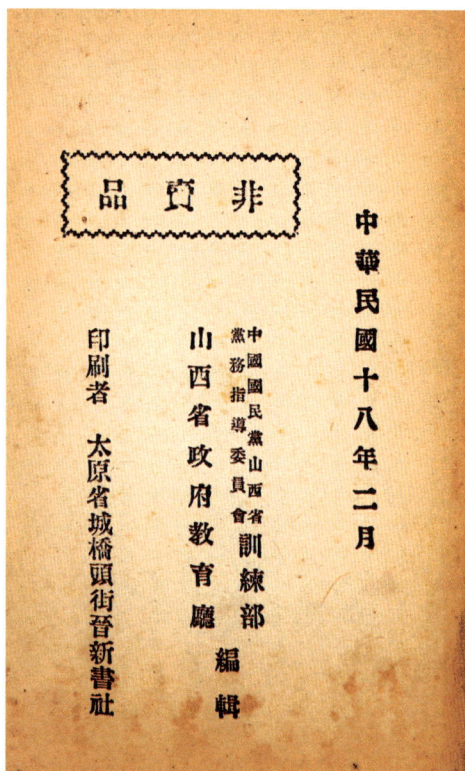

书名：国语读本（小学校初级春季始业用）
著者：小学国语读本编修委员会 / 编辑
出版印行：太原第一土货产销合作商行
出版时间：民国二十四年（1935）初版　民国二十六年（1937）3版
册数：八

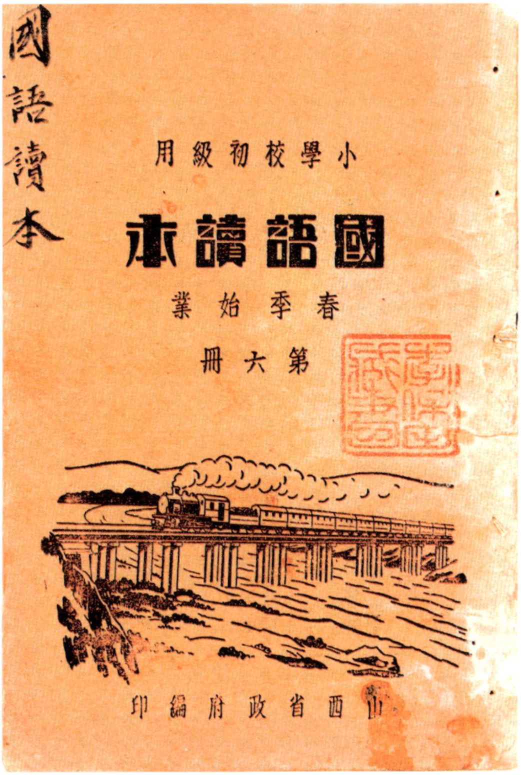

国語讀本

小學校初級用
國語讀本
春季始業
第六冊
山西省政府編印

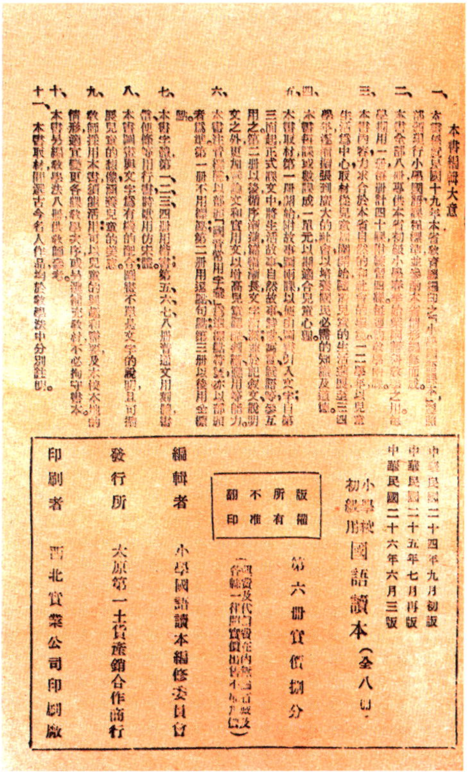

本書編輯大意

小學校初級用國語讀本（全八冊）

第六冊 實價分

版權所有　翻印不准

中華民國二十四年九月初版
中華民國二十五年七月再版
中華民國二十六年六月三版

編輯者　小學國語讀本編修委員會
發行所　太原第一土貨產銷合作商行
印刷者　西北實業公司印刷廠

2230

书名：民族革命国语课本（初级小学秋季始业用）
著者：山西省政府民族革命教材编审委员会 / 编辑
出版印行：中国文化服务社陕西分社
出版时间：民国二十九年（1940）初版
册数：八

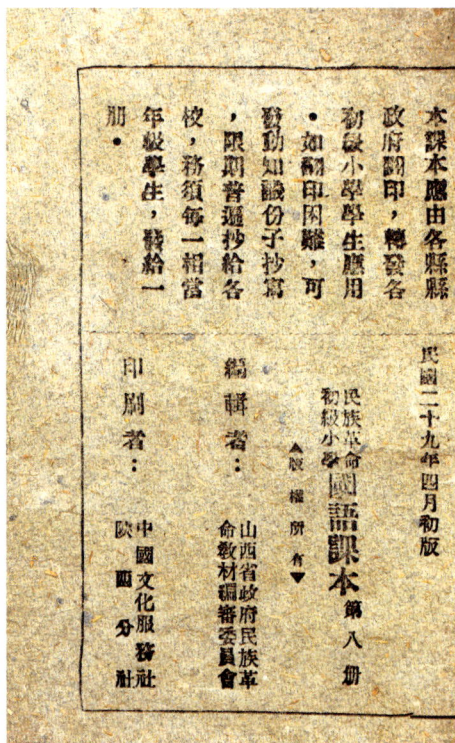

民族革命

國語課本

初級小學
秋季始業
用

第八册

山西省政府編印

本課本應由各縣縣
政府翻印，轉發各
初級小學學生應用
。如翻印困難，可
督勵如識份子抄寫
，限期普遍抄給各
校，務須每一相當
年級學生，發給一
册。

民國二十九年四月初版

民族革命
初級小學
國語課本 第八册

▲版權所有▼

編輯者：
山西省政府民族革
命教材編審委員會

印刷者：
中國文化服務社
陝西分社

书名：普训民众教材汇编

著者：不详

出版印行：山西省普训民众指导委员会

出版时间：民国三十年（1941）

册数：不详

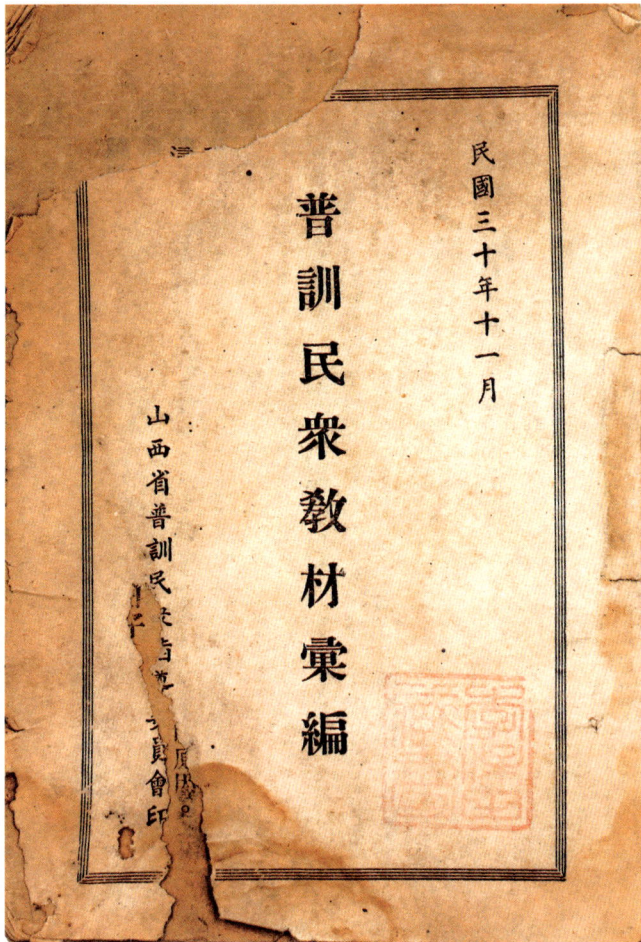

2232

书名：初小常识课本（秋季始业）

著者：不详

出版印行：山西省政府

出版时间：不详

册数：八

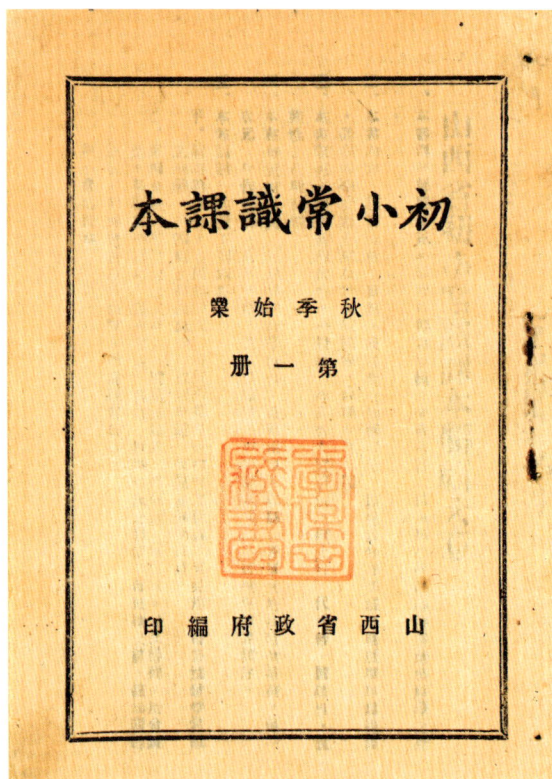

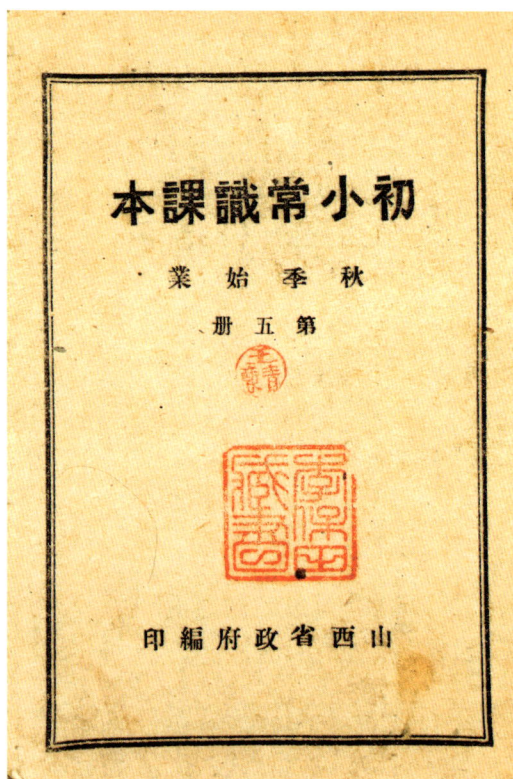

书名：国文教科书（国民教育补习学校用）

著者：山西省公署

出版印行：山西省公署

出版时间：不详

册数：四

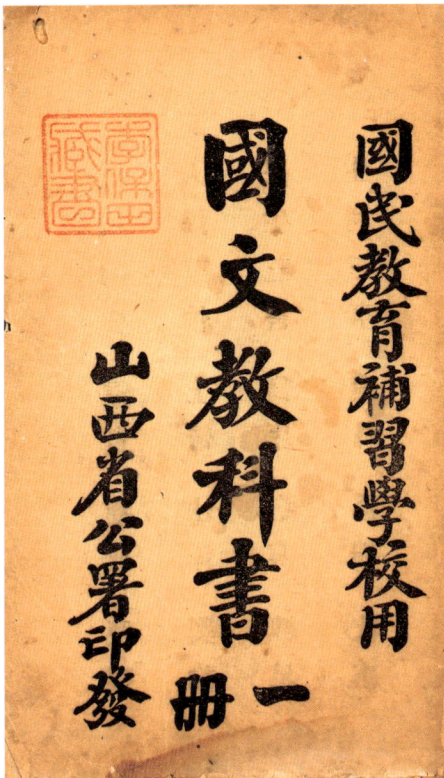

2234

书名：山西农学牧畜论
著者：山西督办兼省长阎（锡山）/ 鉴定
出版印行：山西农学编辑会
出版时间：不详
册数：不详

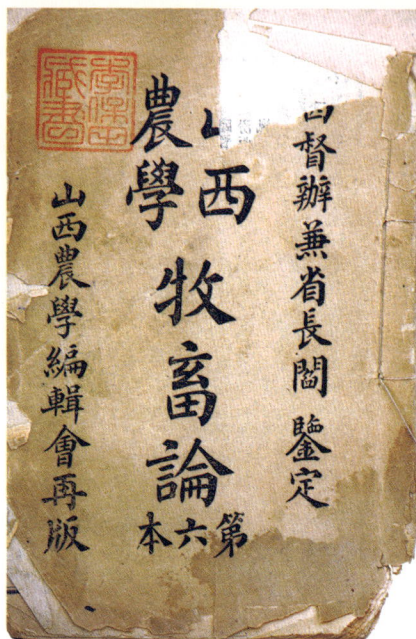

书名：山西农学耕种论
著者：山西督办兼省长阎（锡山）/ 鉴定
出版印行：山西农学编辑会
出版时间：不详
册数：不详

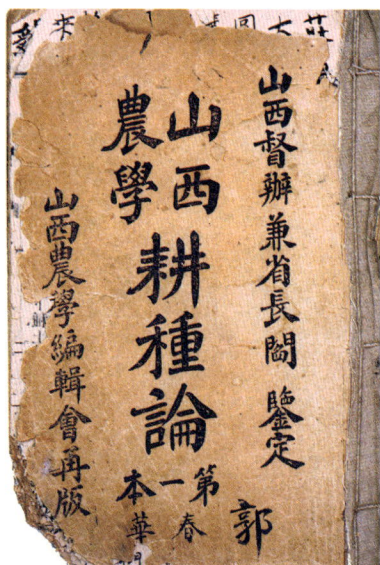

书名：山西农学蚕桑论
著者：山西督办兼省长阎（锡山）/ 鉴定
出版印行：山西农学编辑会
出版时间：不详
册数：不详

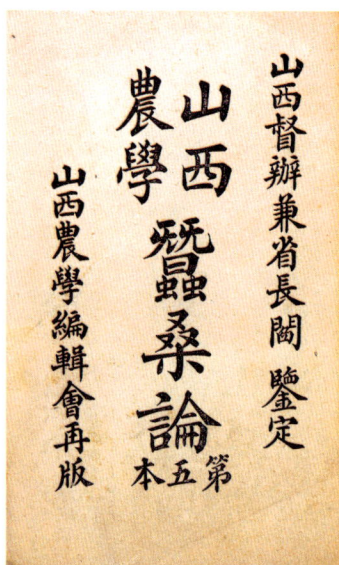

书名：种棉教科书（高等小学及补习教育用）

著者：不详

出版印行：山西省公署

出版时间：不详

册数：不详

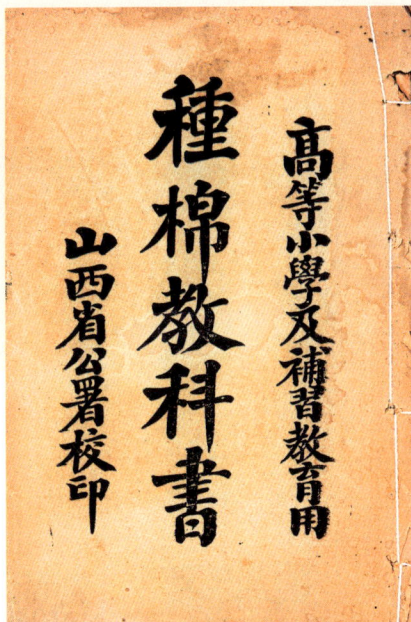

书名：牧羊教科书（高等小学及补习教育用）

著者：不详

出版印行：山西省公署

出版时间：不详

册数：不详

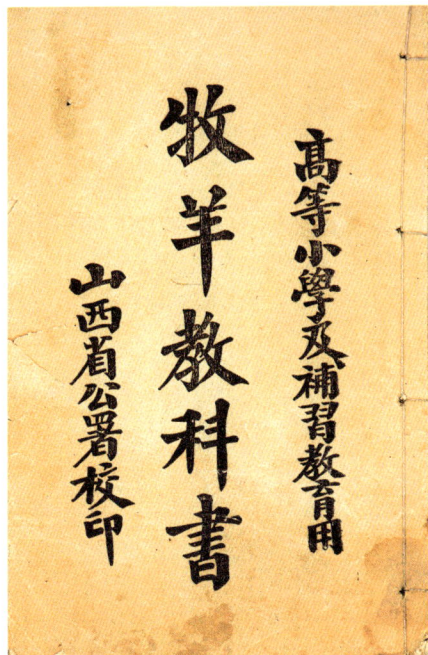

2236    书名：现代化国民常识问答

著者：不详

出版印行：稷山县五彩石印厂

出版时间：不详

册数：不详

书名：通俗国文教科书稿本（国民学校春季始业）

著者：不详

出版印行：不详

出版时间：不详

册数：不详

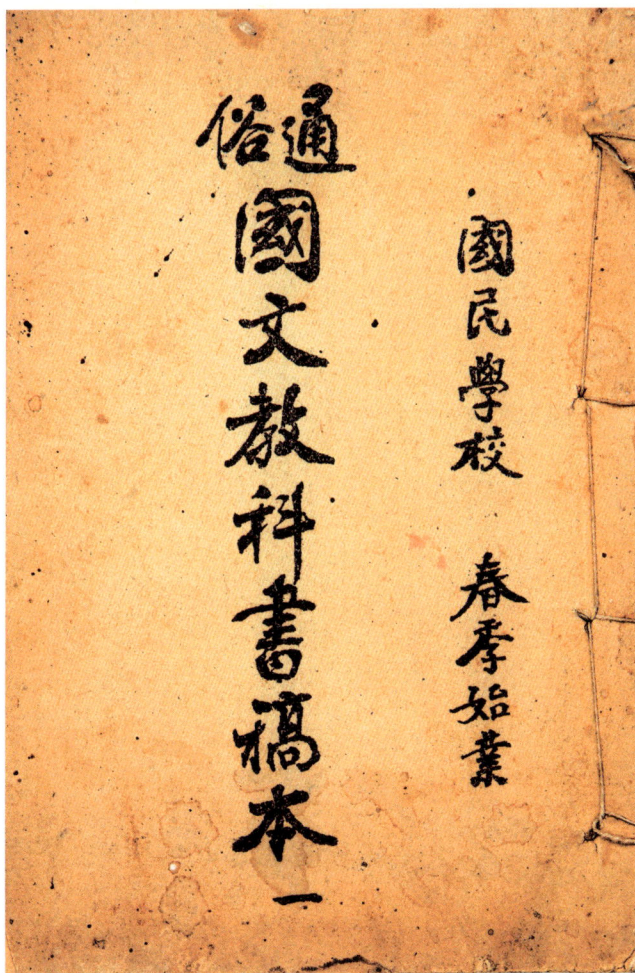

2238

书名：山西省小学校国难教育国语科教材

著者：山西省国难教材编辑委员会 / 编

出版印行：山西省国难教材编辑委员会

出版时间：不详

册数：不详

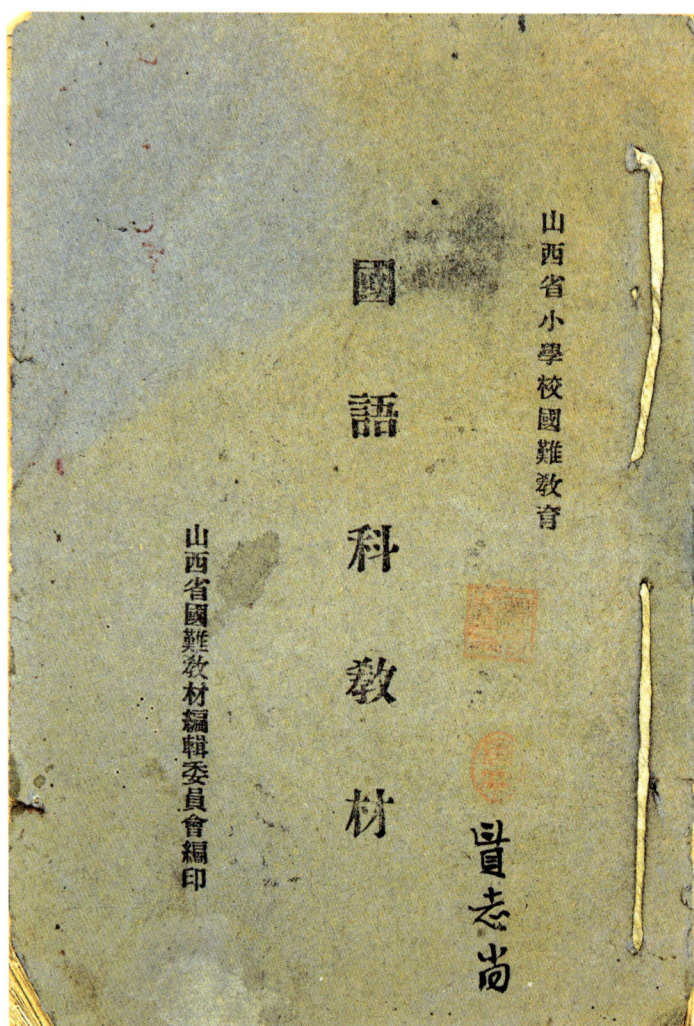

书名：兵农合一制度下国语课本（初级小学秋季始业用）

著者：山西省政府教育厅 / 编

出版印行：山西省政府教育厅

出版时间：不详

册数：八

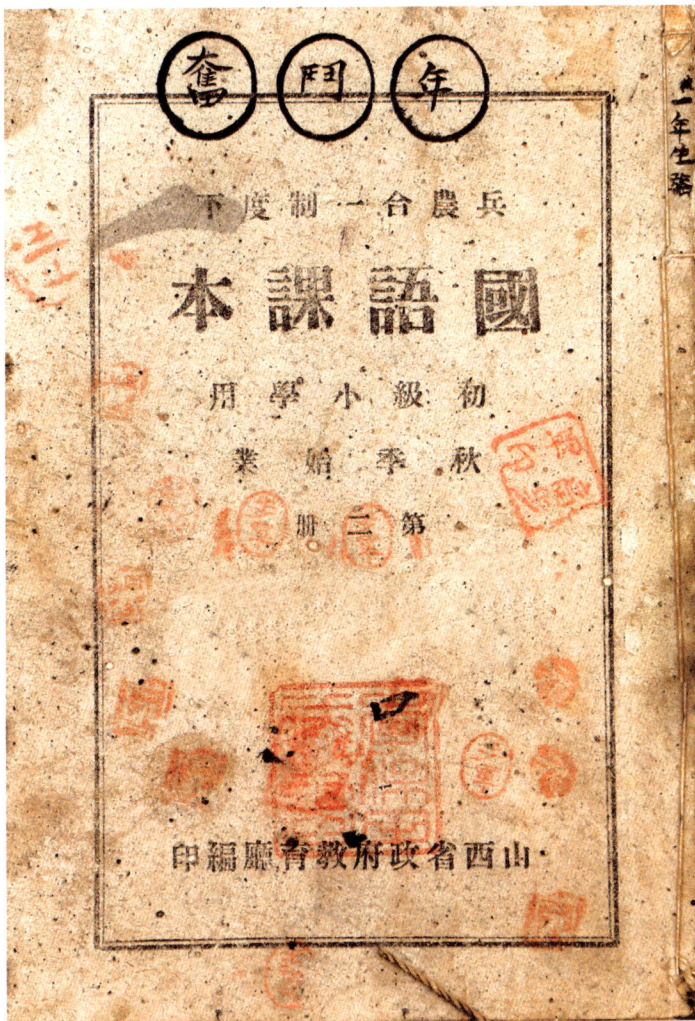

2240

书名：注音符号简易教本

著者：不详

出版印行：山西省新绛县义成斋书局

出版时间：不详

册数：不详

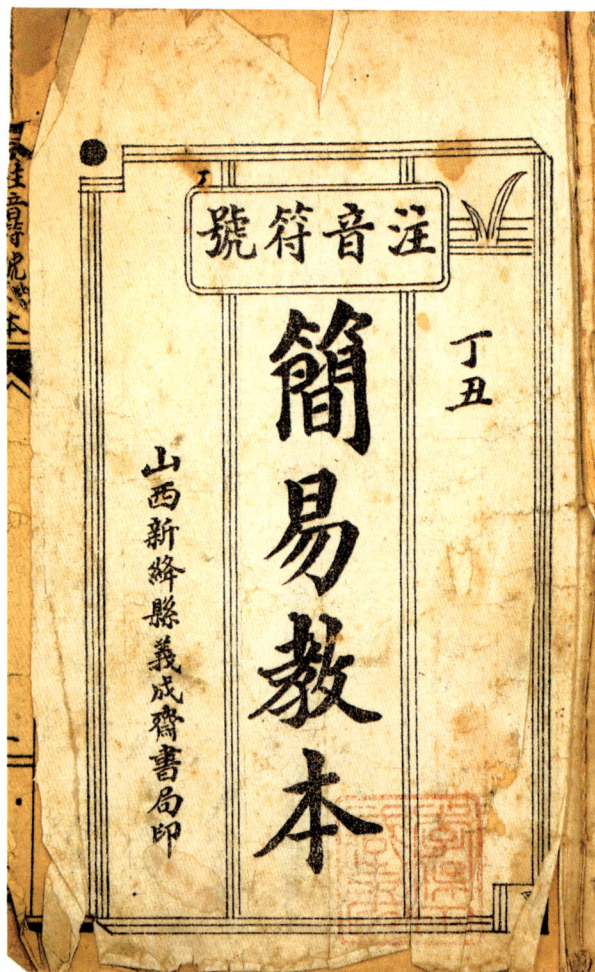

书名：最新国语课本（初级小学秋季始业用）

著者：山西省政府／编

出版印行：山西省政府

出版时间：不详

册数：八

2242 | 书名：农民千字课
著者：不详
出版印行：山西省教育厅
出版时间：不详
册数：不详

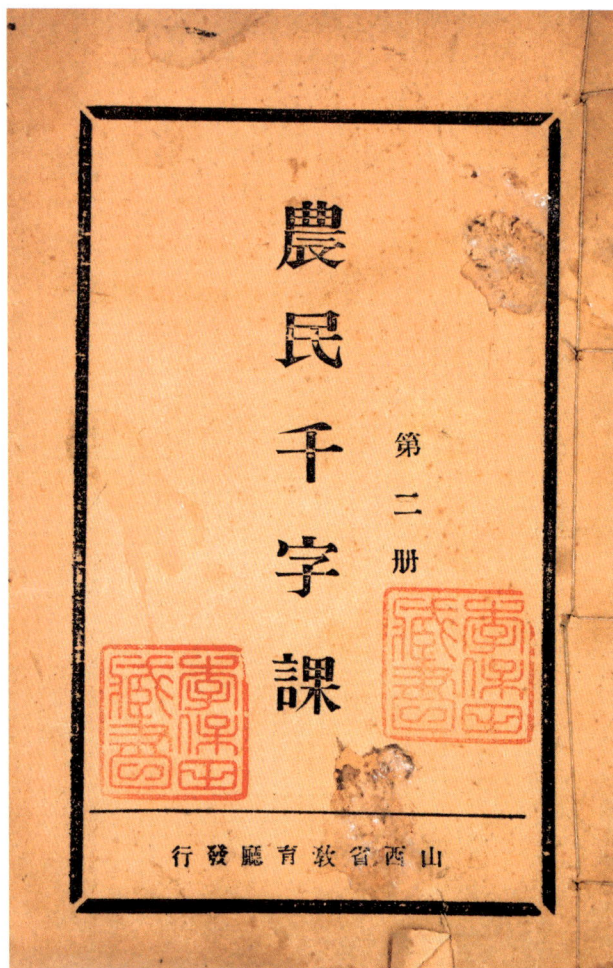

书名：战时读本（民众训练及小学校用）

著者：张宗麟／主编　马昌实、陆维特／编辑

出版印行：山西临县任振东书局石印馆

出版时间：不详

册数：不详

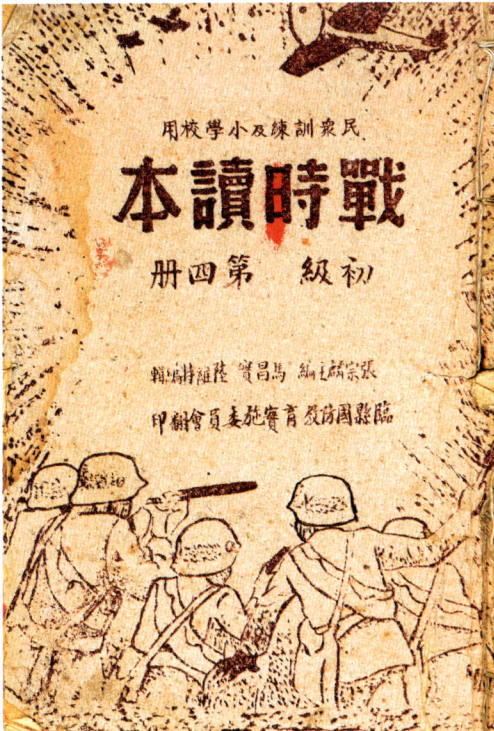

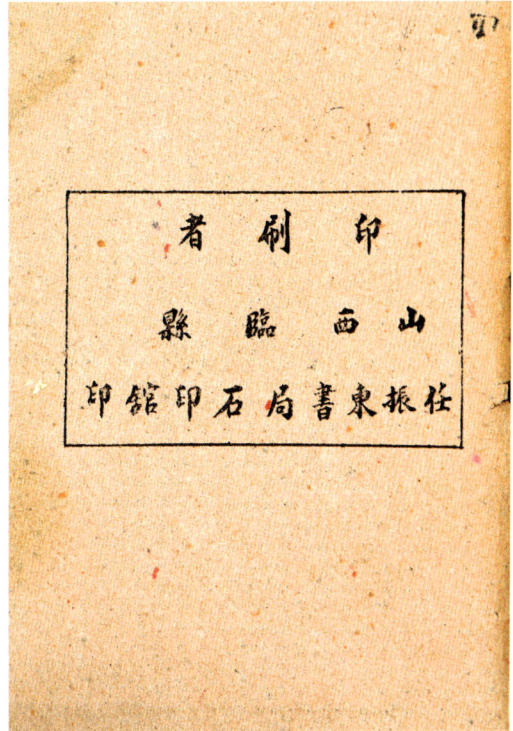

2244　书名：山西省小学校国难教育体育科教材
　　　著者：山西省国难教材编辑委员会 / 编
　　　出版印行：山西省国难教材编辑委员会
　　　出版时间：不详
　　　册数：一

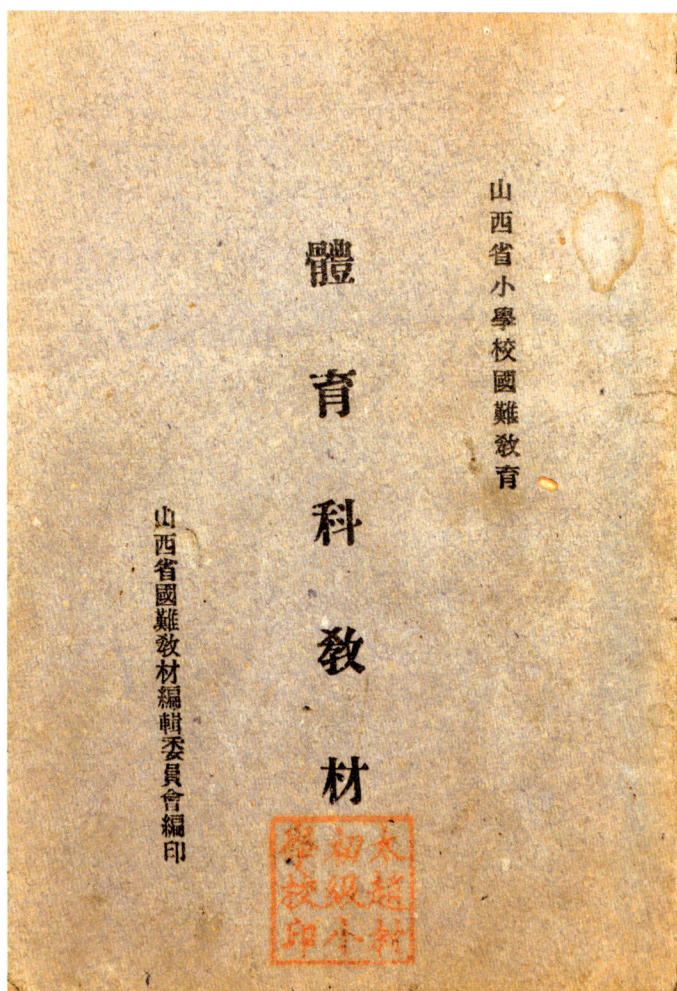

书名：妇女训练课本（第一级用）
著者：阎主任（阎锡山）/ 手编
出版印行：山西省民训联席会议
出版时间：不详
册数：不详

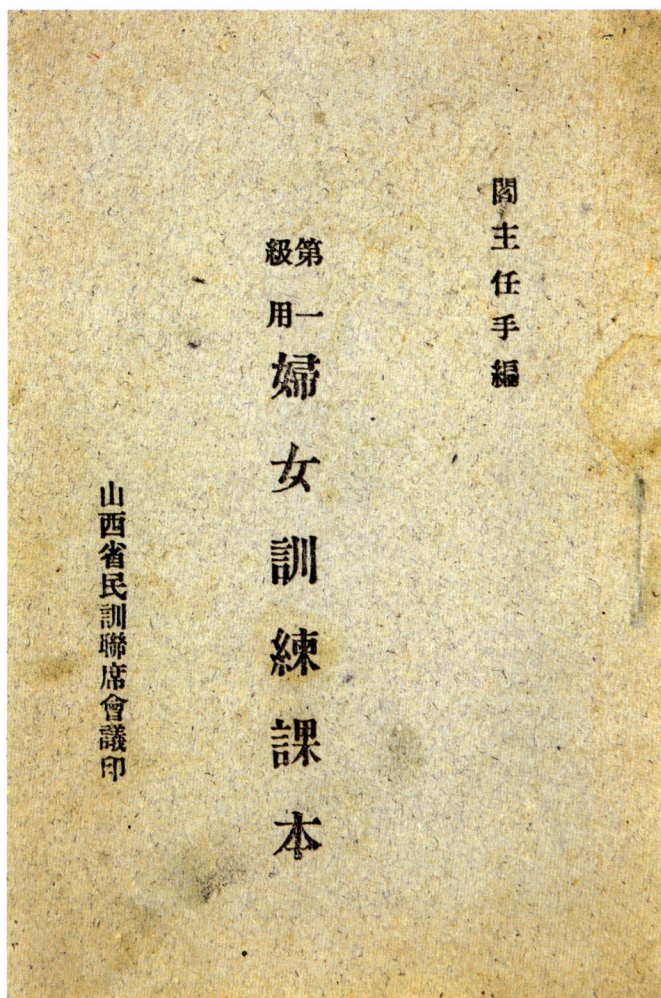

閣主任手編

第一級用

婦女訓練課本

山西省民訓聯席會議印

2246　书名：注音字母简易教本
　　　　著者：山西督军兼省长阎（锡山）/ 颁发
　　　　出版印行：山西省公署
　　　　出版时间：不详
　　　　册数：不详

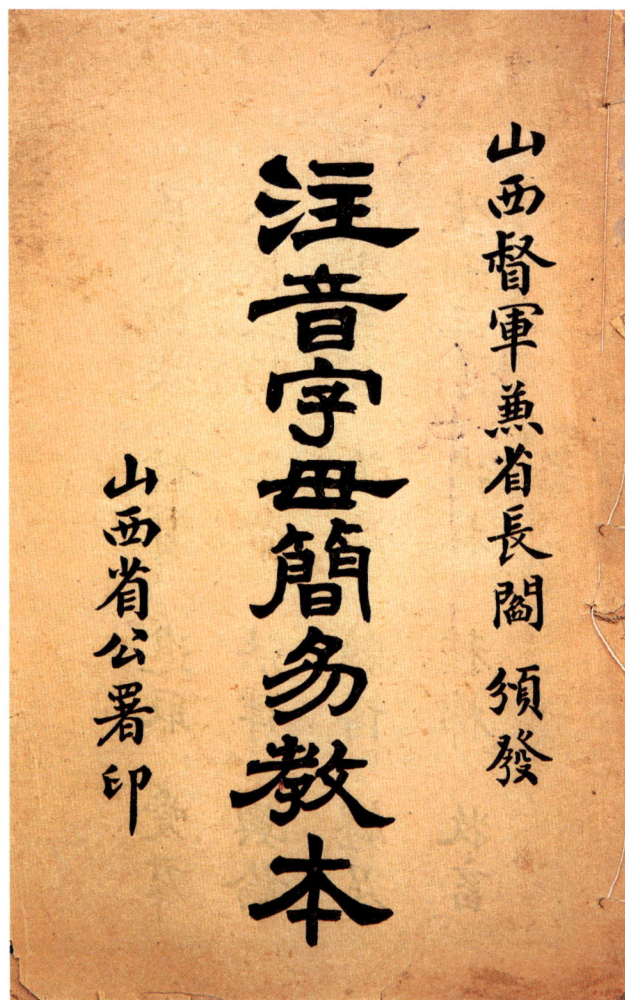

书名：通俗国文教授书（国民学校教员春季始业用）

著者：不详

出版印行：山西晋新书社

出版时间：不详

册数：不详

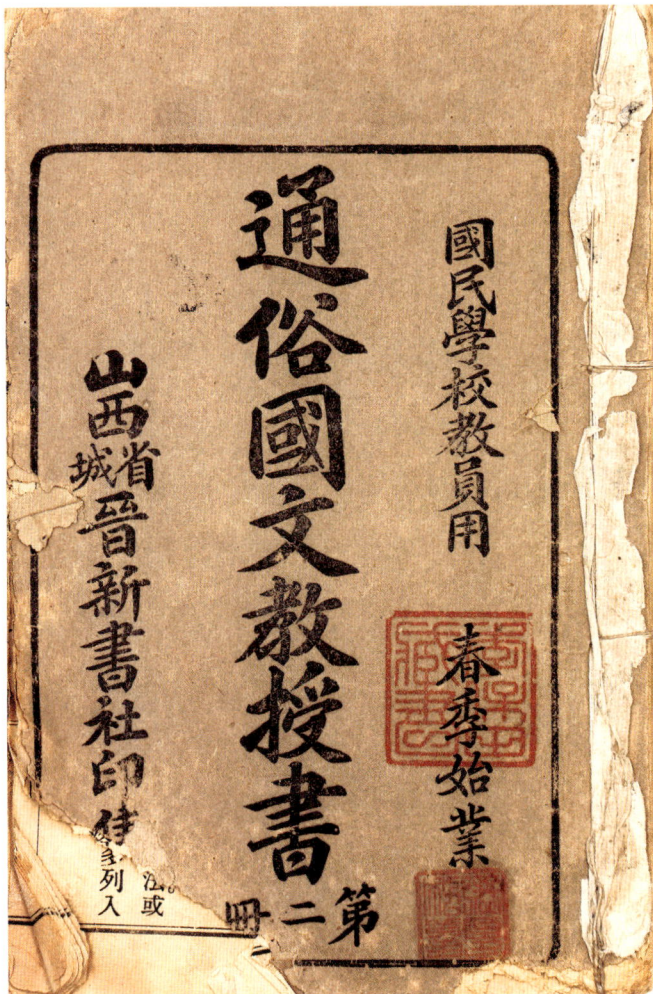

2248　书名：民族革命初小国语课本（秋季始业）

著者：不详

出版印行：山西省政府

出版时间：不详

册数：不详

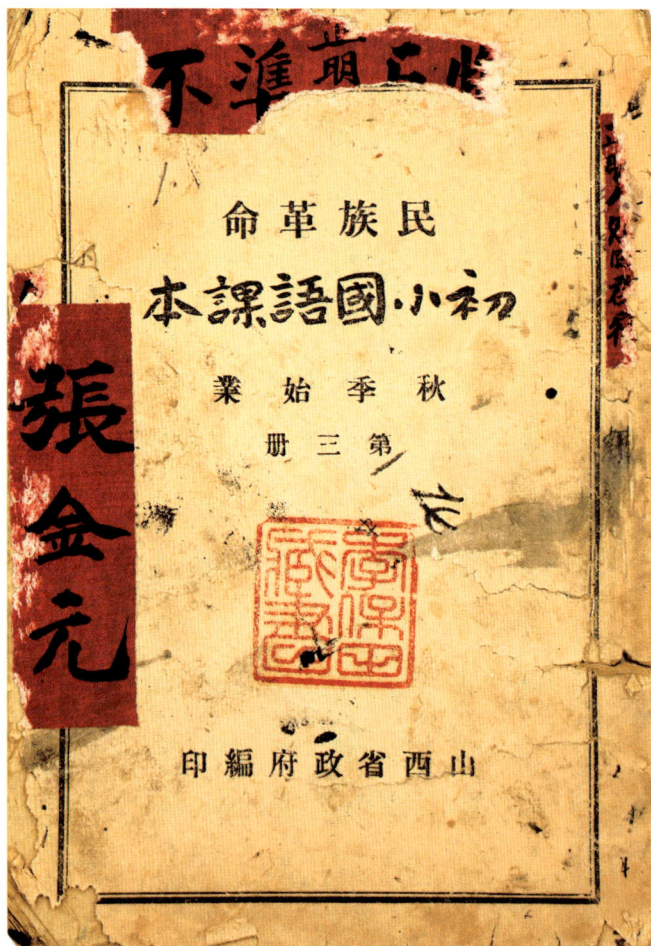

② 山东省政府编教材

书名：战时国语读本（初级小学校用）
著者：山东省小学教材编审委员会／编审　　编审主干：芮麟
出版印行：山东省政府
出版时间：民国二十七年（1938）
册数：八

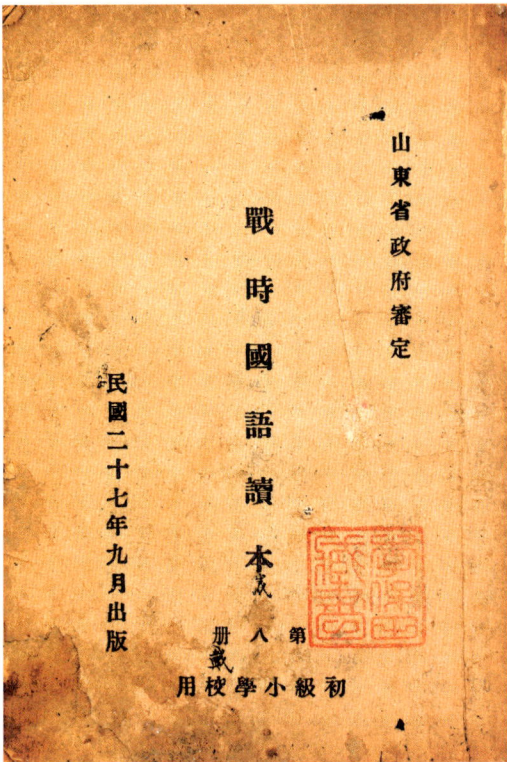

山東省政府審定

戰時國語讀本

第八册

初級小學校用

民國二十七年九月出版

編審大意

一、本會共編初高級小學教科書全套五十六册，以印
刷所限，現僅排印初級國語八册，常識八册，算
術六册，高級國語四册，公民四册，歷史四册，
地理四册，自然四册，算術四册，共計罕六册。

二、各科教本，均就原有教科審，稍加删節，並增加
一部分抗戰材料編輯而成，以適應戰時之特殊需
要。

三、各科課本，因內地印刷困難，除初小一二年級酌
用插圖外，中高級概行從略。

四、本會各科稿本，自七月五日開始編輯，二十六日
開始審查，八月一日完全結束，以時間過於匆促
，疎漏定所不免，希各校教師隨時自行訂正，並
補充參考材料。

山東省小學教材編審委員會識

中華民國二十七年九月出版

戰時國語讀本
初級第八册（共八册）
每册定價法幣一角五分

編審者　山東省小學教材
　　　　編審委員會

主幹　芮　麟

出版者　山東省政府

印刷者　萊昌陽書局
　　　　陽文華東

2252　书名：初小算术课本（修正课程标准适用；初级小学校用）
著者：文登县小学教本编审委员会 / 编辑　文登县政府第三科 / 校订
出版印行：文登县利记号
出版时间：民国二十八年（1939）
册数：不详

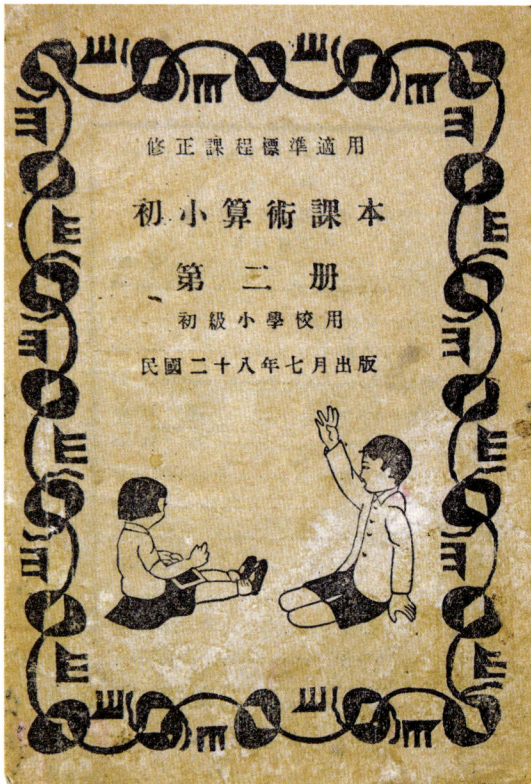

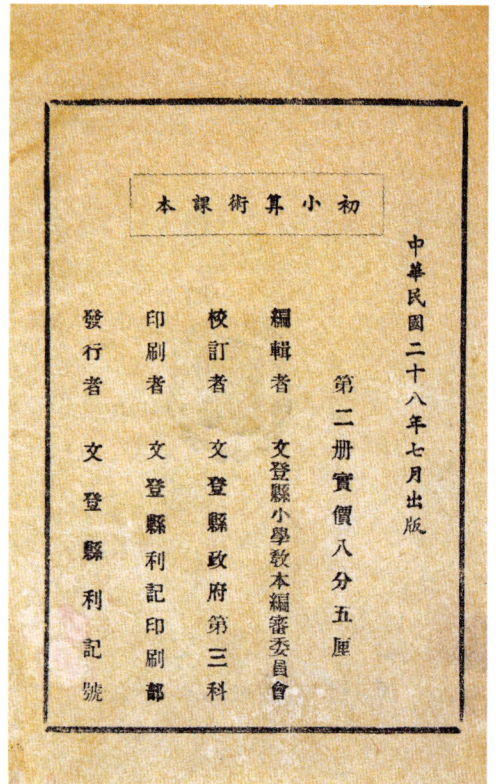

书名：高小历史课本（修正课程标准适用；高级小学校用）
著者：文登县小学课本编审委员会 / 编辑　文登县政府第三科 / 校订
出版印行：文登县利记号
出版时间：民国二十八年（1939）
册数：不详

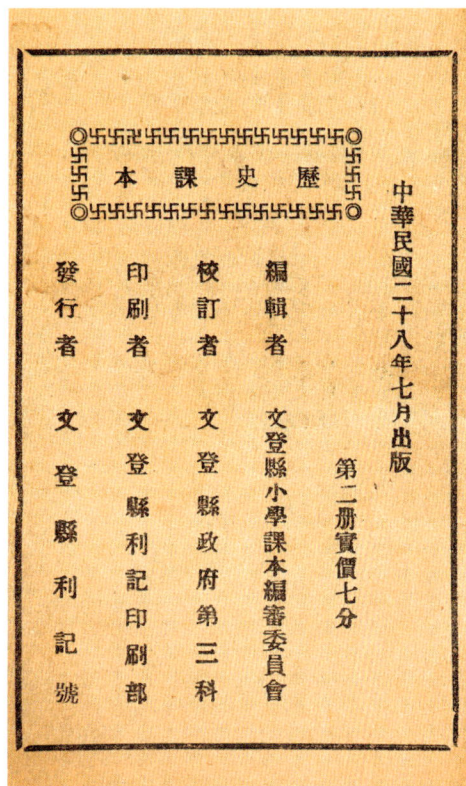

2254

书名：公民课本（小学高级学生用）
著者：山东省编审委员会 / 编辑
出版印行：鲁东文化联合出版社
出版时间：民国二十八年（1939）
册数：不详

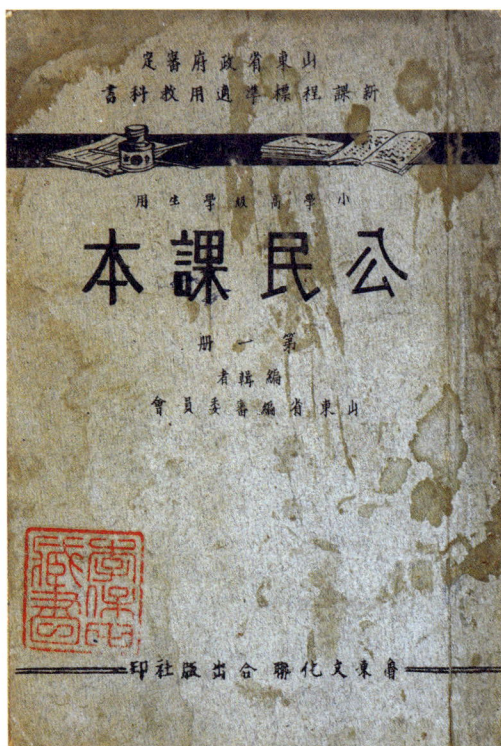

山东省政府审定
新课程标准通用教科书

小学高级学生用

公民课本

第一册

编辑者
山东省编审委员会

鲁东文化联合出版社印

中華民國二十八年八月出版
賣書志賣第三角五分

书名：算术课本（高小一年级用）
著者：山东省编辑委员会 / 编辑
出版印行：鲁东文化联合出版社
出版时间：民国二十九年（1940）
册数：不详

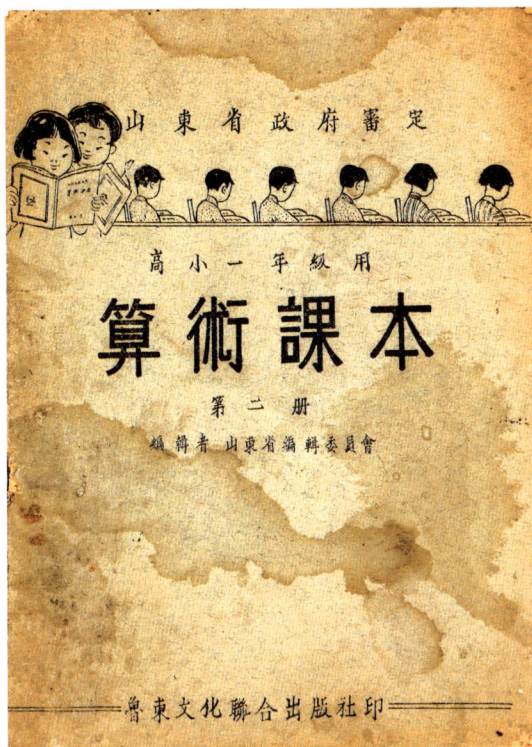

2256　书名：战时常识课（初级小学用）
著者：山东省小学教材编审委员会 / 编审　编审主干：芮麟
出版印行：山东省政府
出版时间：民国二十九年（1940）
册数：八

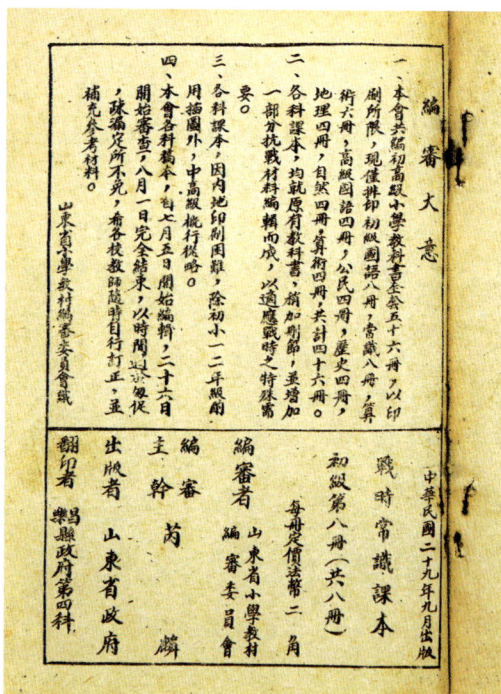

书名：国语读本（初级小学校用）

著者：不详

出版印行：不详

出版时间：民国三十年（1941）

册数：不详

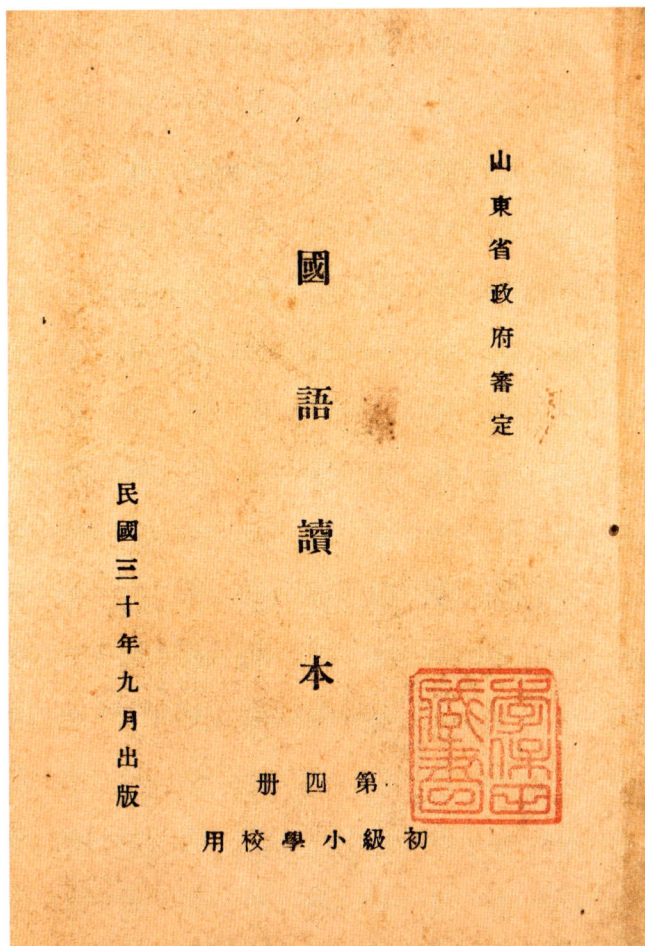

山東省政府審定

國語讀本

民國三十年九月出版

第四册

初級小學校用

2258　书名：算术教科书（高级小学校用）
著者：不详
出版印行：不详
出版时间：民国三十年（1941）
册数：不详

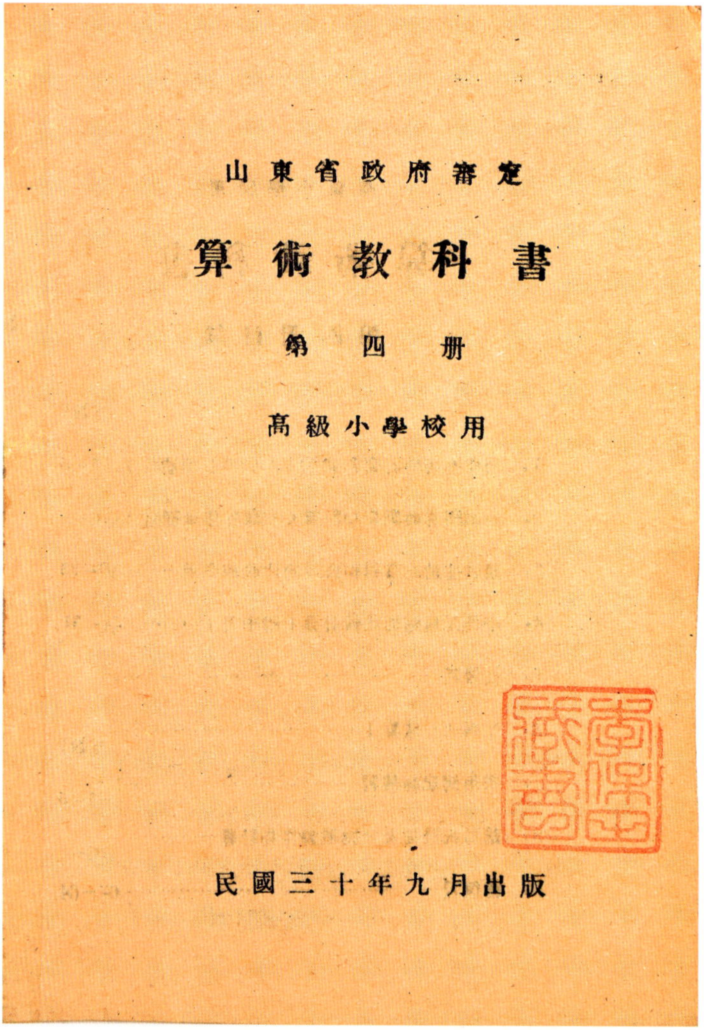

山 東 省 政 府 審 定

# 算 術 教 科 書

## 第 四 册

### 高 級 小 學 校 用

民 國 三 十 年 九 月 出 版

书名：地理课本（高级小学校用）

著者：不详

出版印行：不详

出版时间：民国三十一年（1942）

册数：不详

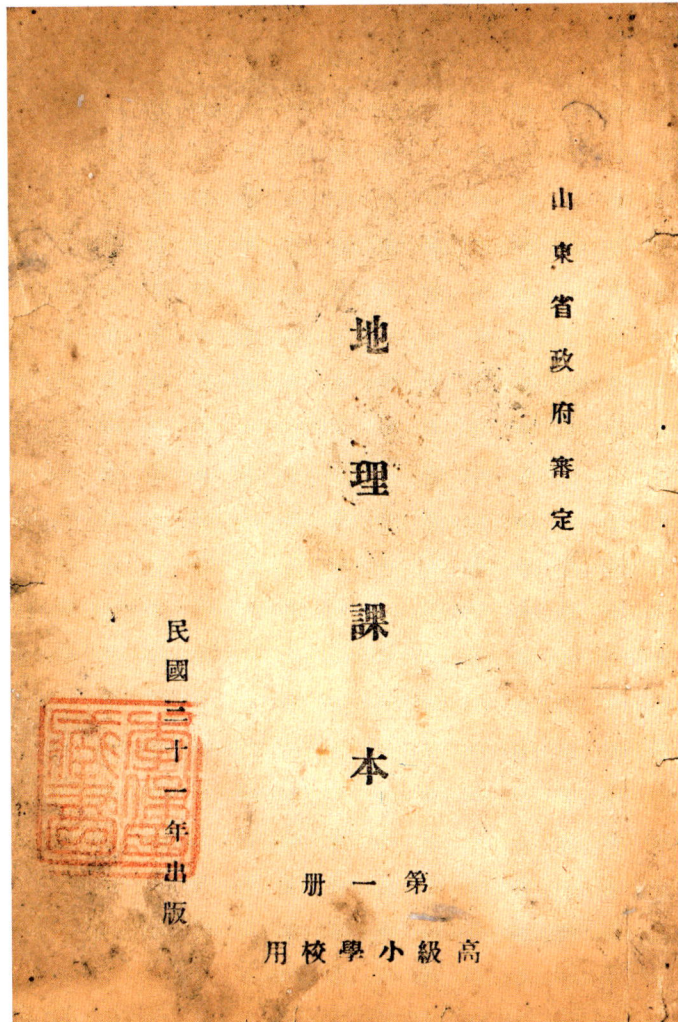

2260　书名：历史课本（高级小学校用）

著者：不详

出版印行：不详

出版时间：民国三十二年（1943）

册数：不详

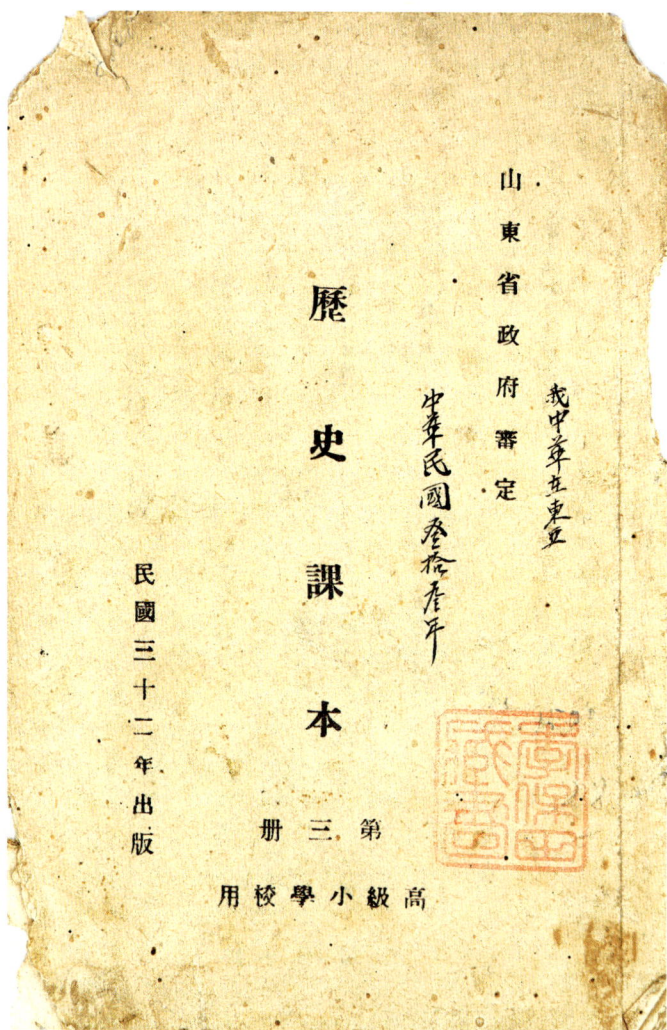

山東省政府審定

歷史課本

民國三十二年出版

第三冊

高級小學校用

书名：国语读本（新课程标准初小适用）
著者：不详
出版印行：不详
出版时间：不详
册数：不详

2262　　书名：战时国语读本（初级小学校用）
　　　　著者：不详
　　　　出版印行：不详
　　　　出版时间：不详
　　　　册数：不详

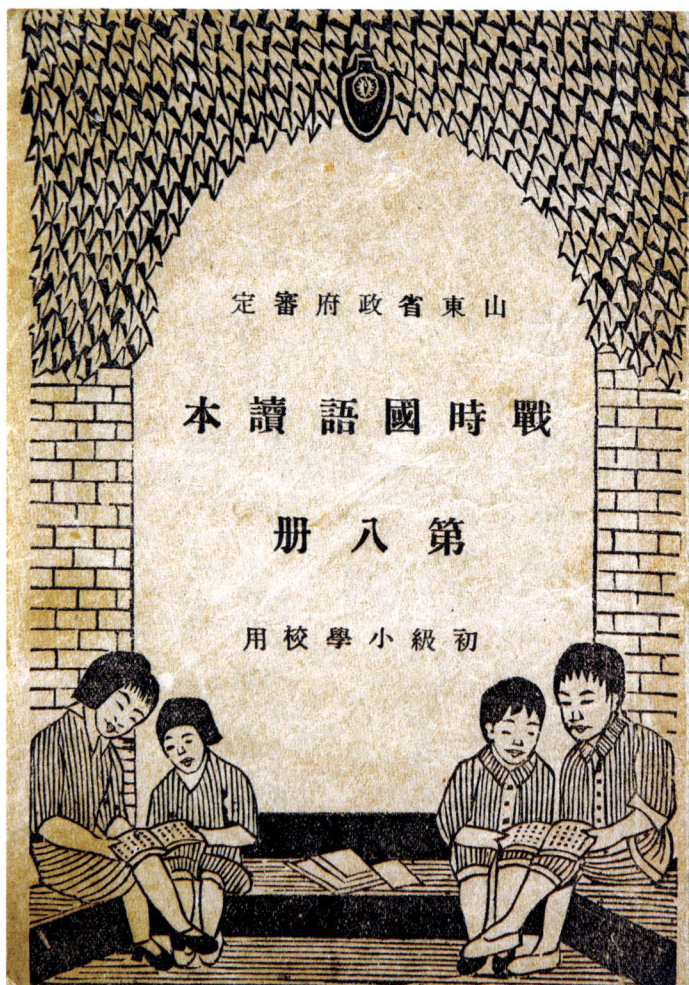

山東省政府審定

戰時國語讀本

第八册

初級小學校用

书名：算术课本（高级小学适用）　　　　　　　　　　　　　　　　2263
著者：不详
出版印行：昌乐县政府教育科
出版时间：不详
册数：不详

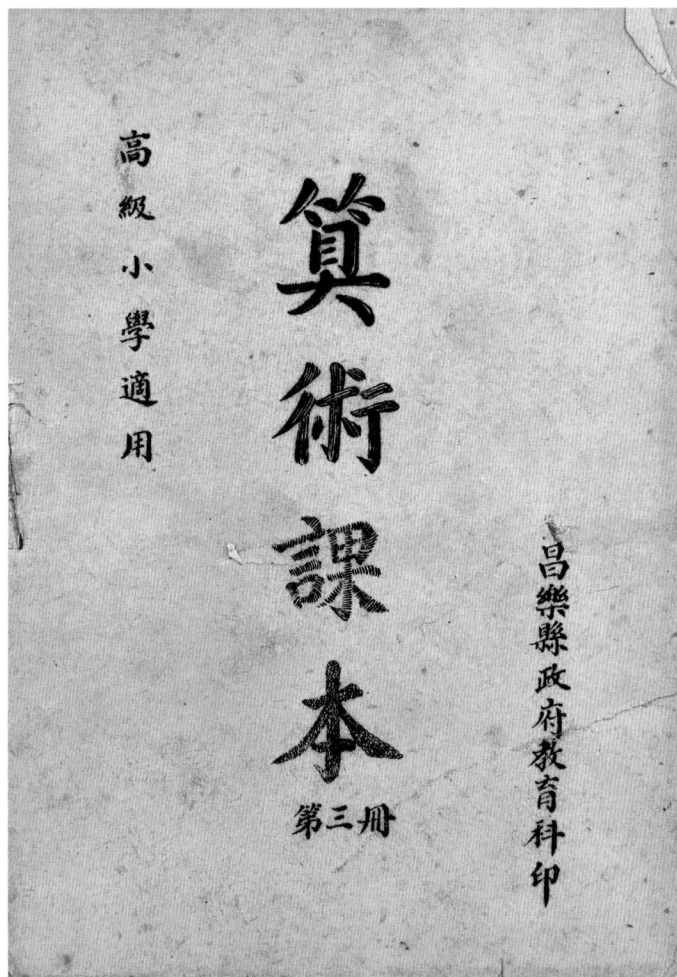

高級 小學 適用

算術課本 第三冊

昌樂縣政府教育科印

2266　书名：初级常识教科书
　　　著者：不详
　　　出版印行：不详
　　　出版时间：不详
　　　册数：不详

书名：地理课本（小学高级学生用）

著者：山东省编审委员会 / 编辑

出版印行：鲁东文化社

出版时间：不详

册数：不详

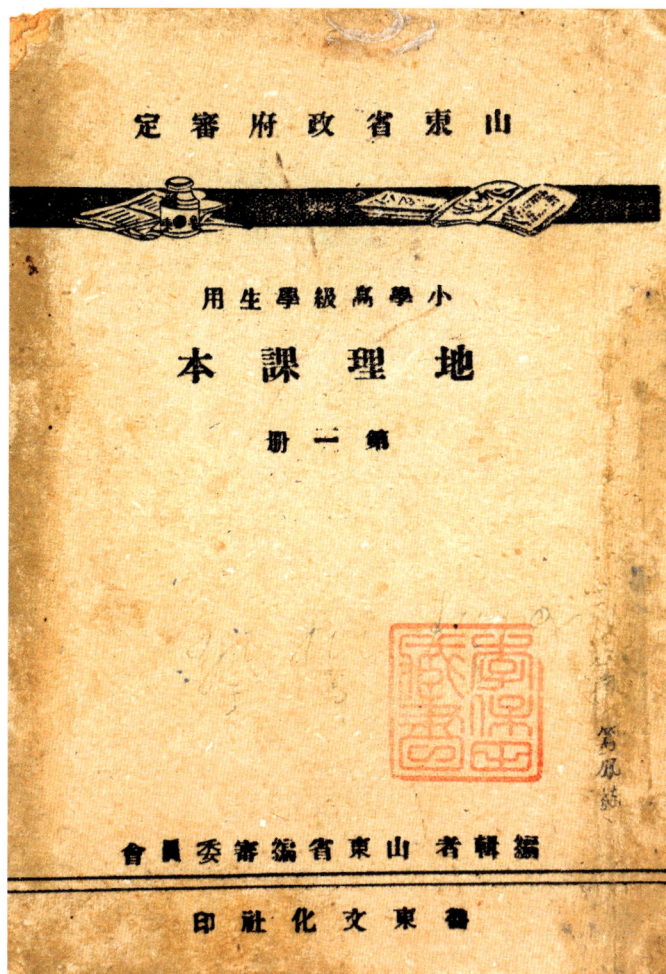

山东省政府审定

小学高级学生用

地理课本

第一册

编辑者 山东省编审委员会

鲁东文化社印

2268　书名：民众识字课本

著者：山东省教育厅 / 编

出版印行：涛雏新生印刷局

出版时间：不详

册数：不详

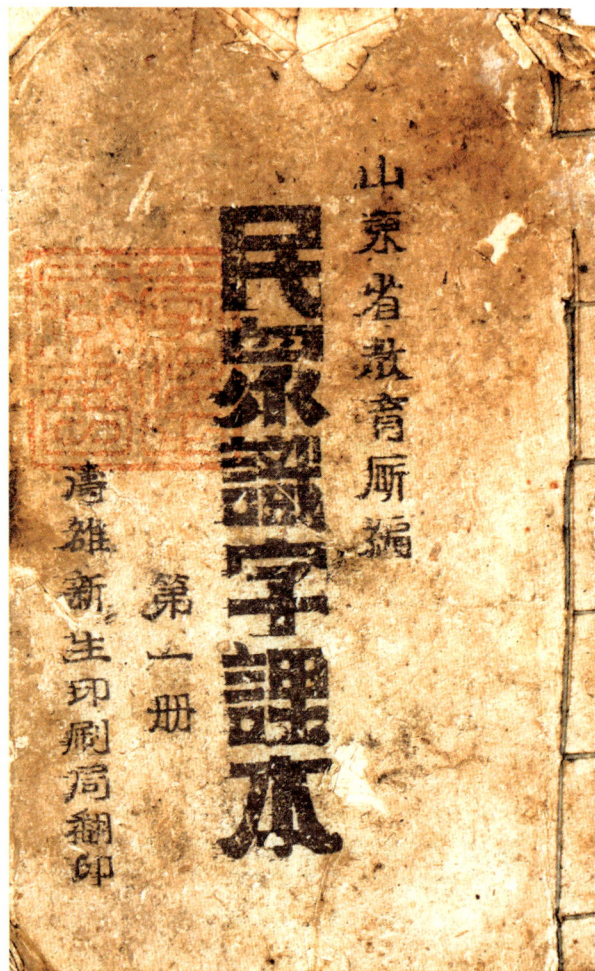

书名：卫生课本
著者：山东省编审委员会 / 编辑
出版印行：鲁东文化社
出版时间：不详
册数：不详

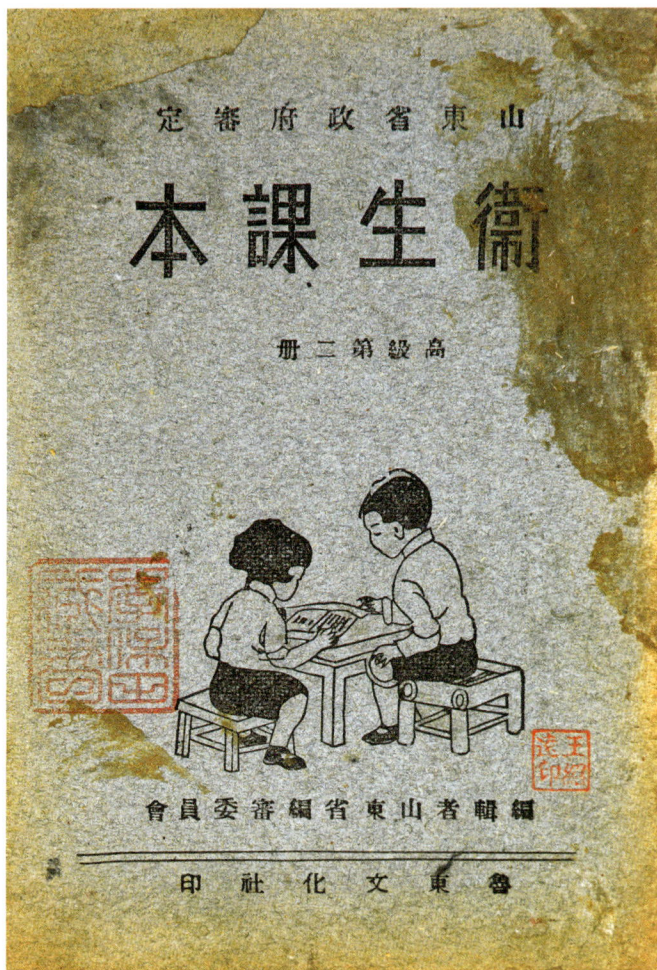

山东省政府审定

# 衛生課本

高級第二冊

編輯者山東省編審委員會

魯東文化社印

3 广东省政府编教材

书名：经训读本（小学六年级用）

著者：广东省政府教育厅 / 主编　经书编审委员会 / 编辑

出版印行：商务印书馆广州分馆

出版时间：民国二十三年（1934）初版

册数：不详

2273

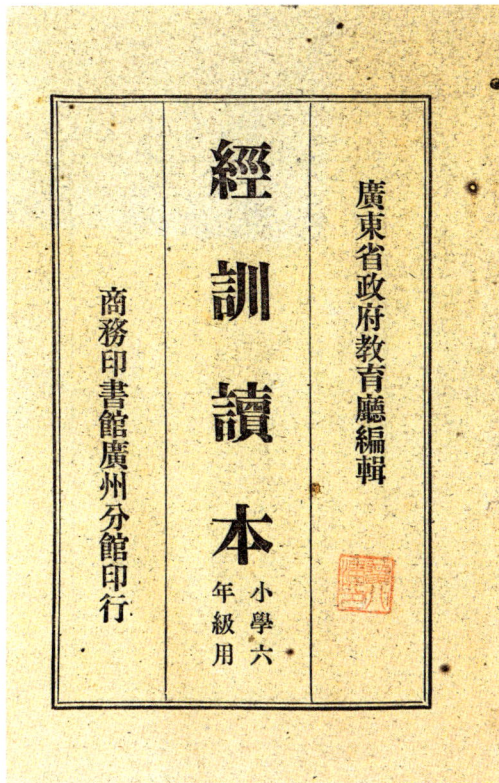

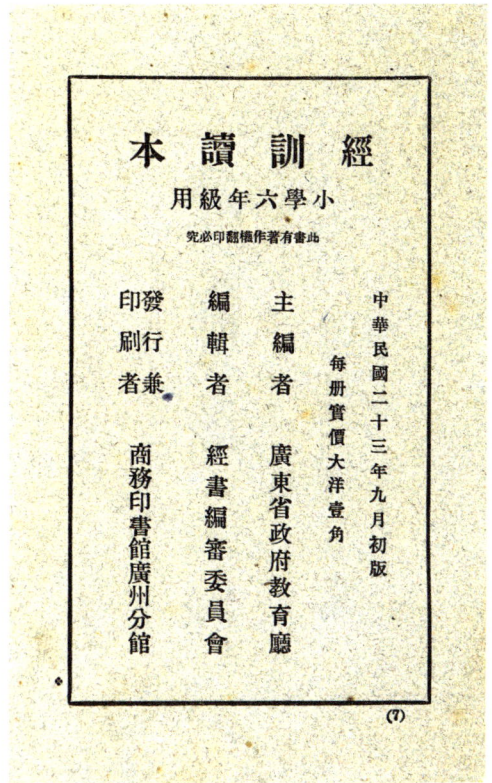

2274　书名：经训读本（小学六年级用）

著者：广东省政府教育厅 / 主编　经书编审委员会 / 编辑

出版印行：商务印书馆广州分馆

出版时间：民国二十三年（1934）初版　民国二十四年（1935）4 版

册数：不详

书名：步兵操典草案
著者：不详
出版印行：广东省教育厅
出版时间：不详
册数：不详

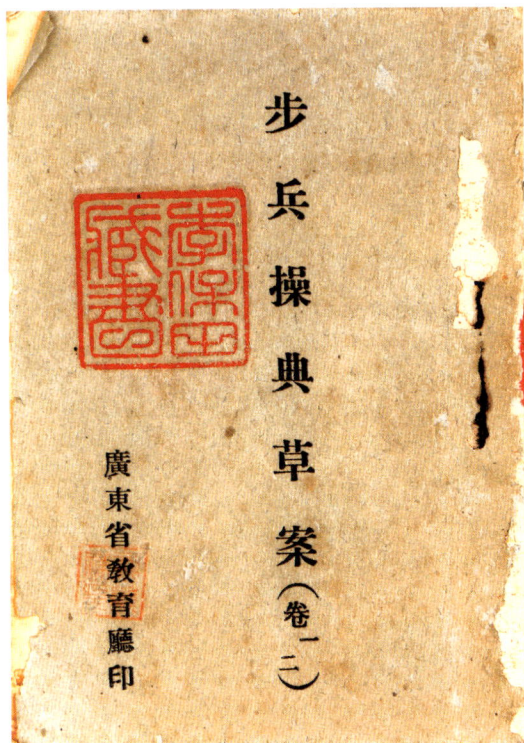

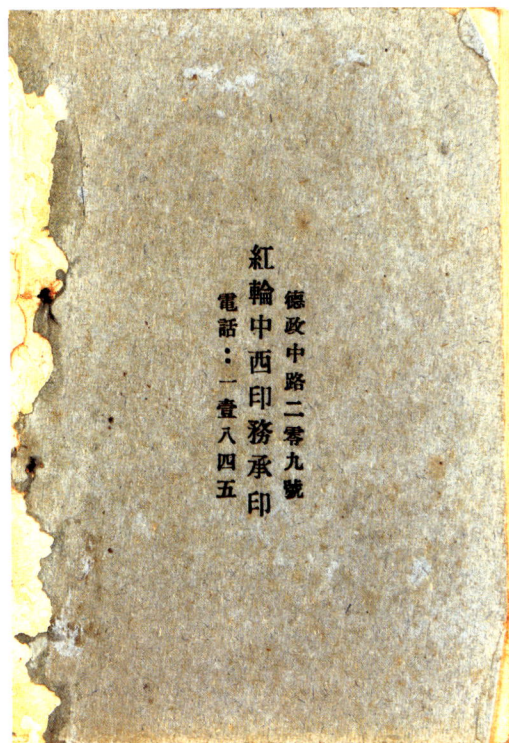

④ 福建省政府编教材

书名：福建民众识字读本
著者：福建省立民众教育处 / 编辑
出版印行：商务印书馆
出版时间：民国二十五年（1936）修正26版
册数：一

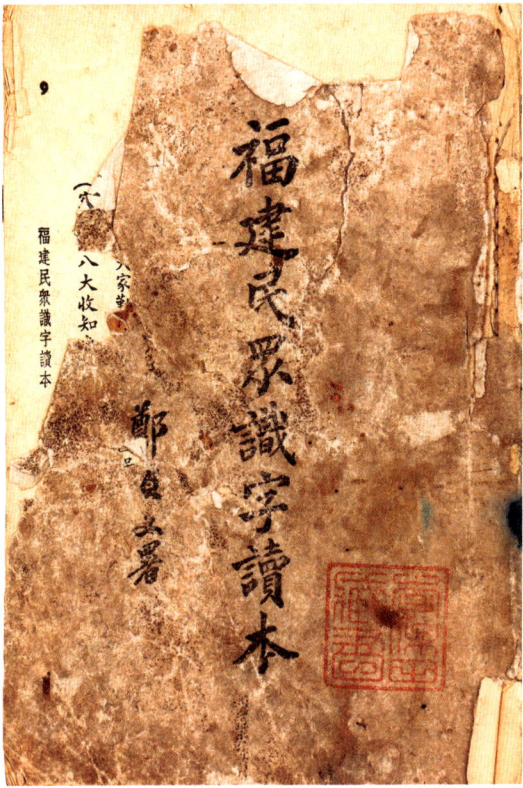

福建民眾識字讀本

福建民眾識字讀本

八大收知

鄭貞文署

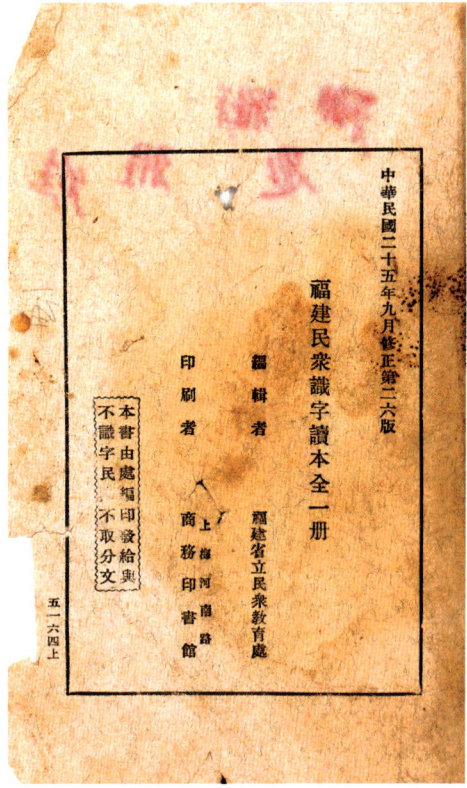

中華民國二十五年九月修正第二六版

福建民眾識字讀本全一冊

編輯者　福建省立民眾教育處

印刷者　上海河南路　商務印書館

本書由處福印發給與
不識字民　不識字民　不取分文

五一六四上

2280　书名：国民课本
　　　　著者：福建省政府教育厅 / 编辑
　　　　出版印行：福建省政府教育厅
　　　　出版时间：民国二十九年（1940）
　　　　册数：不详

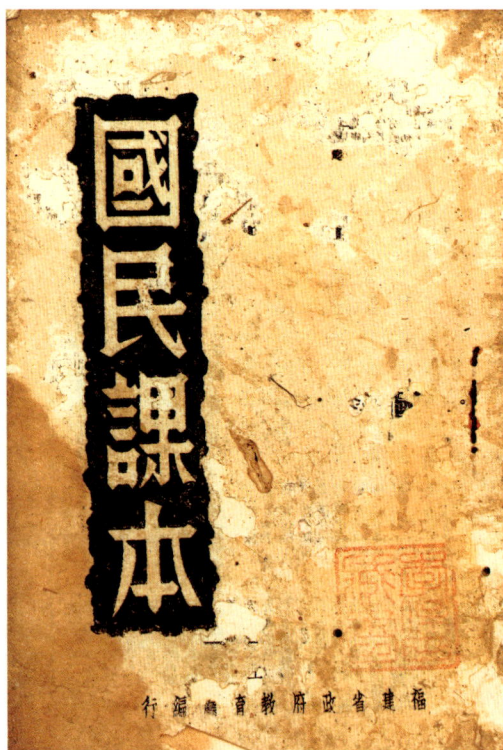

國民課本

福建省政府教育廳編行

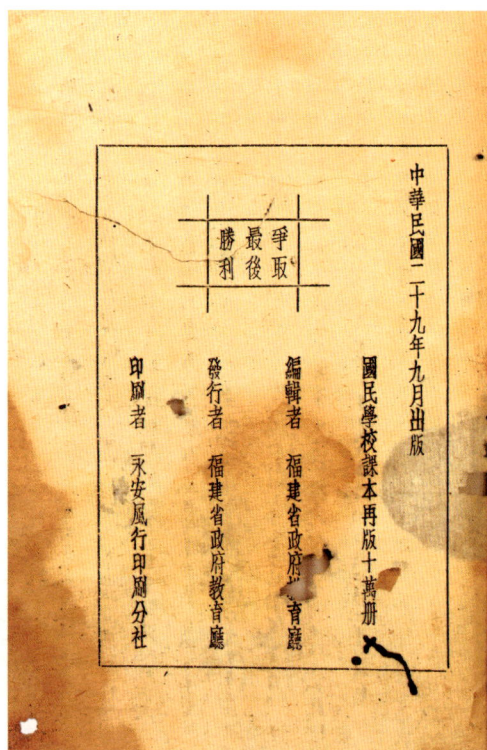

中華民國二十九年九月出版

國民學校課本再版十萬冊

爭取　最後　勝利

編輯者　福建省政府教育廳

發行者　福建省政府教育廳

印刷者　永安鳳行印刷分社

书名：高级小学社会（部编战时补充教材）
著者：教育部教科用书编辑委员会 / 编
出版印行：福建省政府教育厅
出版时间：民国三十年（1941）
册数：一

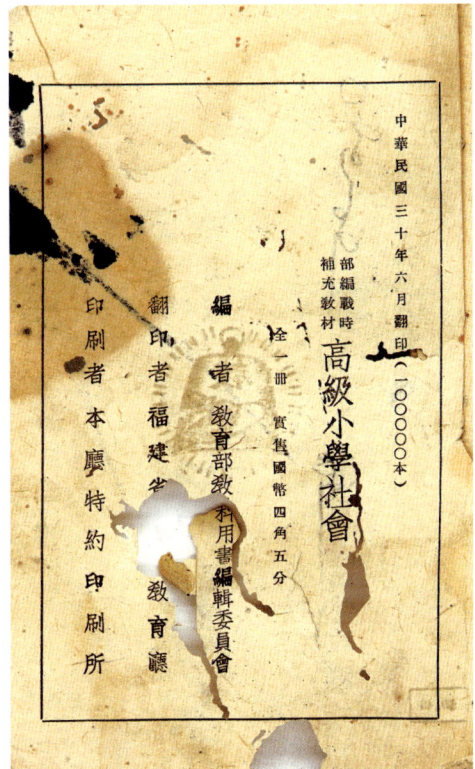

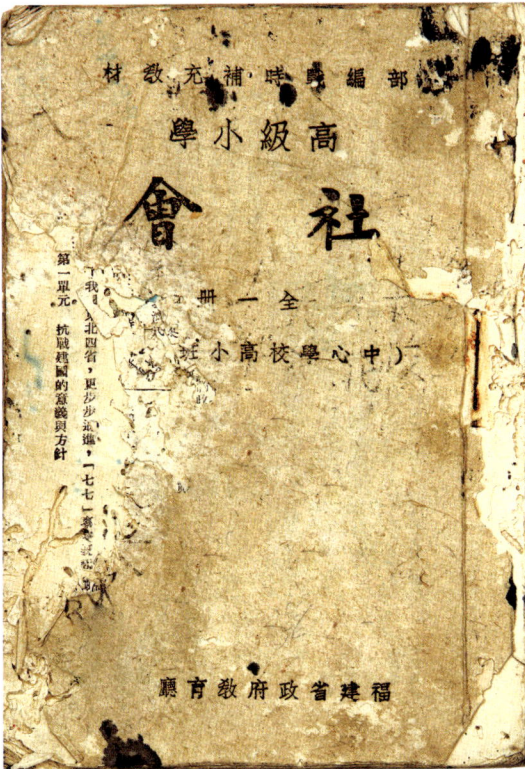

2282

书名：国民课本（国民组训应用）
著者：福建省政府教育厅 / 编辑
出版印行：福建省政府教育厅
出版时间：民国三十六年（1947）
册数：不详

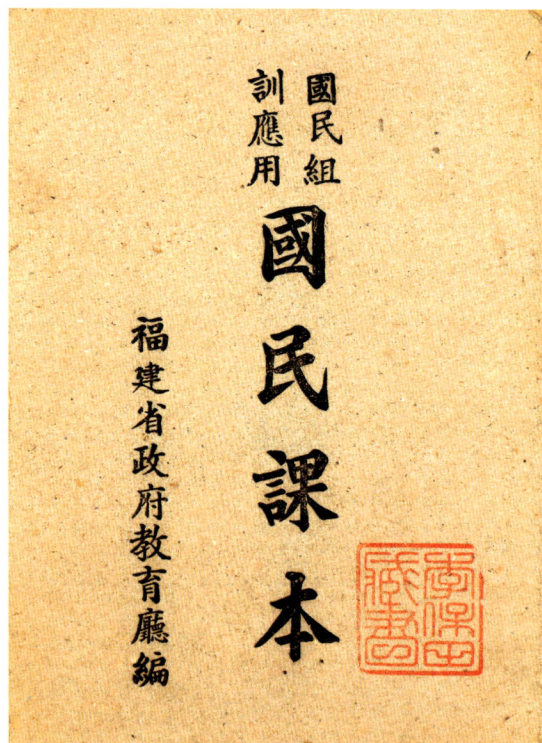

书名：体魄训练（福建省非常时期小学补充资料之四）

著者：福建省政府教育厅 / 编

出版印行：福建省政府教育厅

出版时间：不详

册数：三

2283

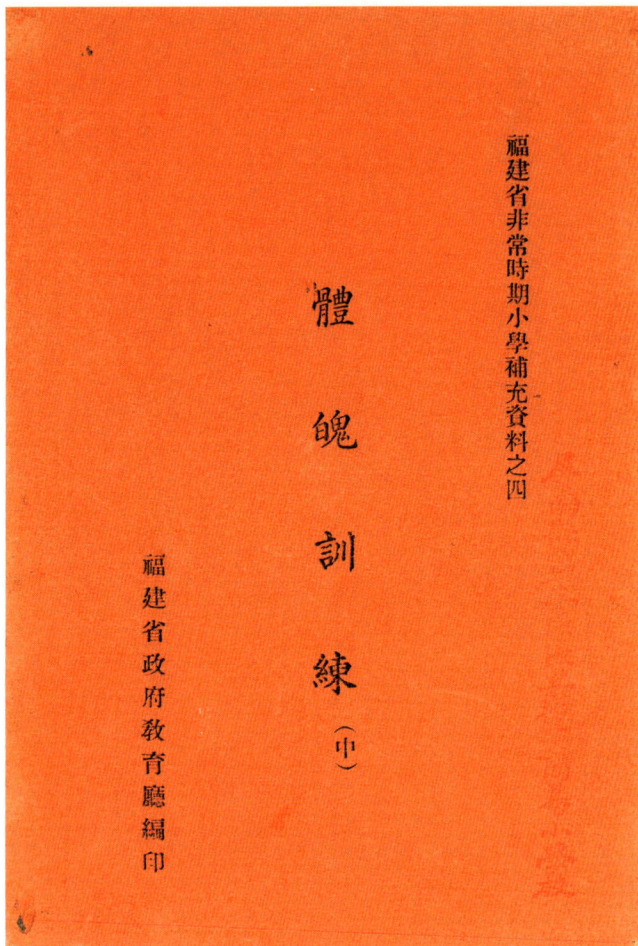

福建省非常時期小學補充資料之四

體魄訓練（中）

福建省政府教育廳編印

**5** 上海市政府编教材

书名：上海市民众识字读本

著者：上海市教育局 / 编辑　上海市识字教育委员会 / 校订

出版印行：商务印书馆

出版时间：民国二十四年（1935）初版　民国二十四年（1935）5版

册数：二

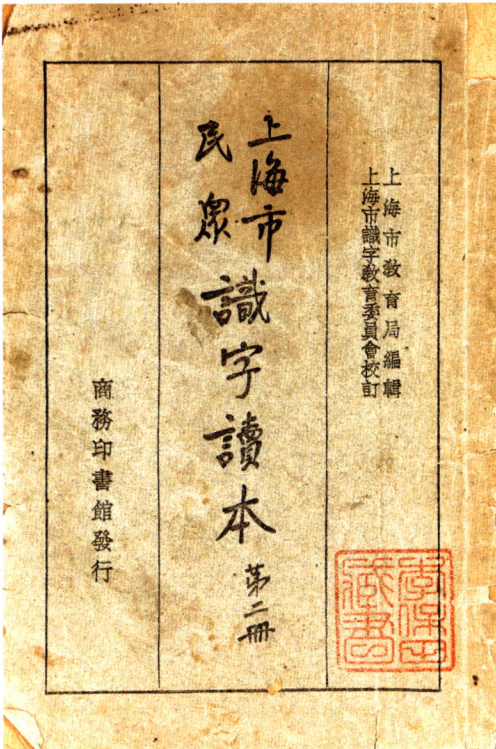

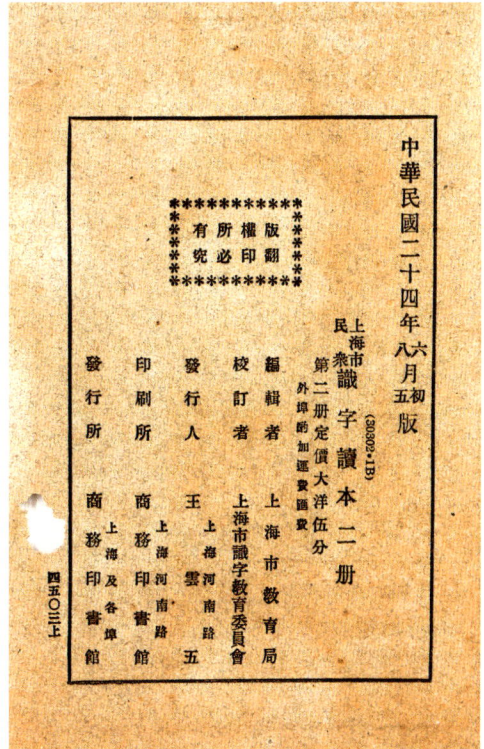

中華民國二十四年八月五日初版

上海市
民衆識字讀本　一冊

（30302·1B）

第二册定價大洋伍分

外埠酌加運費滙寄

版權所有　翻印必究

編輯者　上海市教育局

校訂者　上海市識字教育委員會

發行人　王雲五
　　　　上海河南路

印刷所　商務印書館
　　　　上海河南路

發行所　商務印書館
　　　　上海及各埠

四五〇三上

2288　书名：国文科第三级国文读本
著者：不详
出版印行：上海妇女补习学校
出版时间：不详
册数：不详

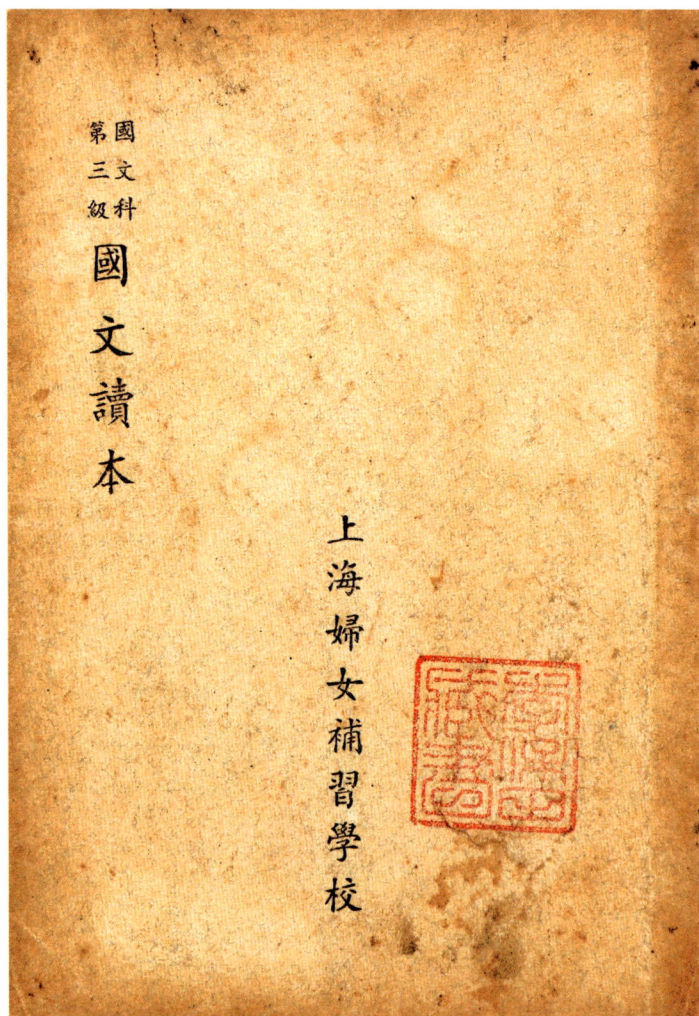

# 6 其他地方政府编教材

书名：世界地理（初中师范适用教本）

著者：殷祖英 / 著

出版印行：北平文化学社

出版时间：民国十四年（1925）初版　民国十七年（1928）4版

册数：不详

2291

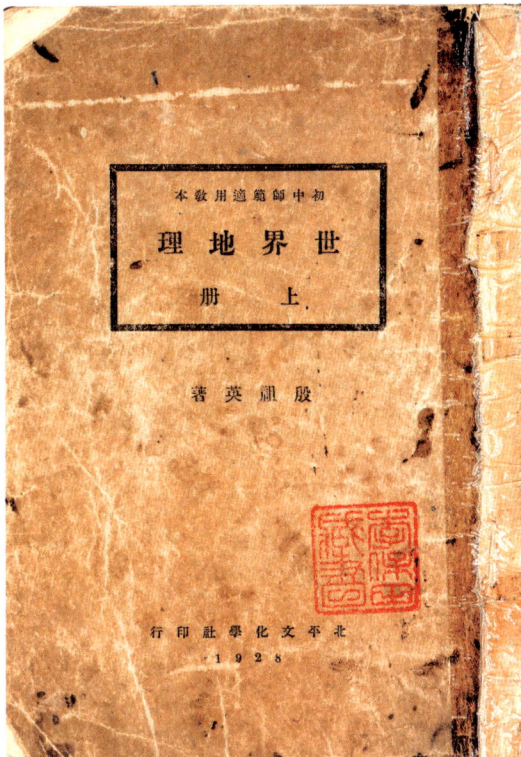

2292　书名：战时国民读本

著者：通俗读物编刊社 / 编辑　陕西省教育厅 / 审定

出版印行：陕西省教育厅

出版时间：民国二十七年（1938）

册数：六

戰時國民讀本

第 六 册

陝西省教育廳印

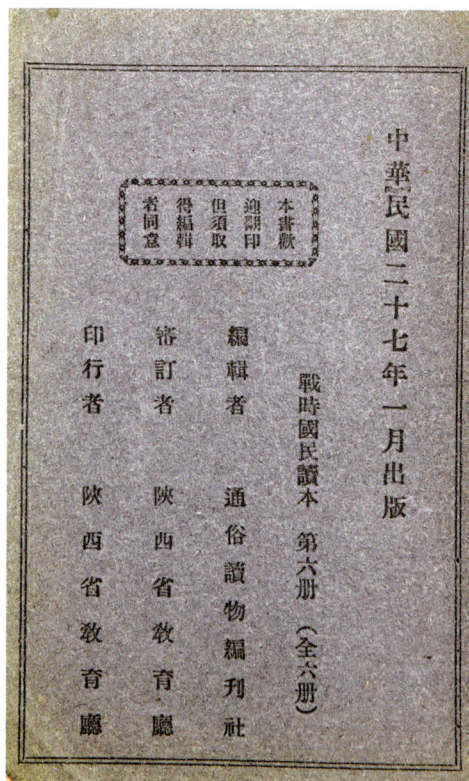

中華民國二十七年一月出版

戰時國民讀本　第六册　（全六册）

編輯者　通俗讀物編刊社

蕃訂者　陝西省教育廳

印行者　陝西省教育廳

本書歡迎翻印但須取得編輯者同意

书名：小学战时国语教材

著者：江西省政府教育厅 / 编辑

出版印行：江西省政府教育厅

出版时间：民国二十八年（1939）初版

册数：不详

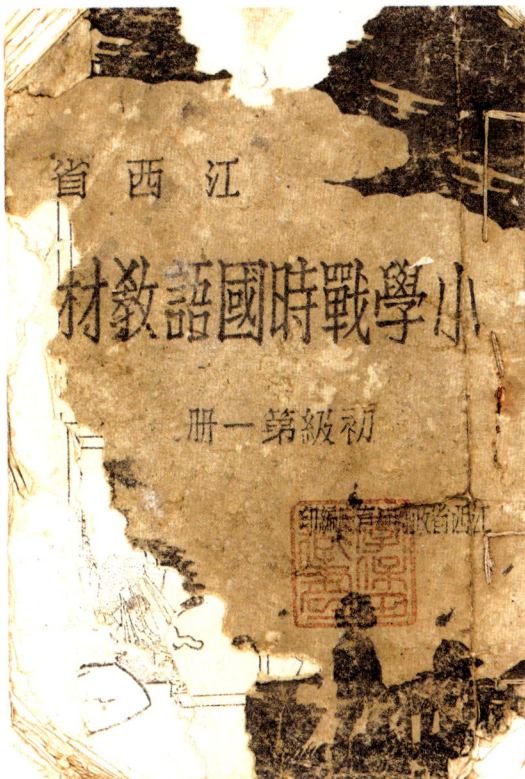

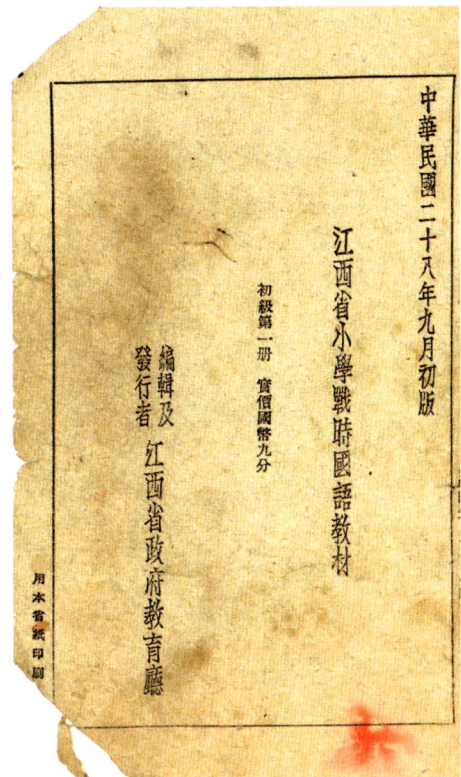

江西省

小學戰時國語教材

初級第一册

江西省教育廳印

中華民國二十八年九月初版

江西省小學戰時國語教材

初級第一册　實價國幣九分

編輯及發行者　江西省政府教育廳

用水省教印刷

2294　書名：高小社会课本
　　　著者：江西省政府教育厅 / 编辑
　　　出版印行：江西省政府教育厅
　　　出版时间：民国二十九年（1940）再版
　　　册数：不详

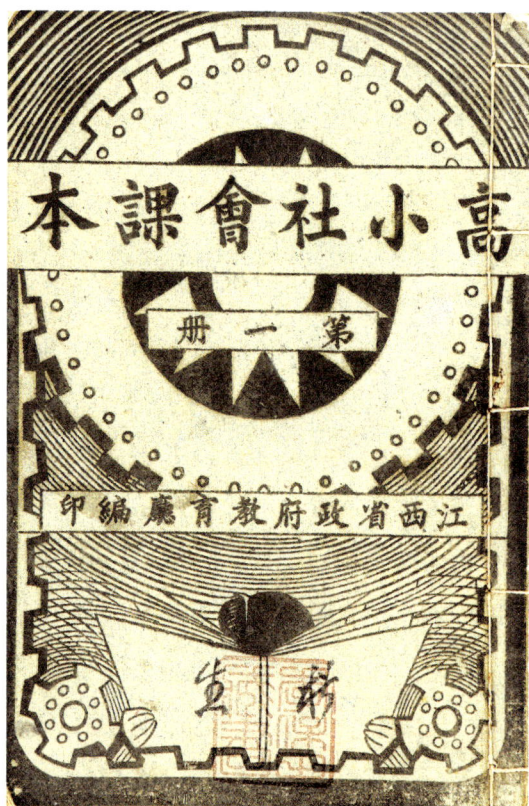

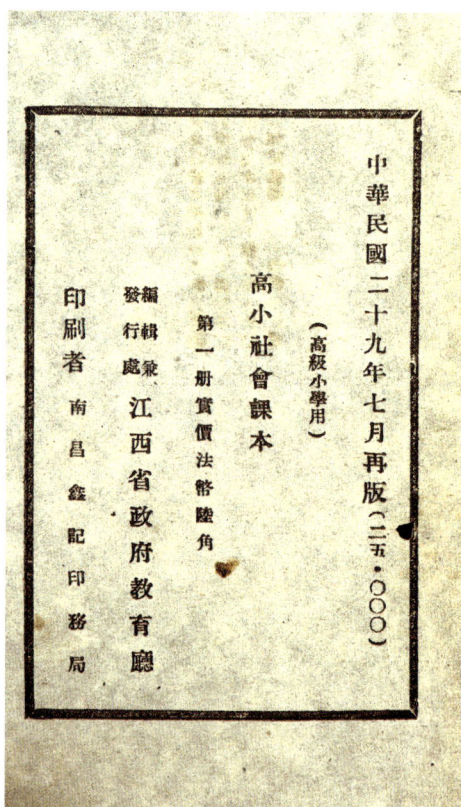

中華民國二十九年七月再版（二五‧〇〇〇）

（高級小學用）

高小社會課本

第一冊實價法幣陸角

編輯兼
發行處　江西省政府教育廳

印刷者　南昌鑫記印務局

书名：高小国语课本
著者：江西省政府教育厅 / 编辑
出版印行：东南书局
出版时间：民国三十一年（1942）3版
册数：不详

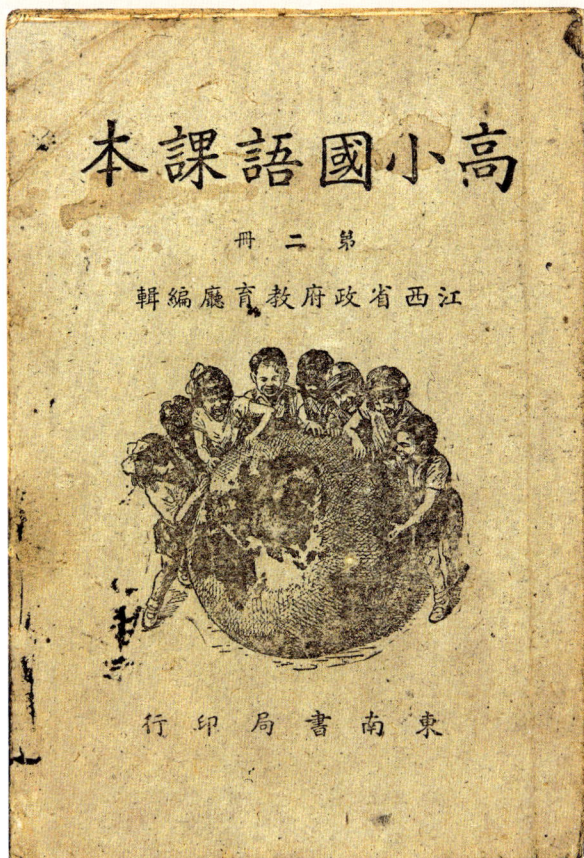

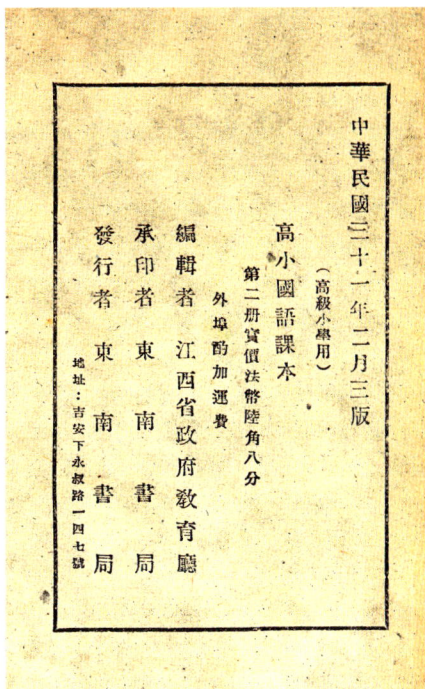

2296

书名：高级小学地理
著者：陕西省教育厅 / 编辑
出版印行：陕西省银行信托部
出版时间：民国三十一年（1942）新版
册数：不详

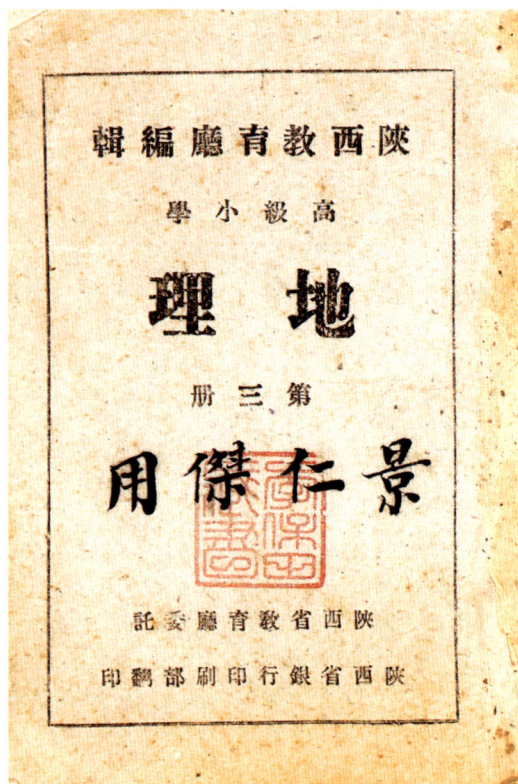

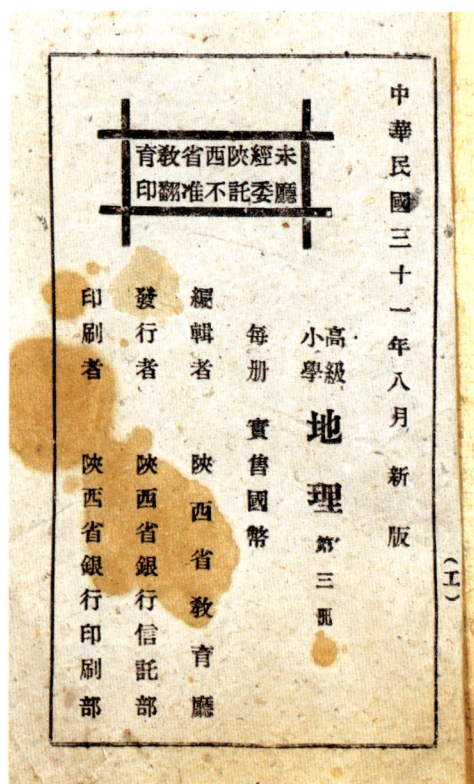

书名：学生唱歌集
著者：彭一叶 / 编著
出版印行：宜春县教育用品合作社
出版时间：民国三十五年（1946）
册数：不详

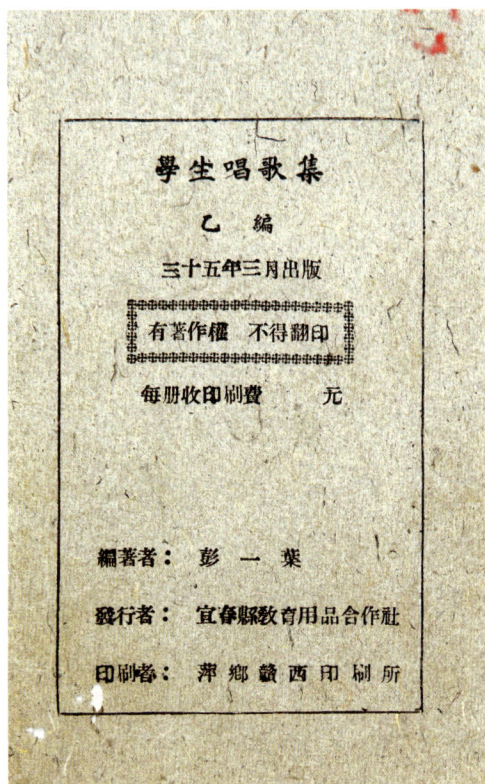

彭一葉編

學生唱歌集

方印文

乙 編

宜春縣教育用品合作社發行

學生唱歌集

乙 編

三十五年三月出版

有著作權 不得翻印

每冊收印刷費　　　元

編著者：彭一葉

發行者：宜春縣教育用品合作社

印刷者：萍鄉贛西印刷所

2298

书名：小学算术补充教材
著者：唐山日报社 / 编
出版印行：唐山日报社
出版时间：民国三十六年（1947）
册数：不详

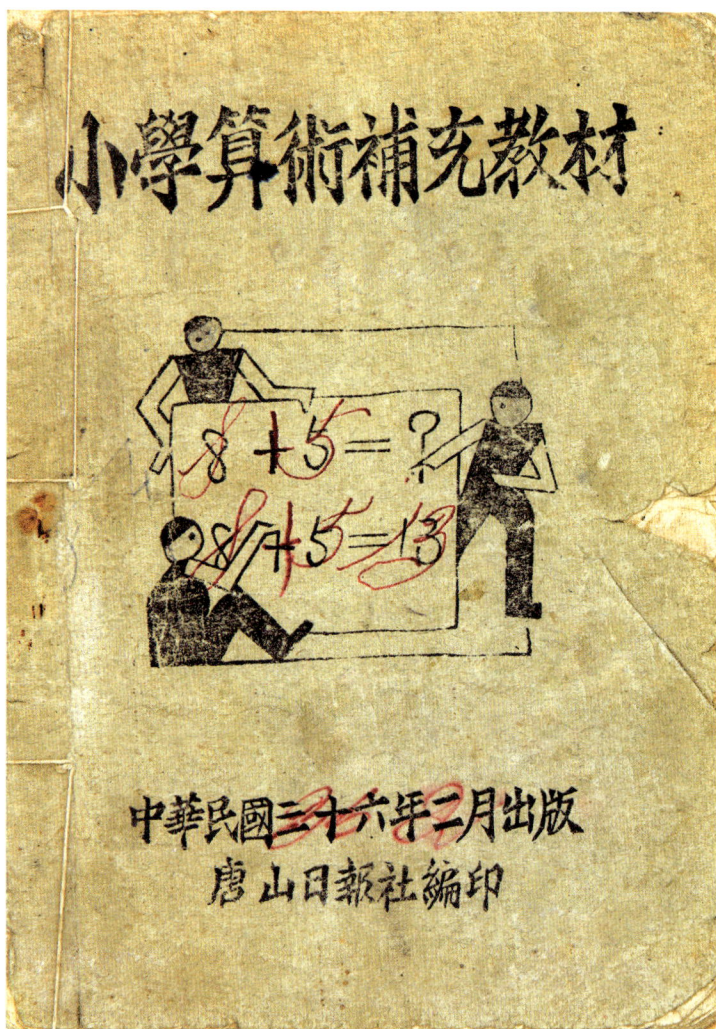

书名：小学朝鲜历史

著者：不详

出版印行：延边教育出版社

出版时间：民国三十六年（1947）

册数：不详

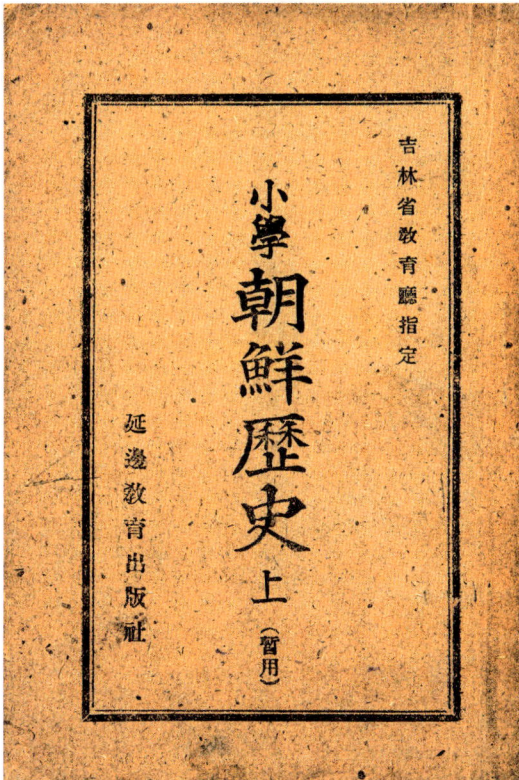

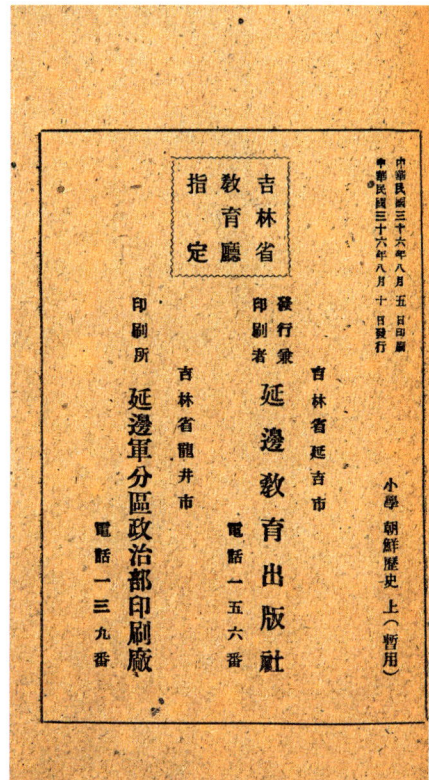

2300　书名：国文（初级中学用）
著者：安徽省中小学补充教材编审委员会 / 编订
出版印行：安徽省政府皖南行署
出版时间：不详
册数：不详

书名：体育讲义
著者：不详
出版印行：醴陵县立乡村师范学校
出版时间：不详
册数：不详

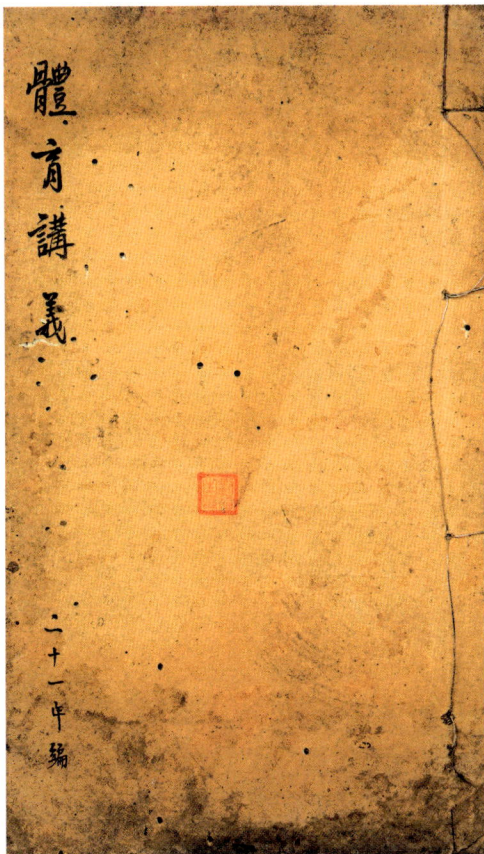

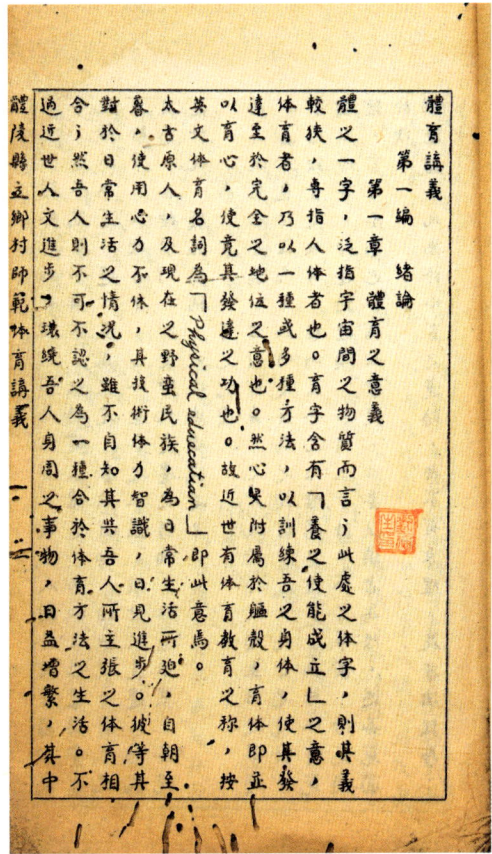

2302　书名：高小地理课本（修正课程标准适用）
　　　著者：长沙各联乡学委会 / 编
　　　出版印行：长沙各联乡学委会
　　　出版时间：不详
　　　册数：不详

书名：初中师范教科书植物学
著者：朱隆勋、张起焕 / 编
出版印行：北平文化学社
出版时间：不详
册数：不详

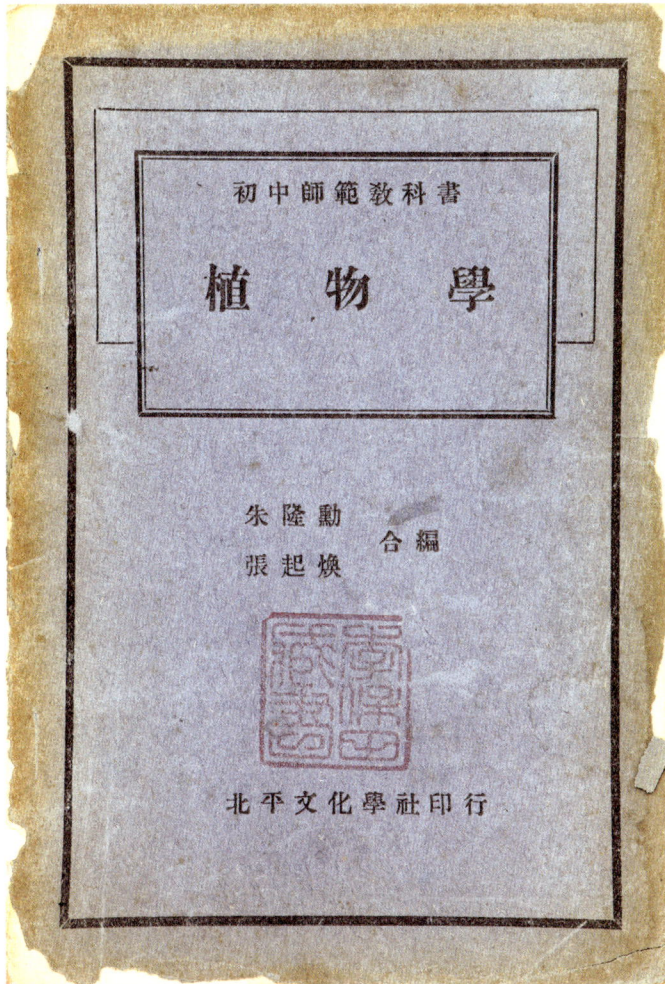

初中師範教科書

植 物 學

朱隆勳
張起煥　合編

北平文化學社印行

各红色根据地政府编教材

# 1 江西苏维埃政府编教材

书名：农民三字经

著者：不详

出版印行：兴国县苏维埃政府

出版时间：1930年

册数：不详

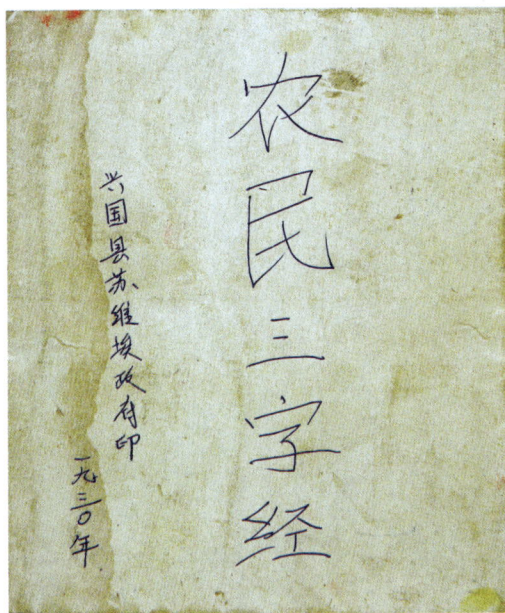

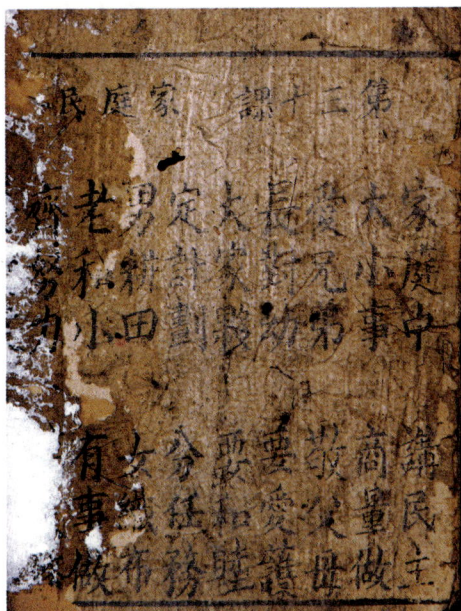

2310

书名：共产儿童读本

著者：不详

出版印行：不详

出版时间：不详

册数：不详

共產兒童讀本

傷

哥哥說：「這是你

；因為這種鏡子

的作用；所以方

笑他也笑，你向

也拍手」。

進 席

七　現在我的家裡

現在我家裡的人口：有爸爸、媽媽、哥哥、

弟弟，連我一共五個人。爸爸做過十年長工，

我們村裡的人都說，做長工的，是很革命的。

就把爸爸選到鄉政府當主席；哥哥選到少

當隊長。我和弟弟都加入了兒童

學小學讀書；媽媽在家裡

草鞋送紅軍。

組織 赤

十一　我們農村的組織

我們農村裡，每一个人都有組織：年紀大的

，加入赤衛軍；年紀少的，加入少先隊；年紀

小的，加入兒童團

我們一家有五个人，爸爸加入了赤衛軍，

哥姐姐加入了少先隊，我加入了兒童

弟弟現在只有六歲，再過一年

童團。

十二　這是什麼人

有一天我同爸爸走到街上

看着幾个人，拿着一个戴高帽的；

看宣傳旗。我問爸爸道：「這个是什

麼人」。爸爸說：「這个是白軍軍官，被紅

軍俘擄來的」。我們要他說蔣介石

進攻我們的事。他說：「用白軍來打紅

軍，來殺群眾，封鎖蘇區，不准

運鹽運布進來賣」。還說了很多……

我同爸爸沒有聽完就回來了。

討論　　菸 囊 消 辣 椒

三十二　共產兒童團

七歲，我十歲，他十五歲，大家都是共產

兒童團。我們兒童團，選舉有隊長，由隊長召

集開會；我們要常常到會，對討論工作的意見

要發言，要學習說話。

我們要鼓動哥哥爸爸當紅軍，要幫助紅軍家

屬檢查；也要注意衛生，不要吃酒，不要吃菸

，不要吃辣椒。

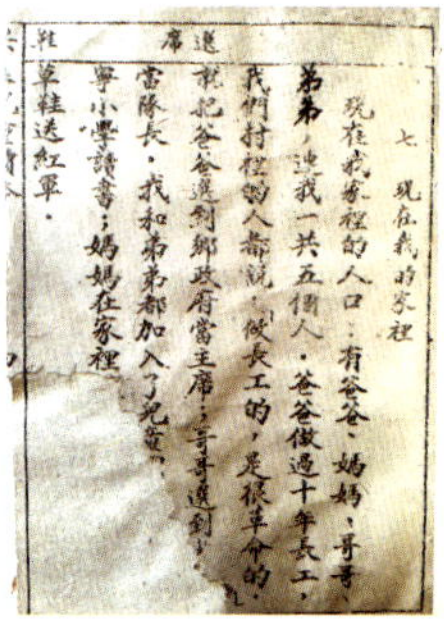

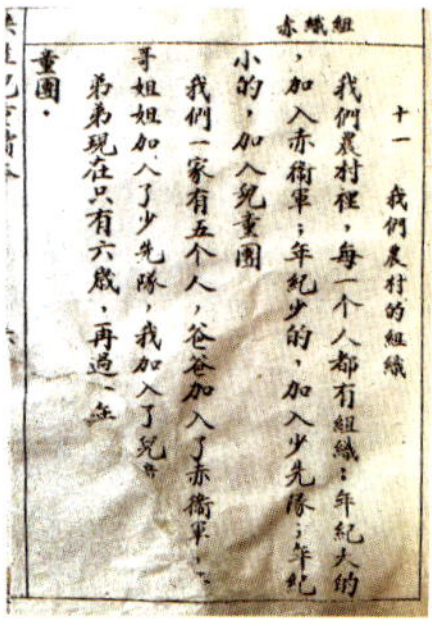

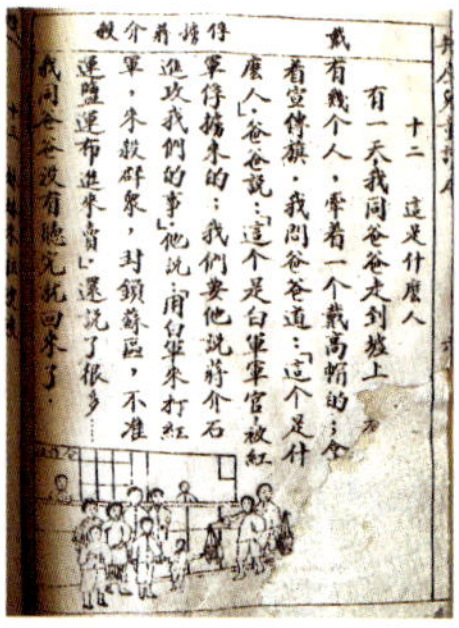

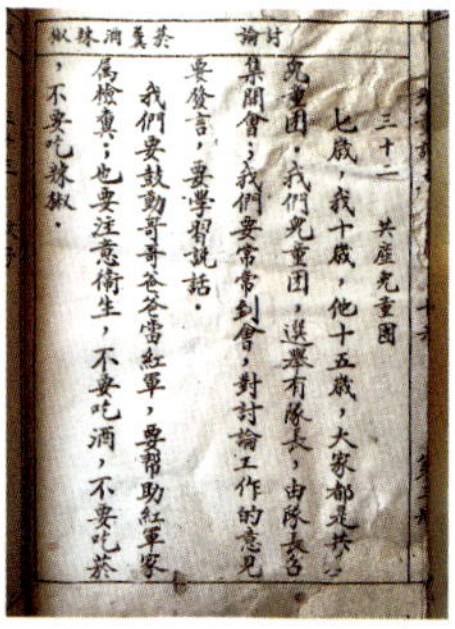

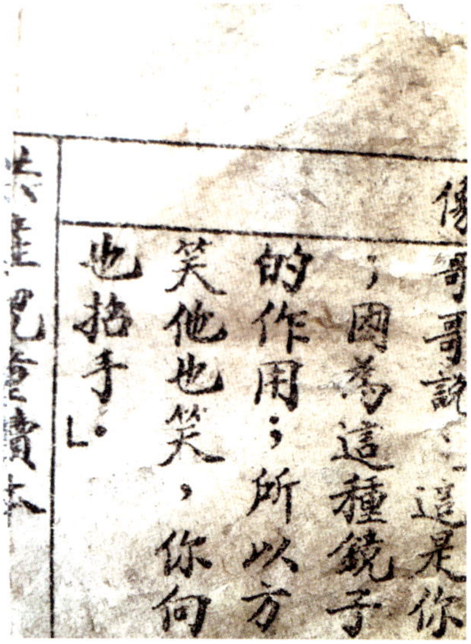

② 陕甘宁根据地政府编教材

书名：国语课本（初级小学适用）

著者：陕甘宁边区教育厅 / 审定

出版印行：新华书店

出版时间：1938年初版　　1946年4版

册数：不详

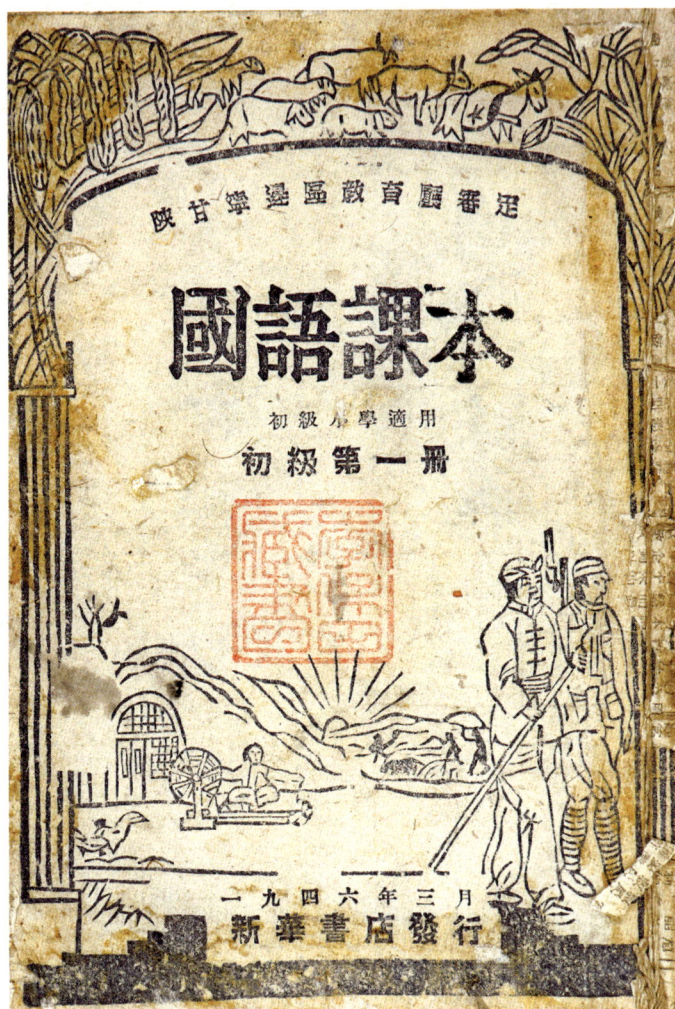

陕甘宁边区教育厅审定

# 國語課本

初級小學適用

初級第一冊

一九四六年三月

新華書店發行

书名：国语课本（高级小学适用）
著者：魏东明／编著　陕甘宁边区教育厅／审定
出版印行：晋西北行政公署
出版时间：不详
册数：四

书名：高小国语
著者：陕甘宁边区教育厅／审定
出版印行：新华书店
出版时间：不详
册数：四

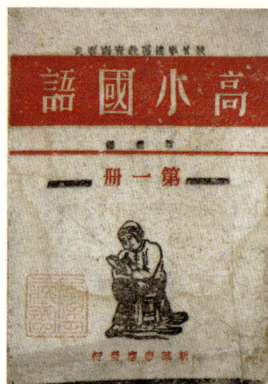

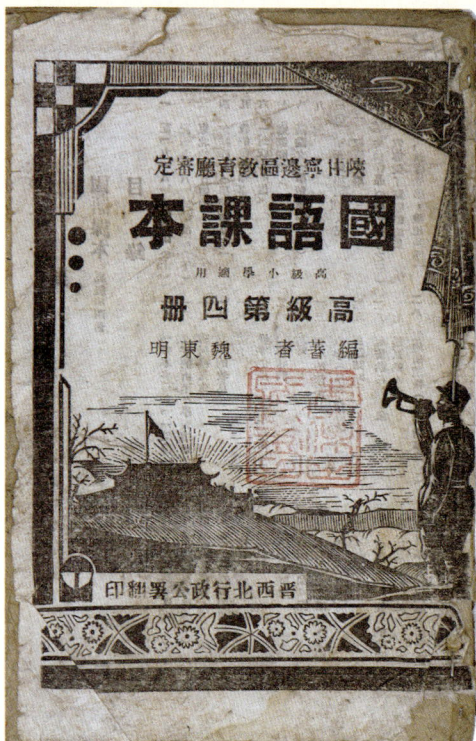

书名：国语课本
著者：陕甘宁边区教育厅／审定
出版印行：大众书店
出版时间：1946年
册数：不详

书名：国语课本
著者：不详
出版印行：不详
出版时间：不详
册数：不详

2316　书名：日用杂字

　　　　著者：辛安亭 / 编

　　　　出版印行：大众书店

　　　　出版时间：不详

　　　　册数：一

# ③ 晋冀鲁豫根据地政府编教材

书名：初级新课本（国语常识合编）
著者：曾颎 / 编著　郝定 / 绘图　晋冀鲁豫边区政府教育厅 / 审定
出版印行：太行新华日报
出版时间：民国卅四年（1945）初版
册数：八

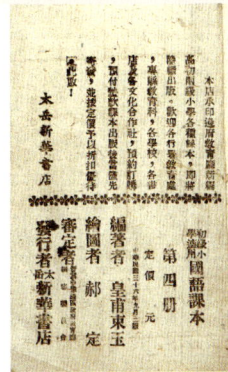

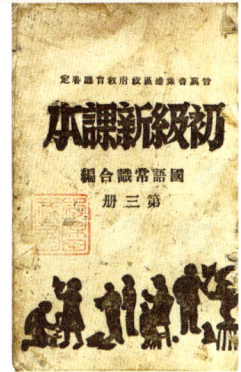

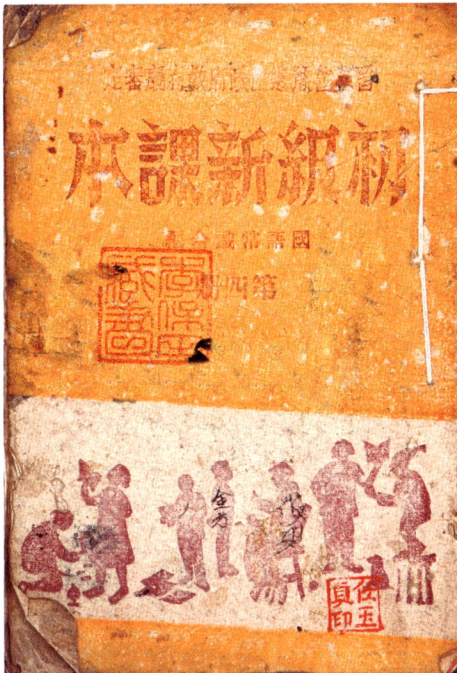

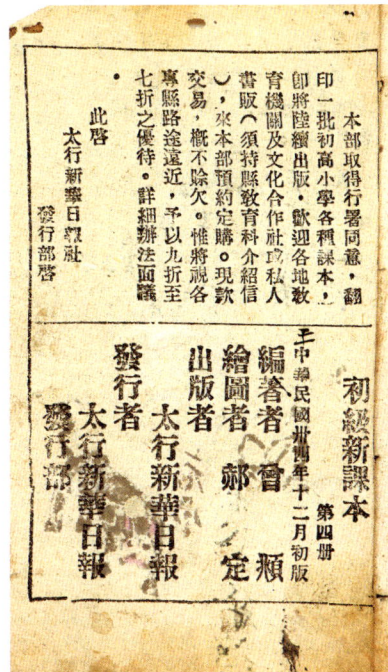

2320　书名：高小历史课本

著者：彭文 / 编著　晋冀鲁豫边区政府教育厅编审委员会 / 审定

出版印行：太行群众书店

出版时间：民国三十五年（1946）

册数：四

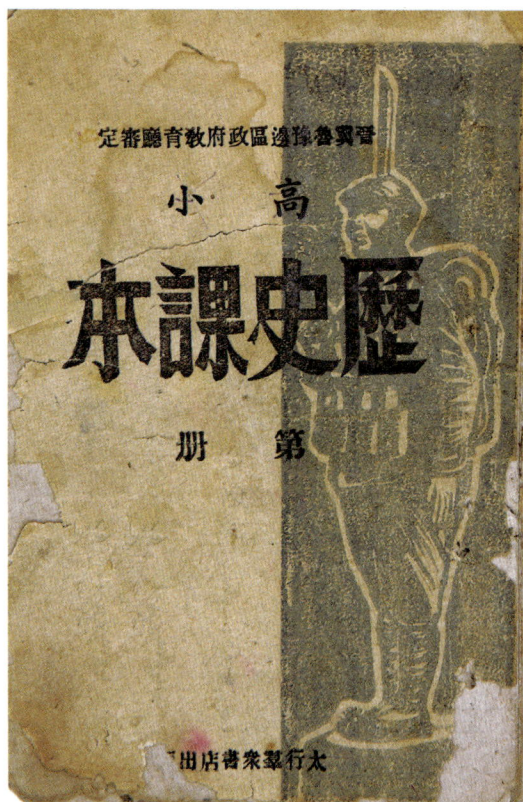

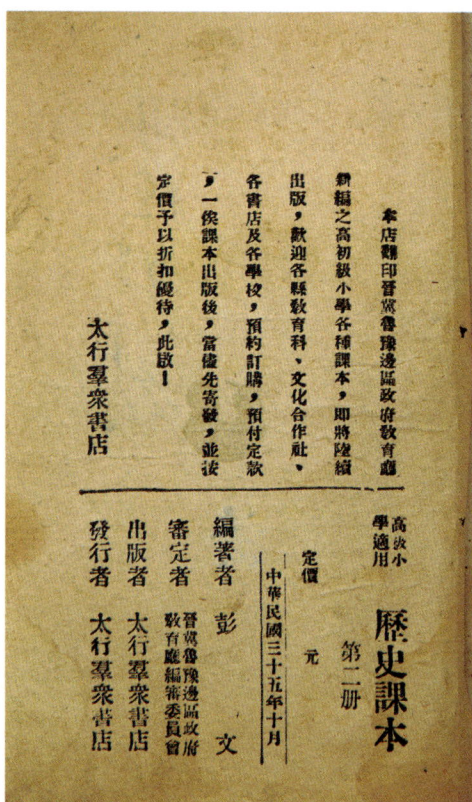

书名：高小自然课本
著者：彭庆昭 / 编著　晋冀鲁豫边区政府教育厅编审委员会 / 审定
出版印行：太行群众书店
出版时间：民国三十六年（1947）
册数：四

2321

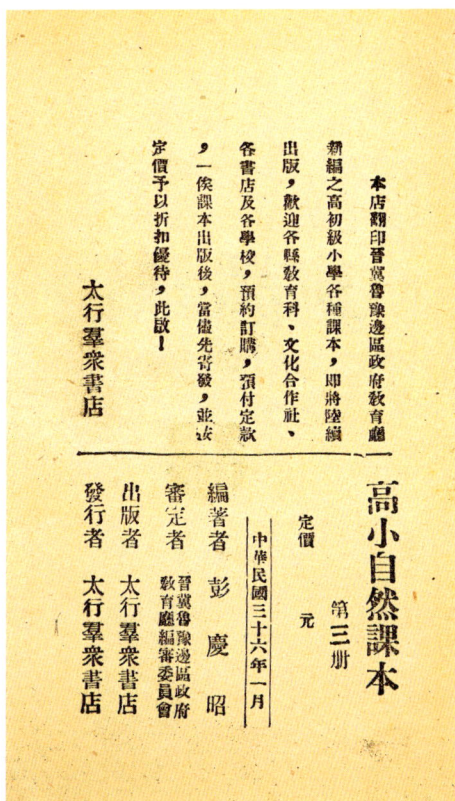

2322

书名：高级自然课本

著者：彭庆昭 / 编著　晋冀鲁豫边区政府教育厅编审委员会 / 审定

出版印行：裕民印刷厂

出版时间：民国三十六年（1947）

册数：四

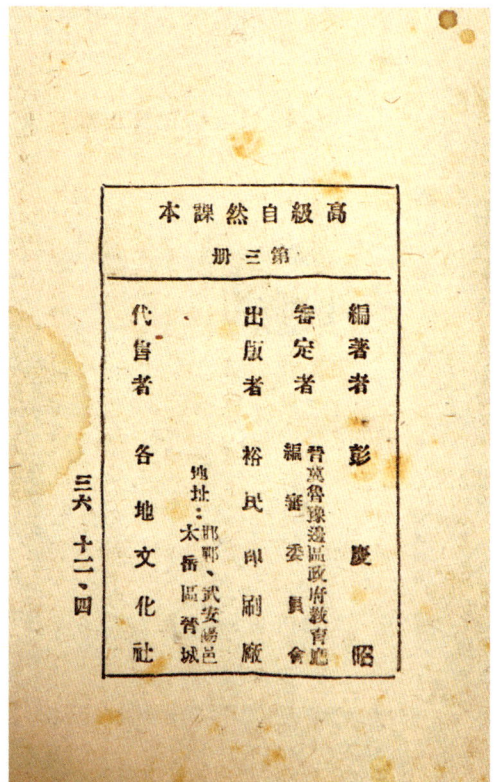

书名：初小国语课本（国语常识合编）

著者：皇甫束玉 / 编著　郝定 / 绘图　晋冀鲁豫边区政府教育厅编审委员会 / 审定

出版印行：太岳新华书店

出版时间：民国卅六年（1947）

册数：不详

2323

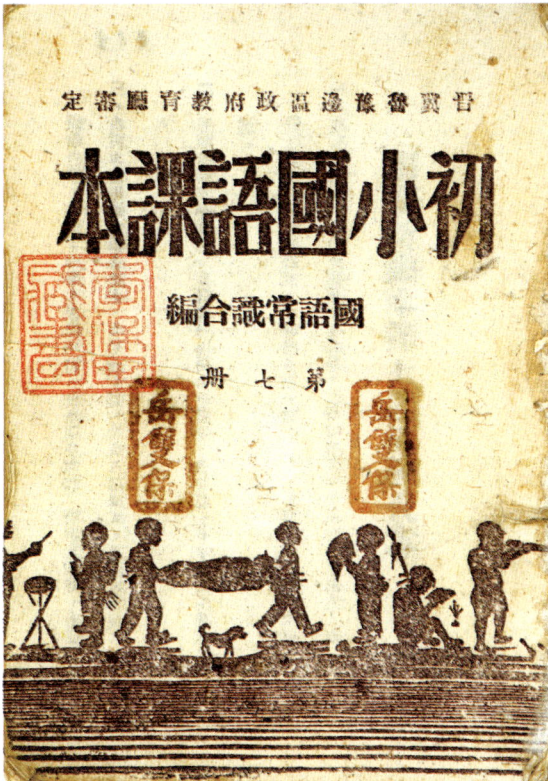

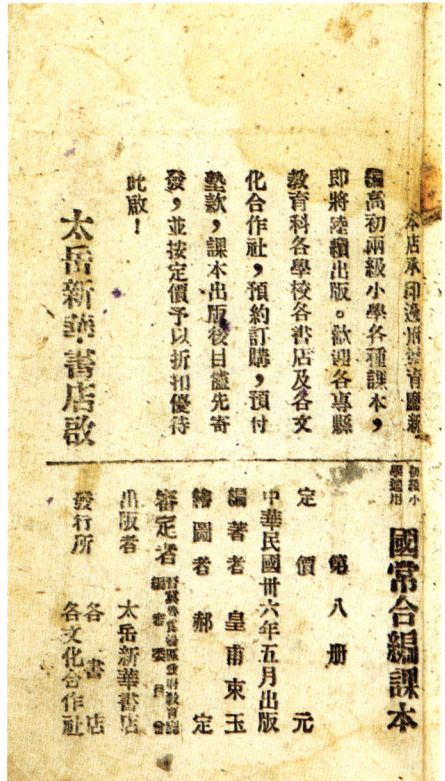

2324　书名：高级国语课本（高级小学适用）
著者：曾频 / 编著　晋冀鲁豫边区政府教育厅编审委员会 / 审定
出版印行：新华书店
出版时间：民国三十六年（1947）
册数：不详

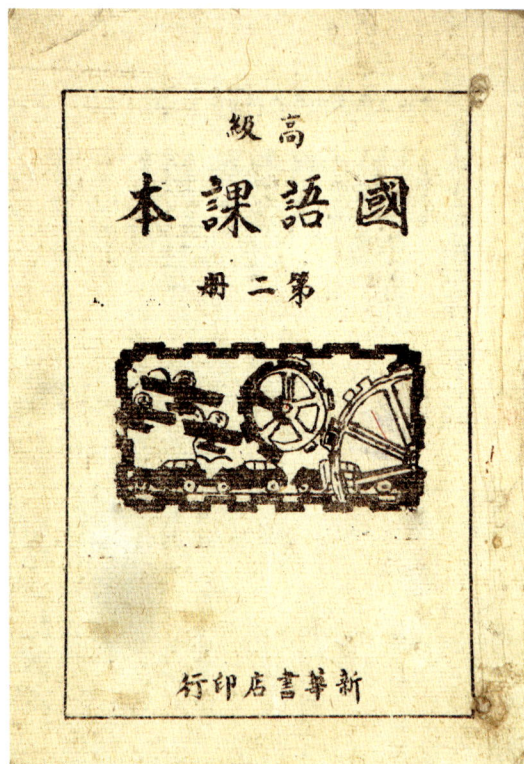

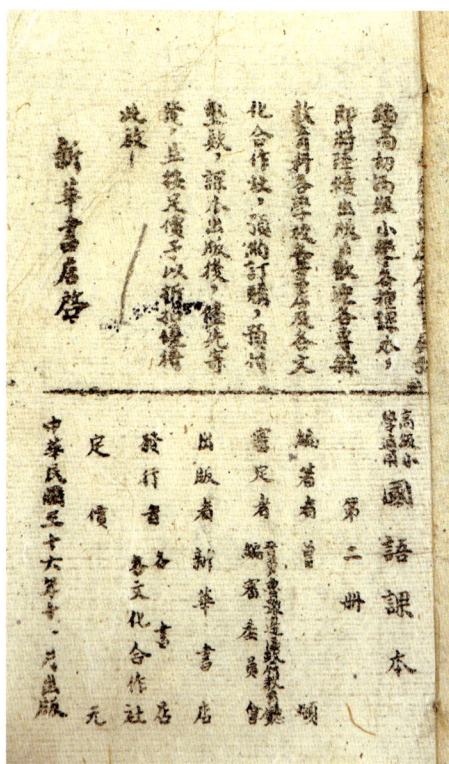

书名：高级算术课本（高级小学适用）
著者：晋冀鲁豫边区政府教育厅编审委员会 / 审定
出版印行：裕民印刷厂
出版时间：民国三十六年（1947）初版
册数：不详

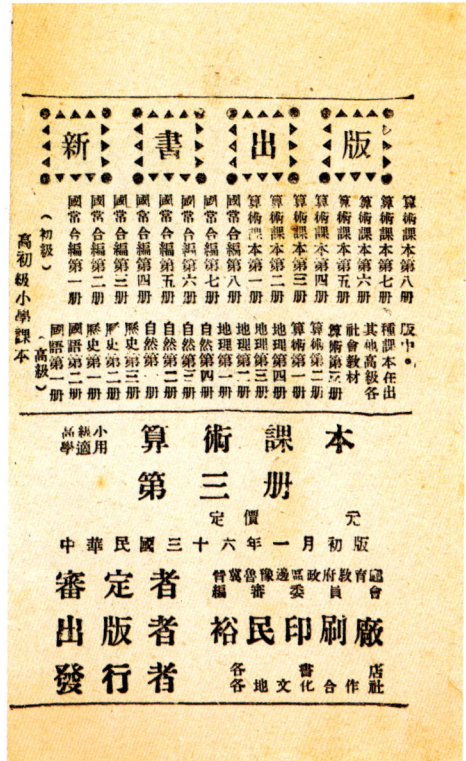

2325

晋冀鲁豫边区政府教育厅审定

高级

# 算術課本

第三册

裕民印刷廠發行

---

◀ 新 ▸ 書 ▸ 出 ▸ 版 ◀

（初級）
高初級小學課本

| 國語第三册 | 國語第二册 | 歷史第三册 | 歷史第二册 | 自然第三册 | 自然第二册 | 地理第四册 | 地理第三册 | 算術第四册 | 算術課本第三册 | 算術課本第二册 | 算術課本第一册 | 其他高級各社會教材 |

| 國常合編第一册 | 國常合編第二册 | 國常合編第三册 | 國常合編第四册 | 國常合編第五册 | 國常合編第六册 | 國常合編第七册 | 算術課本第八册 | 算術課本第一册 | 算術課本第二册 | 算術課本第三册 | 算術課本第五册 | 算術課本第六册 | 算術課本第七册 | 算術課本第八册 | 種課本在出版中 |

（高級）

小學
高級適用  算術課本
第三册

定價　　　　元

中華民國三十六年一月初版

審定者　晋冀鲁豫邊區政府教育廳編審委員會

出版者　裕民印刷廠

發行者　各地文化合作社書店

2326

书名：新编初小临时课本
著者：晋冀鲁豫边区政府教育厅／审定
出版印行：平顺县文化社翻印
出版时间：1948年
册数：八

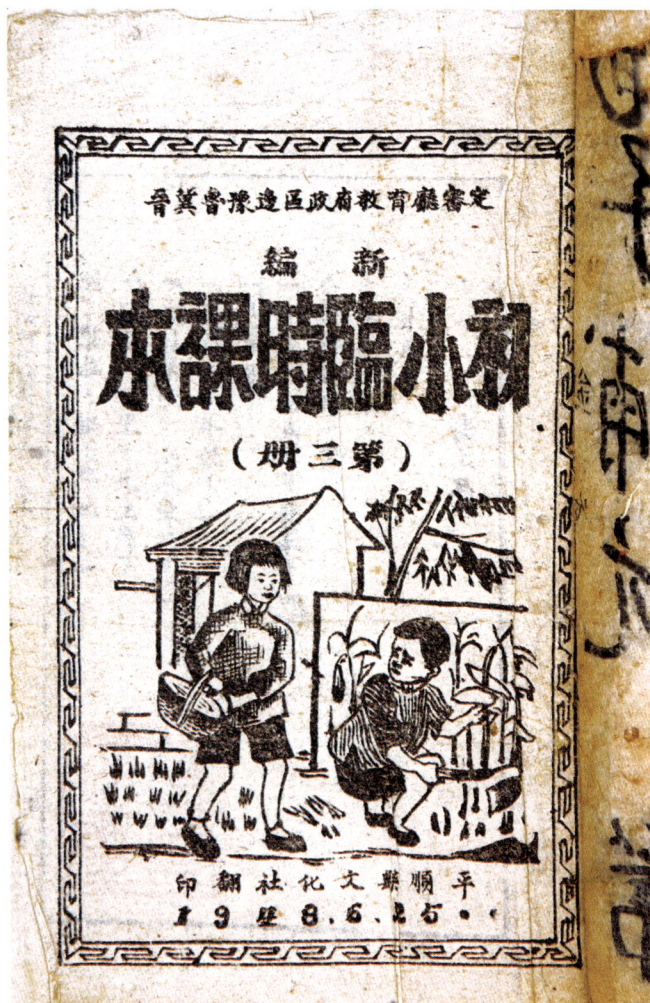

书名：算术（中学师范适用）
著者：史佐民、魏群 / 编
出版印行：太岳新华书店
出版时间：1949年初版
册数：不详

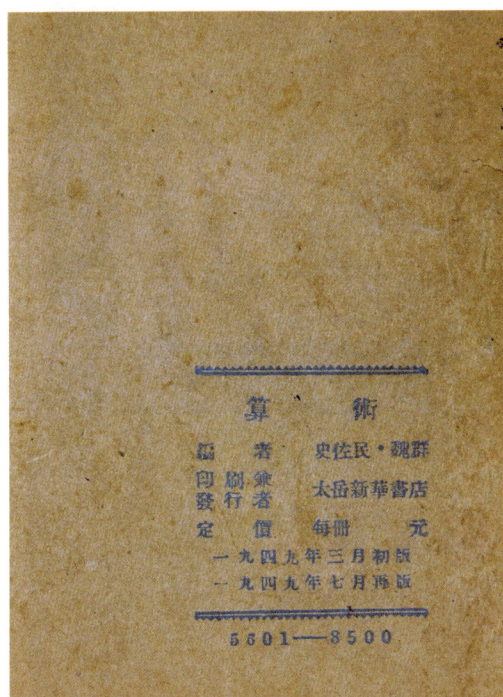

2330

书名：高小历史

著者：晋冀鲁豫边区政府教育厅编审委员会／审定

出版印行：新华书店

出版时间：不详

册数：四

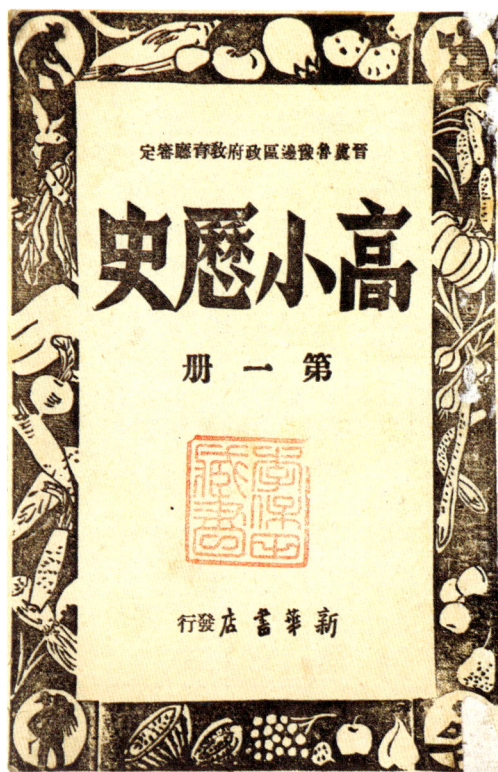

本店承印邊府教育廳新編高

初兩級小學各種課本，卽將陸續

出版。歡迎各行署教育處，專縣

教育科各學校各書店及各文化合

作社，預約訂購，預付墊款，課

本出版後當儘先寄發，並按定價

予以折扣優待，此啓！

華北新華書店啓

高小歷史課本

第一册

定價五十元

審定者　晋冀魯豫邊區政府
　　　　教育廳編審委員會

發行者　華北新華書店

印刷者

總店：　河北　邯鄲

分店：　山西　長治
　　　　河南　焦作
　　　　河北　邢台

台協成印刷廠

书名：初级临时课本（国语常识合编）
著者：晋冀鲁豫边区政府教育厅／审定
出版印行：华北新华书店
出版时间：不详
册数：八

2332　书名：高小国语

著者：晋冀鲁豫边区政府教育厅 / 审定

出版印行：太岳新华书店

出版时间：不详

册数：四

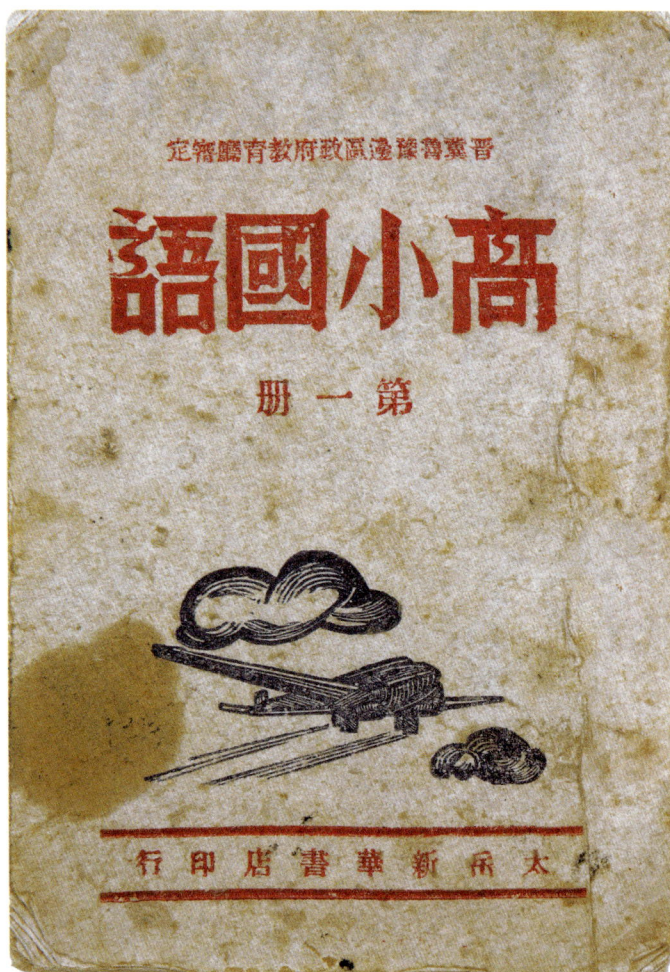

书名：高小社会（临时教材）

著者：晋冀鲁豫边区政府教育厅 / 编著、审定

出版印行：韬奋书店

出版时间：不详

册数：不详

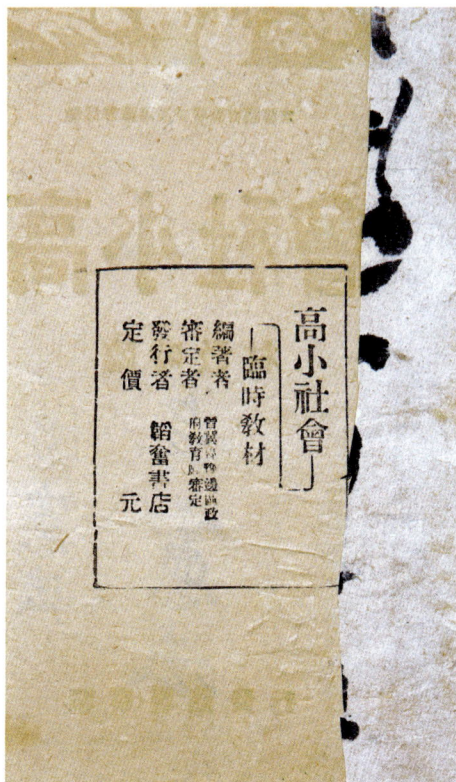

2334 书名：高级国语课本
著者：不详
出版印行：博野县政府翻印
出版时间：不详
册数：不详

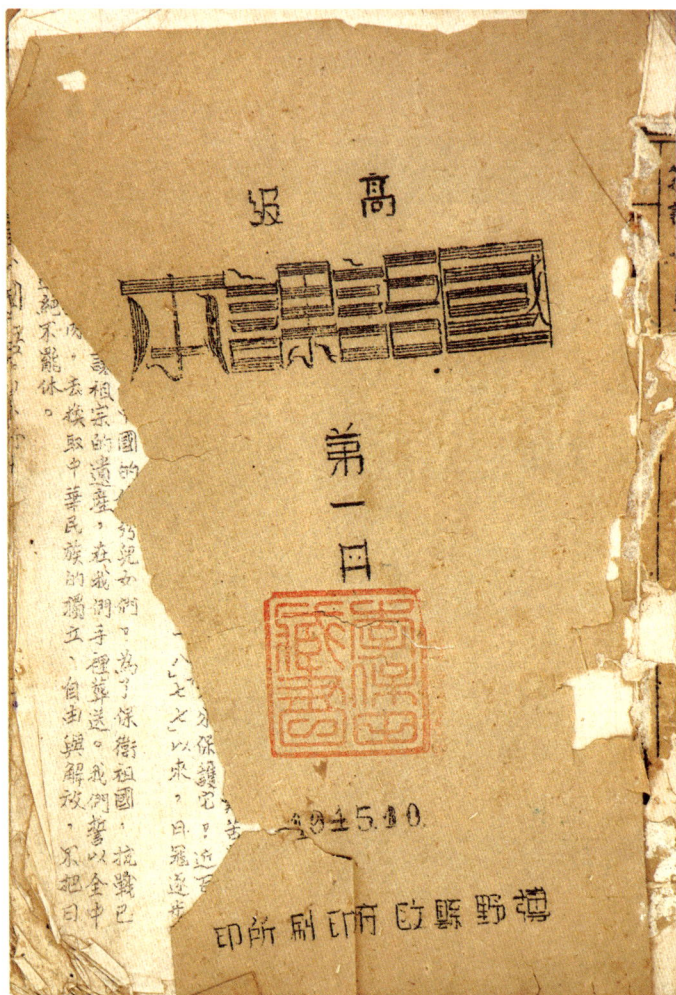

书名：农村应用文
著者：刘大明 / 编著
出版印行：太岳新华书店
出版时间：不详
册数：一

2336 书名：翻身课本
著者：不详
出版印行：太岳新华书店
出版时间：不详
册数：一

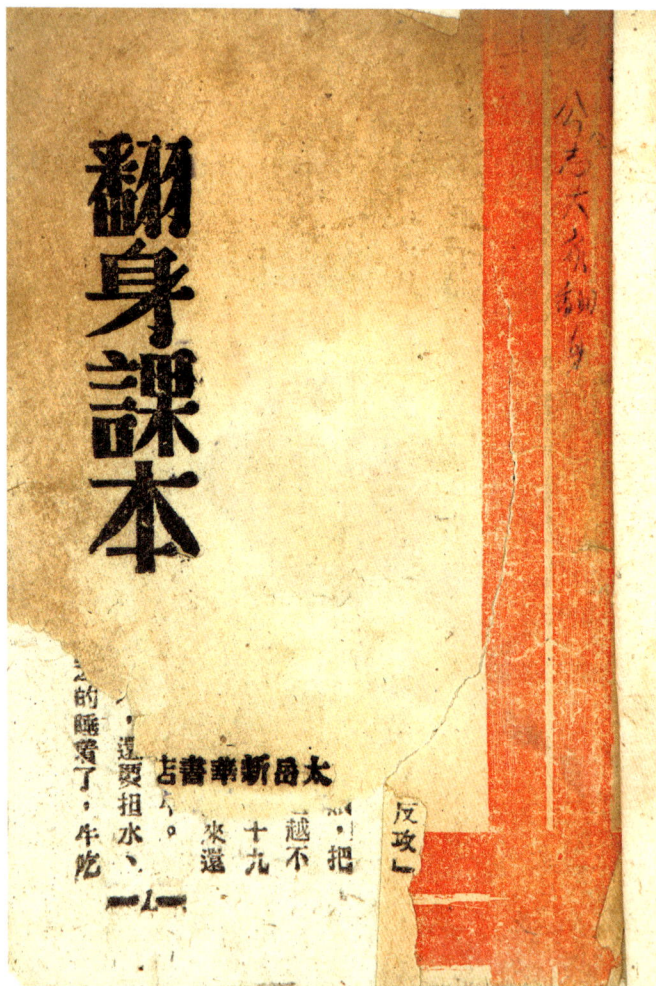

# 4 晋察冀根据地政府编教材

书名：常识课本（初级小学适用）
著者：晋察冀边区行政委员会教育处 / 审定
出版印行：冀中大众书局
出版时间：民国三十四年（1945）初版　民国三十六年（1947）再版
册数：不详

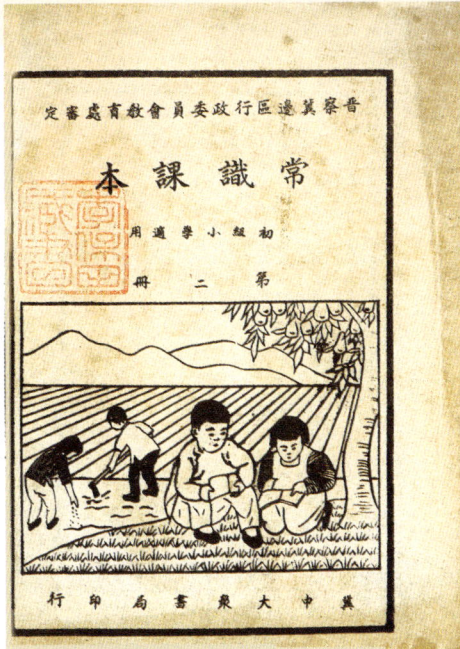

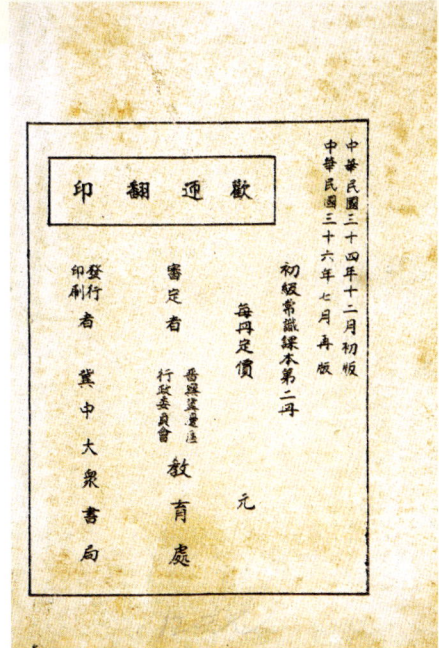

2340

书名：国语课本（初级小学适用）
著者：晋察冀边区行政委员会教育处／审定
出版印行：晋察冀新华书店
出版时间：1948年初版
册数：不详

书名：国语课本（高级小学适用）
著者：李光增、李剑飞、戴树人／编辑
出版印行：晋察冀新华书店
出版时间：民国三十七年（1948）修正再版
册数：不详

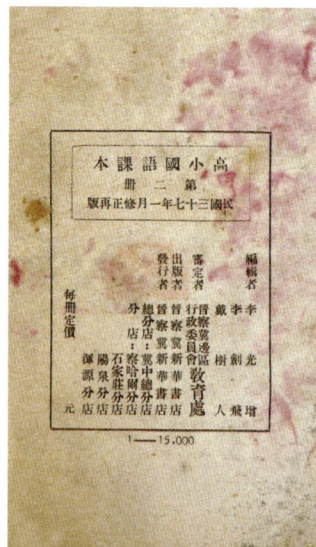

书名：算术课本（初级小学适用）
著者：晋察冀边区行政委员会教育处 / 审定
出版印行：晋察冀新华书店
出版时间：1948年
册数：不详

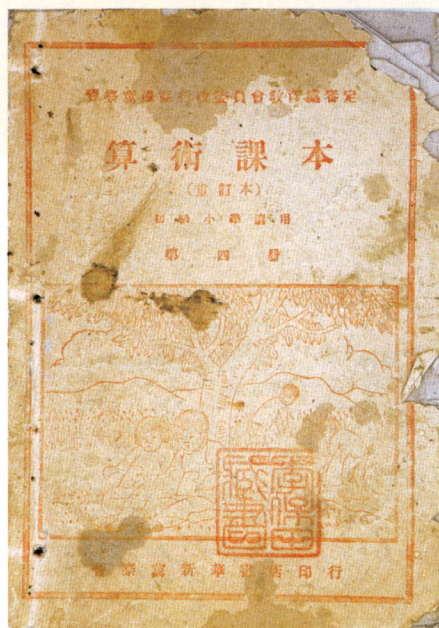
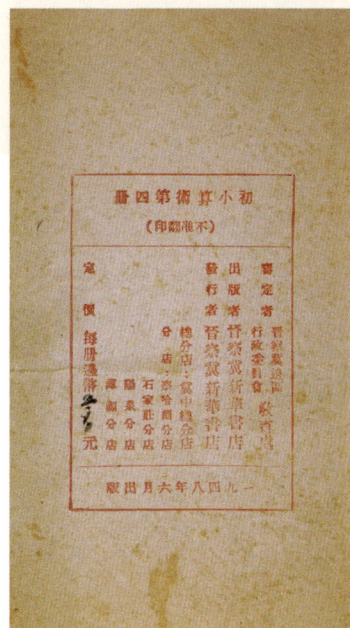

书名：算术课本（高级小学适用）
著者：晋察冀边区行政委员会教育处 / 审定
出版印行：华北新华书店
出版时间：1948年再版
册数：不详

2342

书名：国民政治课本（高级小学适用）

著者：晋察冀边区行政委员会教育处 / 审定

出版印行：华北新华书店

出版时间：1948年再版

册数：四

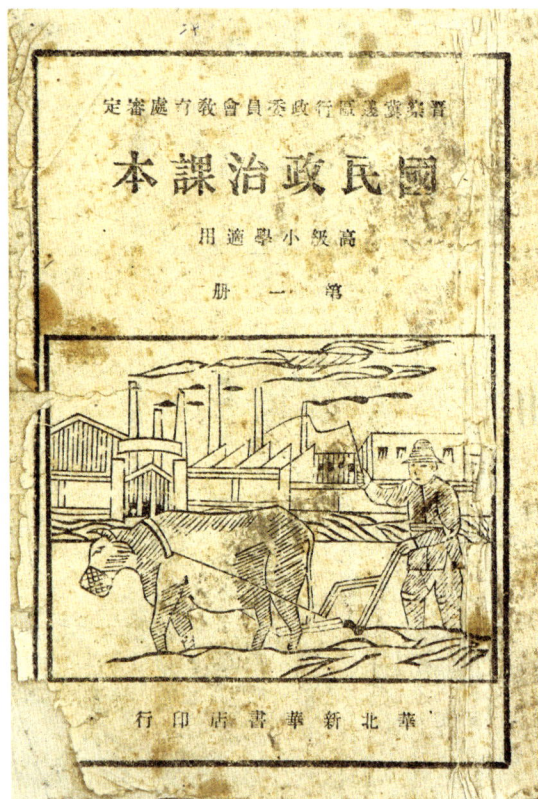

书名：晋察冀边区地理课本（高级小学适用）

著者：晋察冀行政委员会教育处 / 审定

出版印行：华北新华书店

出版时间：1948年再版

册数：四

2343

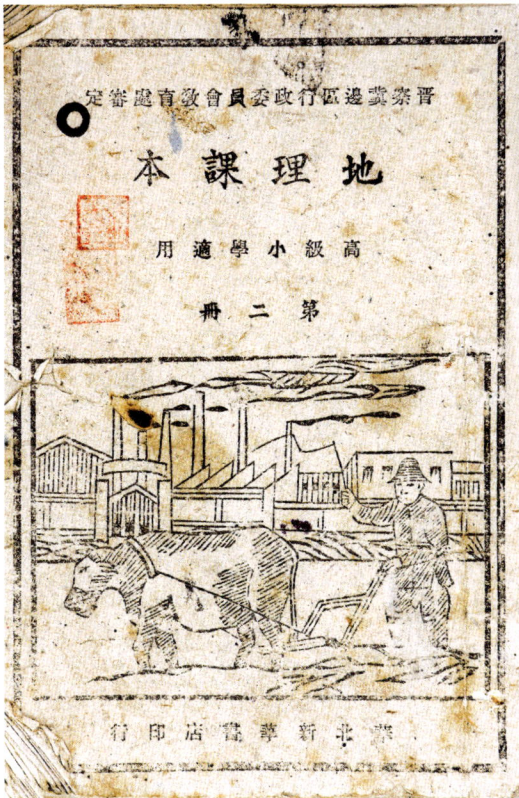

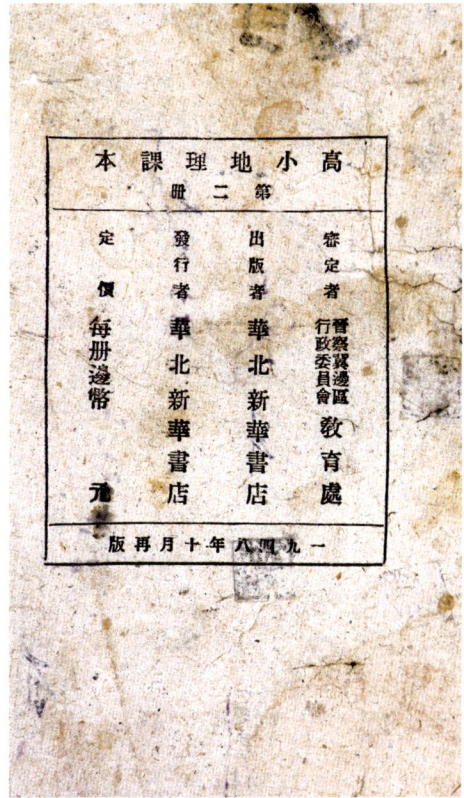

2344　书名：历史课本（高级小学适用）
著者：晋察冀边区行政委员会教育处 / 审定
出版印行：华北新华书店
出版时间：1948再版
册数：四

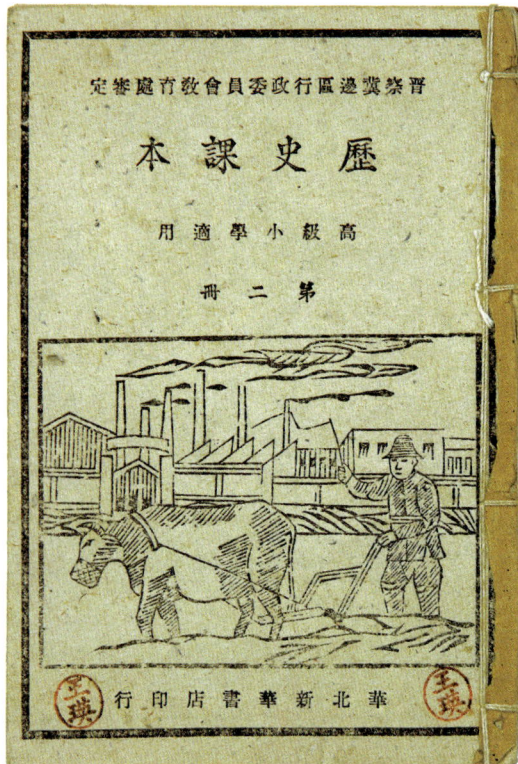

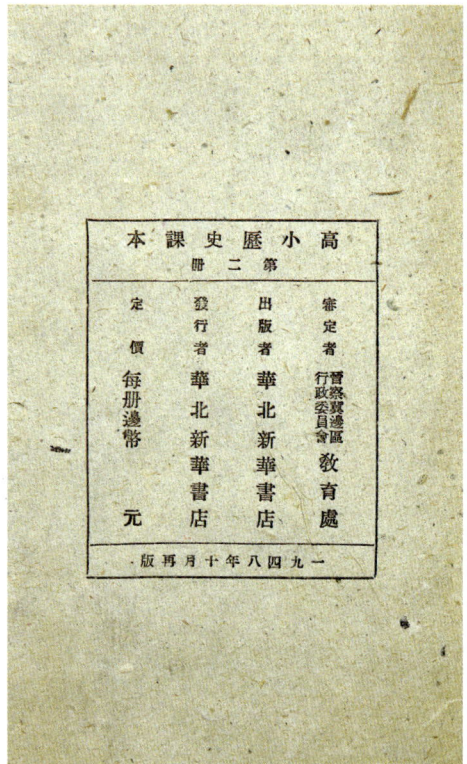

# 5 晋绥根据地政府编教材

书名：国语课本（小学校初级用）
著者：晋绥边区行政公署教育处 / 审定
出版印行：晋绥新华书店
出版时间：民国十七年（1928）初版
册数：不详

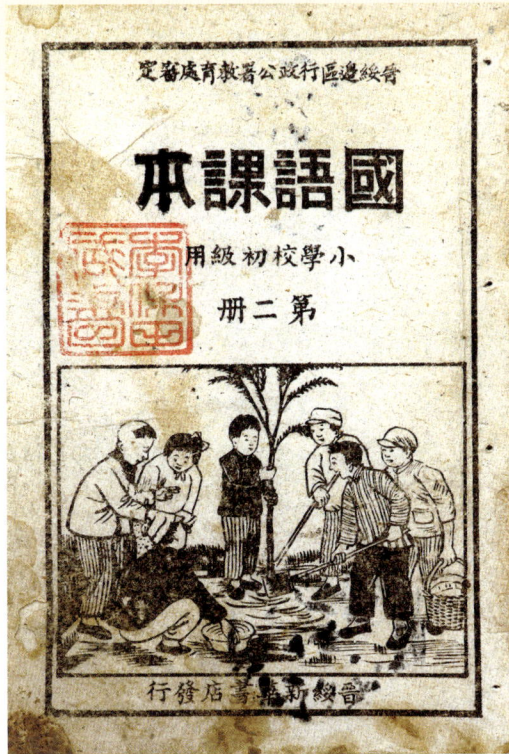

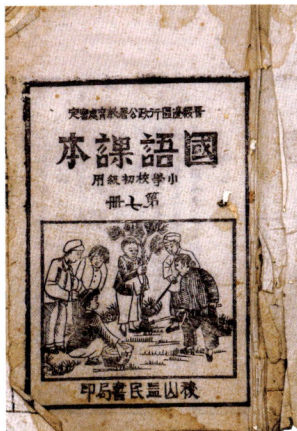

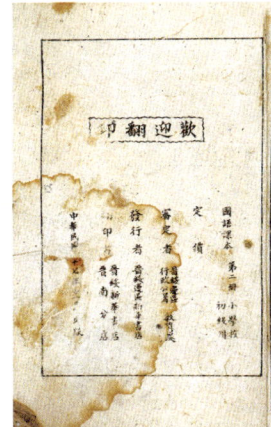

2348 | 书名：绘图农家杂字
著者：不详
出版印行：晋绥新华书店
出版时间：不详
册数：不详

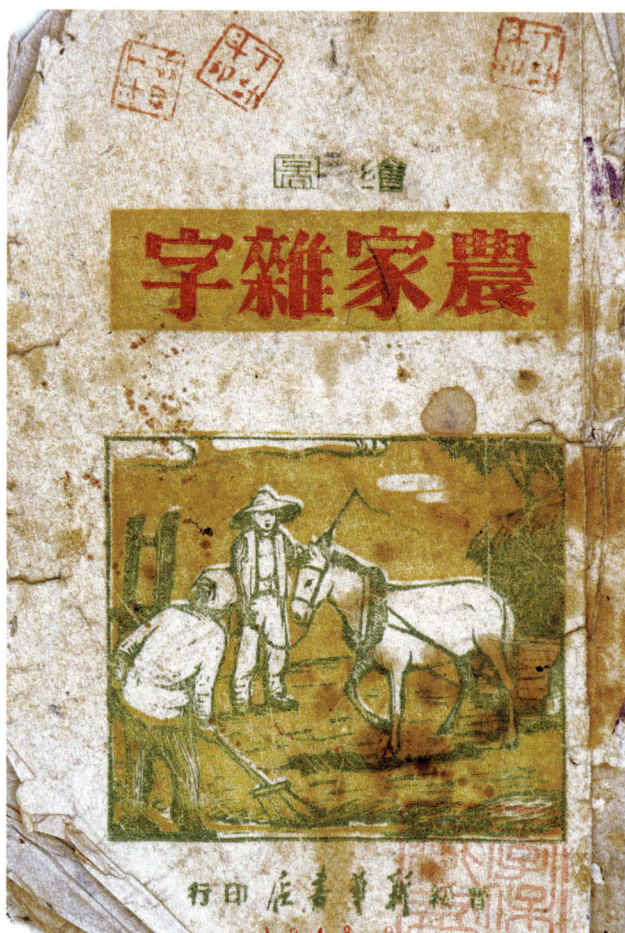

# 6 华北人民政府编教材

书名：国民政治课本（高级小学适用）
著者：张腾霄 / 编　徐特立 / 校阅
出版印行：华北新华书店
出版时间：1948年
册数：四

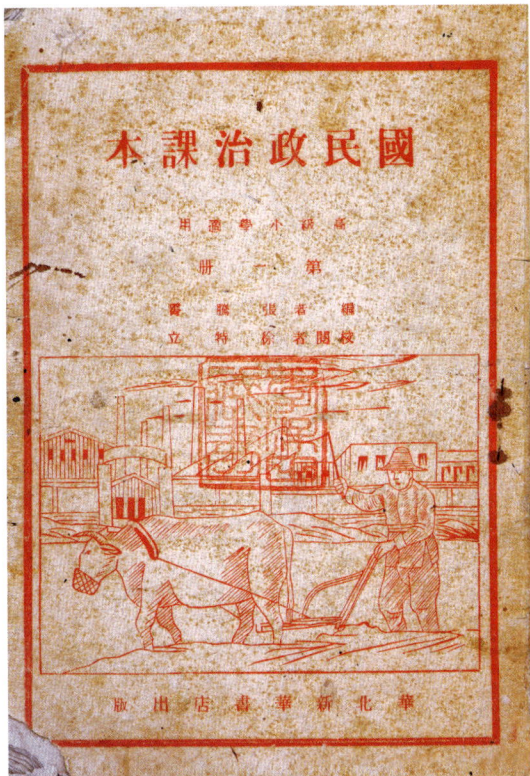

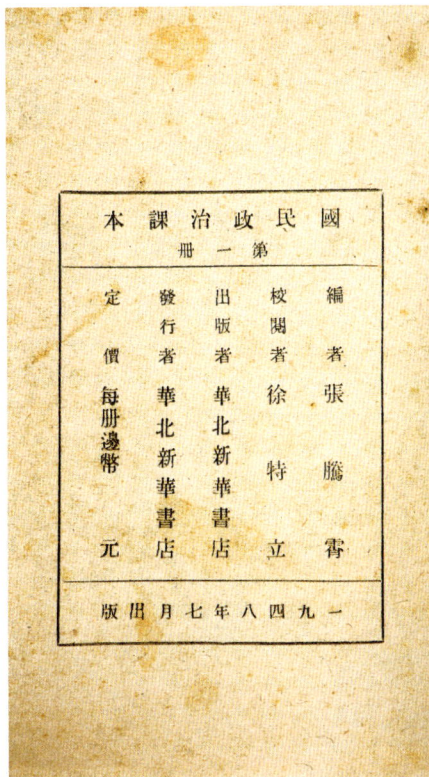

2352    书名：国语课本（初级小学适用）

著者：德颜、刘松涛、黄雁星、项若愚 / 编辑　秦征 / 绘图　华北人民政府教育部 / 审定

出版印行：华北新华书店

出版时间：民国三十七年（1948）

册数：八

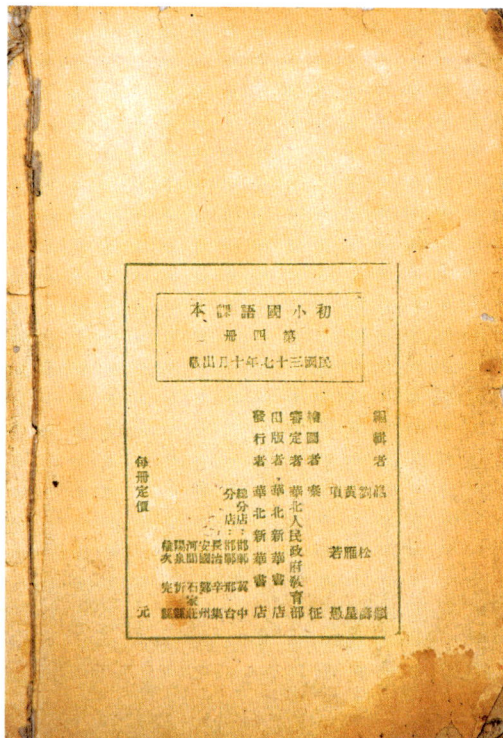

书名：中等国文
著者：王食三、韩书田、李光增、于共三、池鉴 / 编　华北人民政府教育部 / 审定
出版印行：新华书店
出版时间：1949年
册数：不详

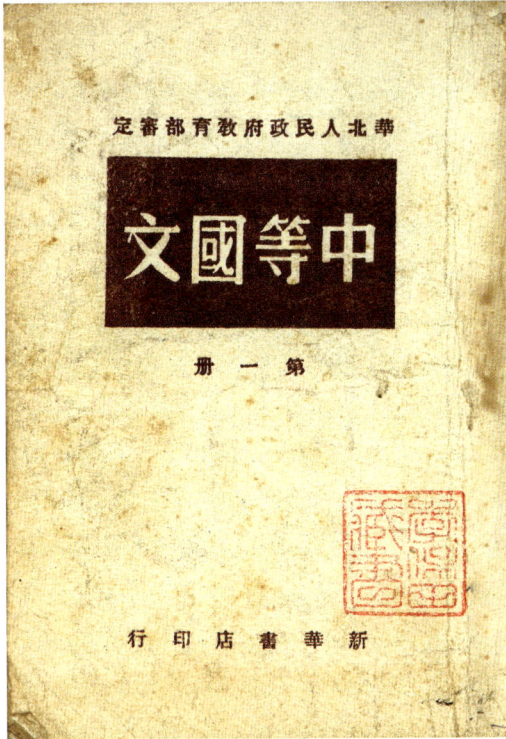

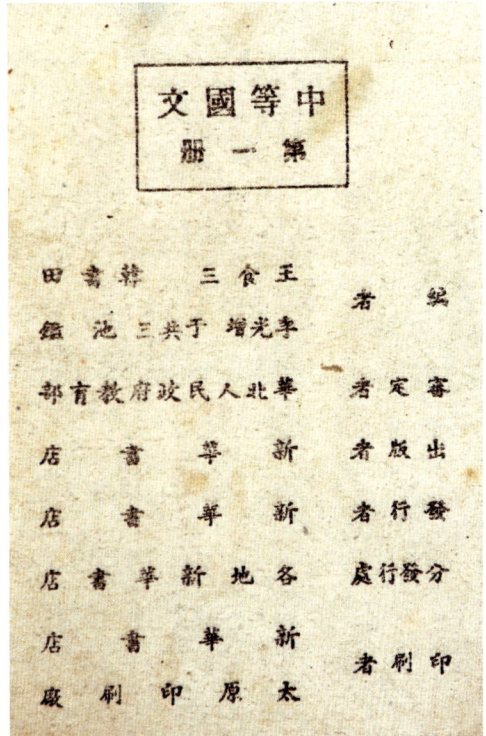

2354

书名：青年修养（初级中学政治课本）

著者：程今吾 / 编著

出版印行：新华书店 / 出版　华北联合出版社 / 印行

出版时间：1949年

册数：一

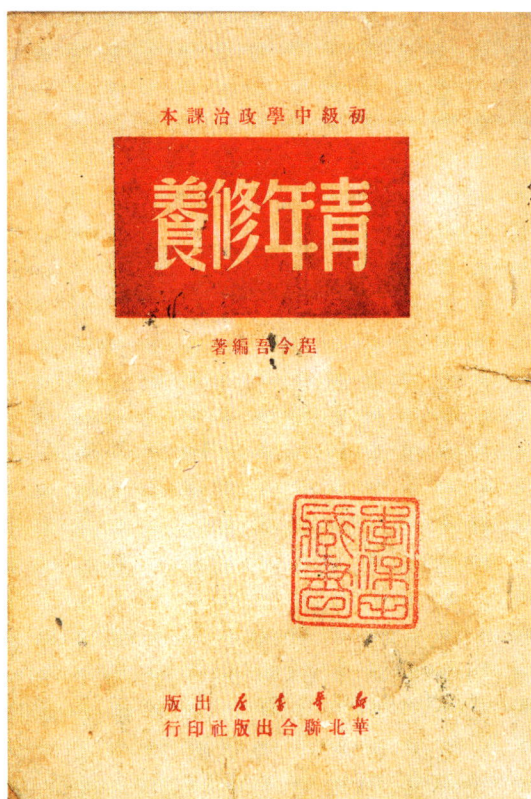

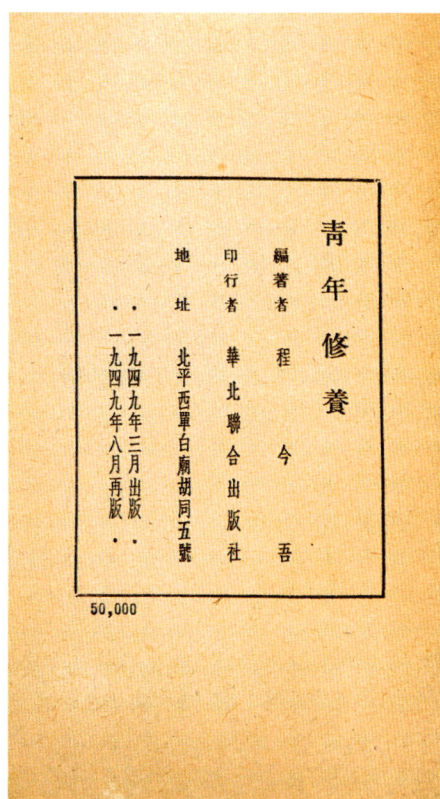

书名：初中化学
著者：华北人民政府教育部 / 审定
出版印行：华北新华书店
出版时间：1949年
册数：一

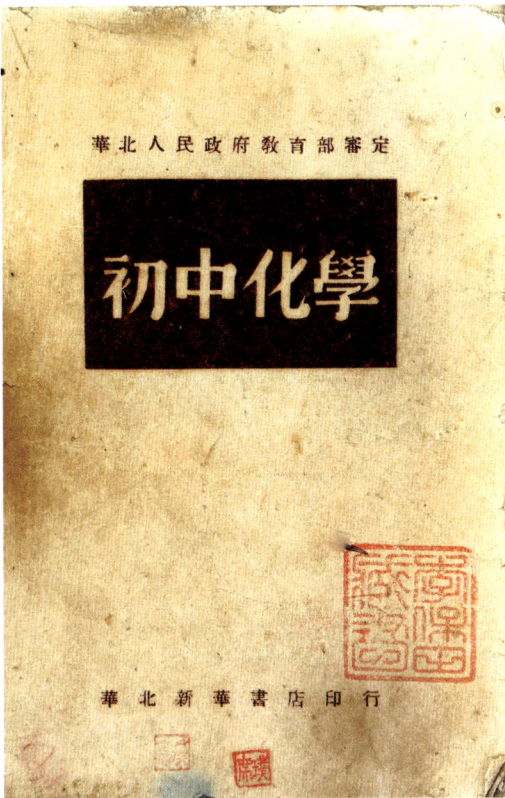

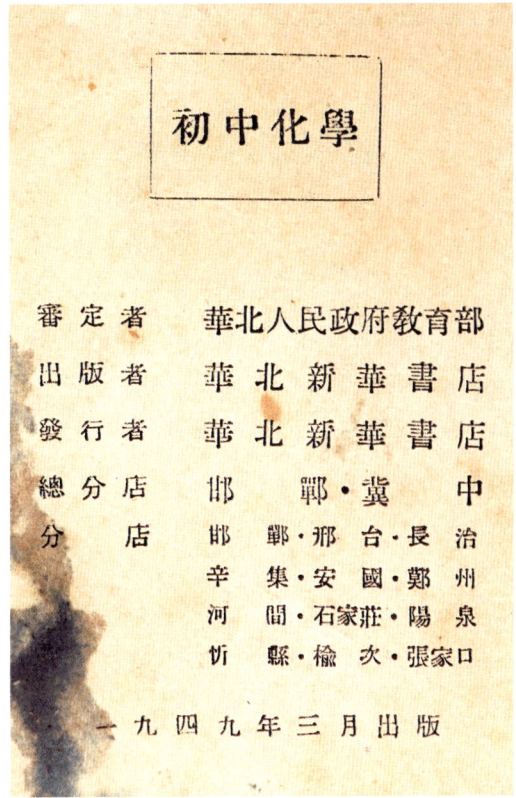

2356

书名：新编高级小学历史课本
著者：华北人民政府教育部教科书编审委员会／修订
出版印行：华北新华书店
出版时间：1949年
册数：不详

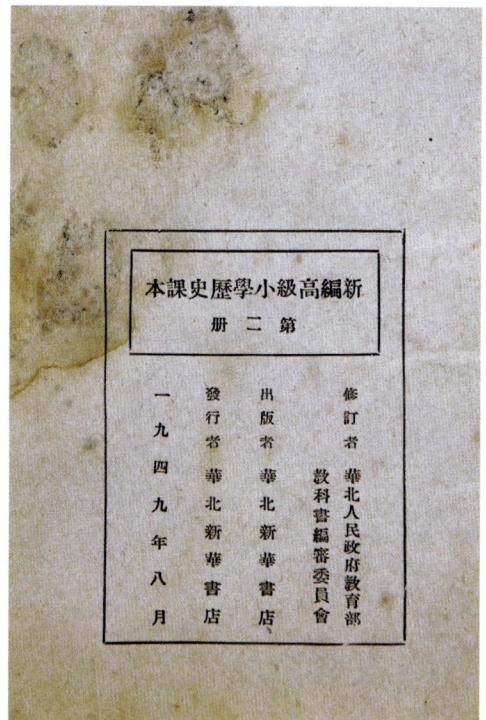

书名：新编高级小学地理课本
著者：德颓、黄雁星、刘松涛、项若愚 / 原编　华北人民政府教育部教科书编审委员会 / 修订
出版印行：华北新华书店
出版时间：1949年
册数：不详

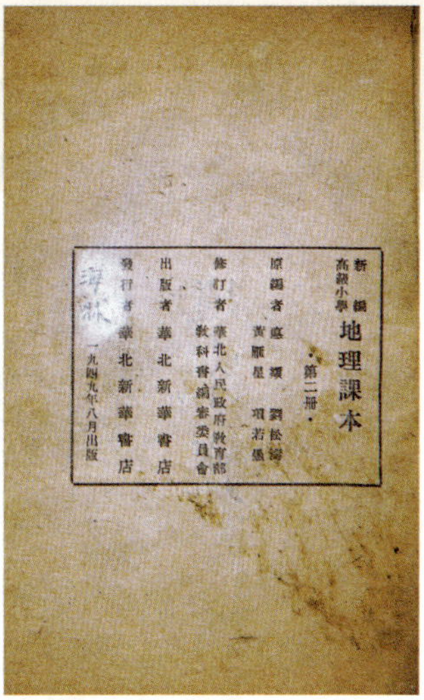

书名：初级中学世界地理课本
著者：陈光祖、蔡迪 / 编著
出版印行：新华书店 / 出版　华北联合出版社 / 印行
出版时间：1949年初版
册数：不详

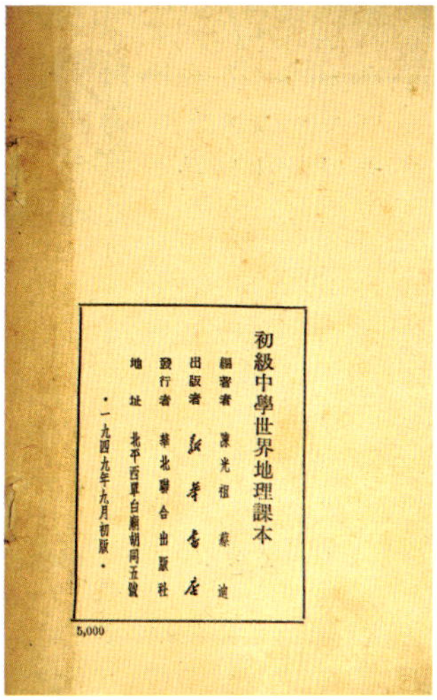

2358 　书名：初中国文

著者：王食三、韩书田、李增光、于共三、池鉴 / 编

出版印行：新华书店 / 出版　华北联合出版社 / 印行

出版时间：1949年再版

册数：不详

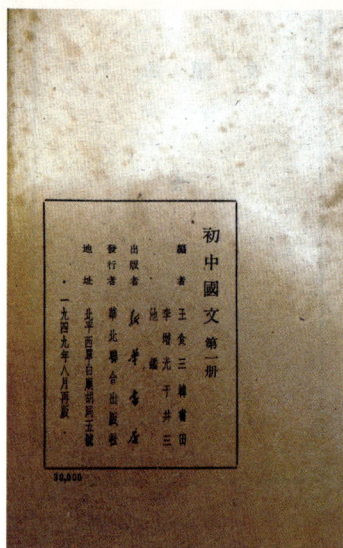

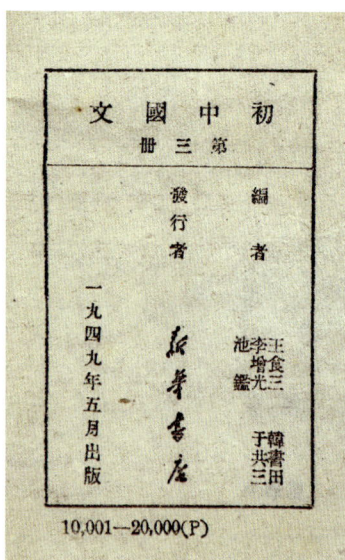

书名：初级国文课本
著者：人民解放军华北军区政治部 / 编
出版印行：人民解放军华北军区政治部
出版时间：1949年
册数：不详

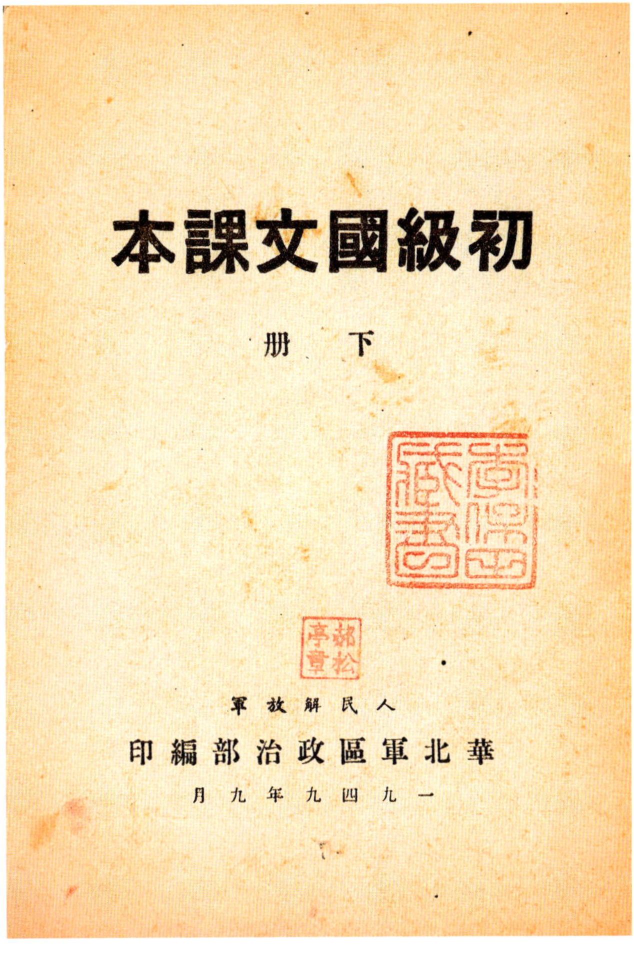

2359

# 初級國文課本

## 下　册

人民解放軍

華北軍區政治部編印

一九四九年九月

2360

书名：新编高级小学国语课本

著者：德颇、刘松涛、黄雁星 / 原编　华北人民政府教育部教科书编审委员会 / 修订　彦涵 / 绘图

出版印行：新华书店

出版时间：1949年初版

册数：四

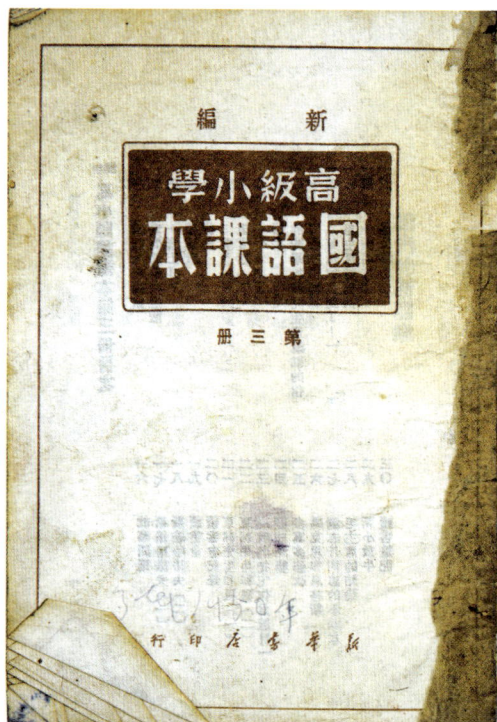

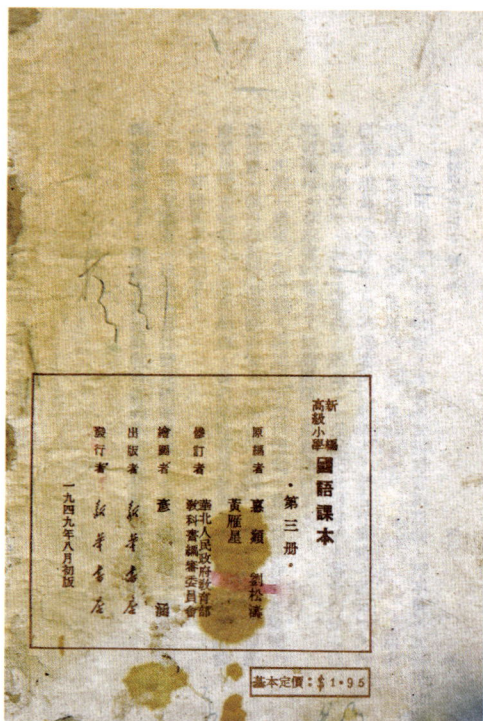

书名：算术课本（初级小学适用）
著者：德颀、刘松涛、黄雁星、项若愚／编辑
出版印行：新华书店／出版　华北联合出版社／印行
出版时间：1949年第22版
册数：八

2362　　书名：算术课本（高级小学适用）
　　　　著者：德颙、刘松涛、黄雁星、项若愚 / 编　　华北人民政府教育部 / 审定
　　　　出版印行：华北新华书店
　　　　出版时间：民国三十八年（1949）初版
　　　　册数：不详

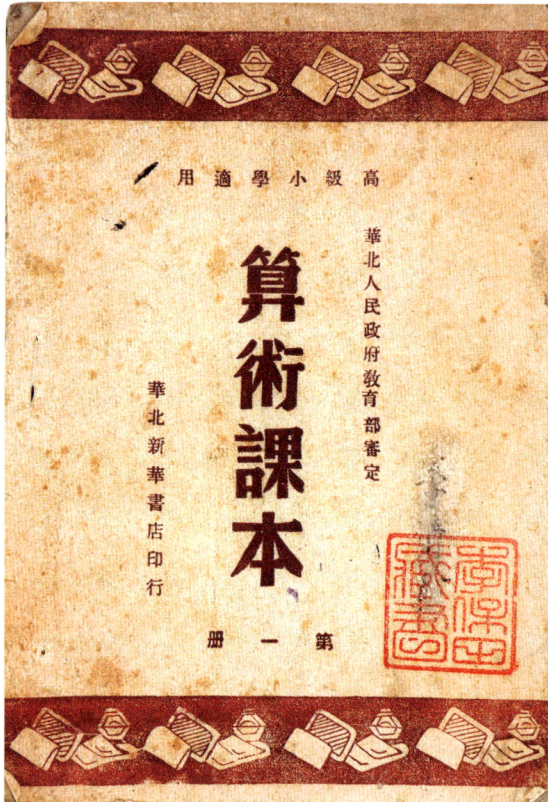

高級小學適用

算術課本

華北人民政府教育部審定

華北新華書店印行

第　一　册

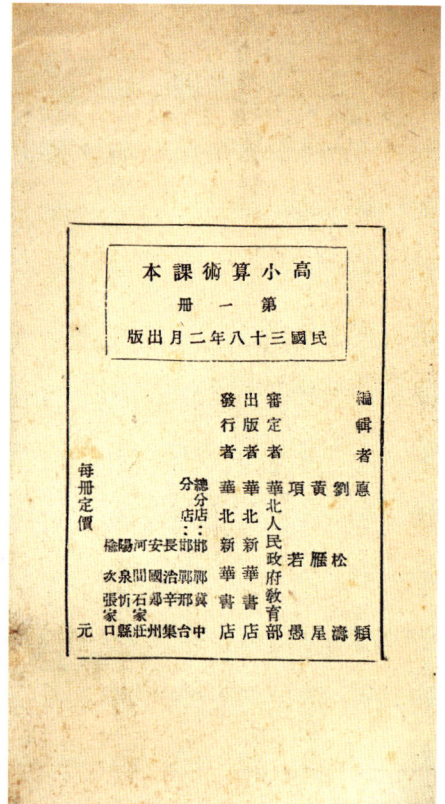

高小算術課本
第　一　册
民國三十八年二月出版

編輯者　劉德顙　黄雁星　項若愚

審定者　華北人民政府教育部

出版者　華北新華書店

發行者　華北新華書店

分店：邯鄲　邢臺　石家莊　忻縣　長治　安陽　河間　泉陽　口集正

德分店：邯鄲　邢臺　冀州　辛集　石家　張家口　邢臺　忻縣　長治　安陽　河間　泉陽

每册定價　元

书名：初中博物学
著者：华北人民政府教育部 / 审定
出版印行：华北新华书店
出版时间：1949年
册数：不详

2363

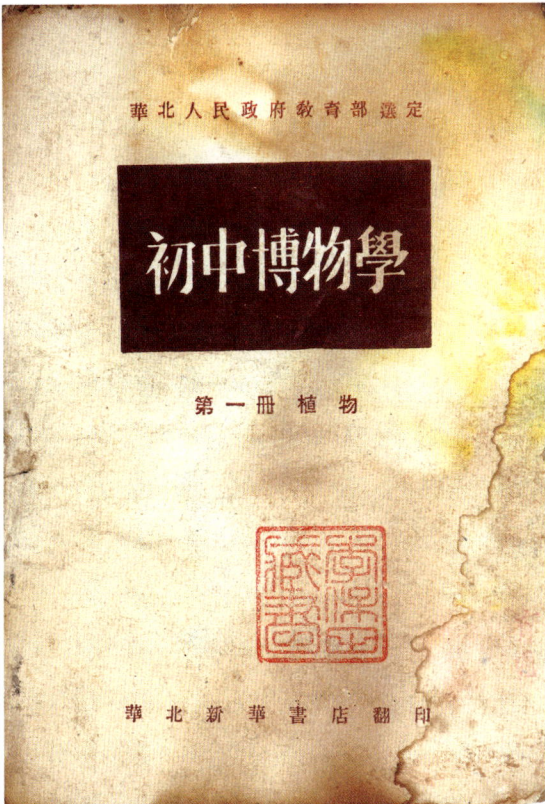

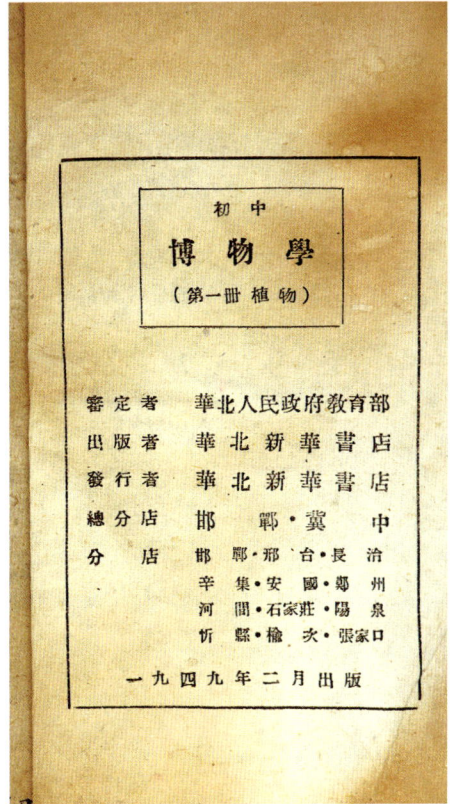

華北人民政府教育部選定

初中博物學

第一冊植物

華北新華書店翻印

初中
博物學
（第一冊植物）

審定者　華北人民政府教育部
出版者　華北新華書店
發行者　華北新華書店
總分店　邯鄲·冀中
分店　邯鄲·邢台·長治
　　　　辛集·安國·鄭州
　　　　河間·石家莊·陽泉
　　　　忻縣·榆次·張家口

一九四九年二月出版

2364 　书名：初中物理学

著者：华北人民政府教育部 / 审定

出版印行：华北新华书店

出版时间：1949年

册数：不详

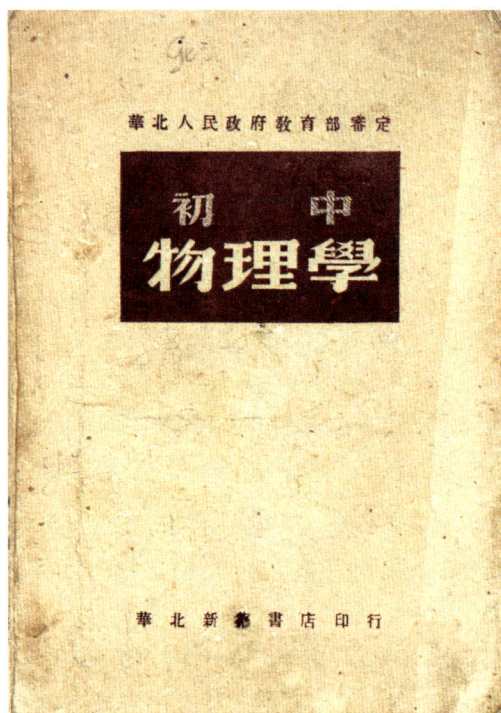

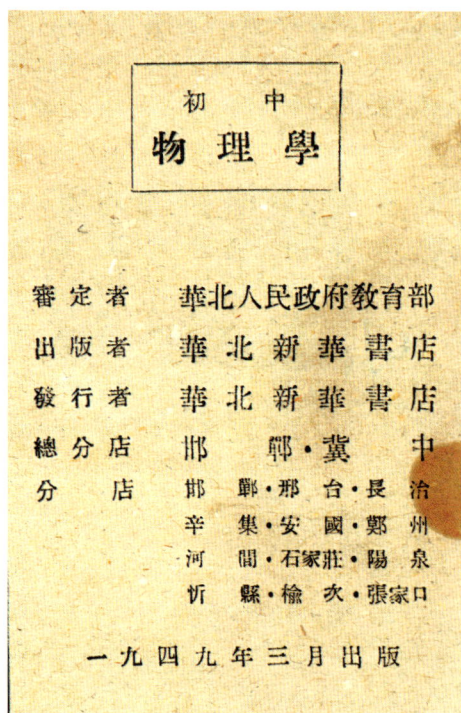

书名：中国历史课本（初级中学用）

著者：叶蠖生 / 编著

出版印行：华北新华书店

出版时间：1949年

册数：不详

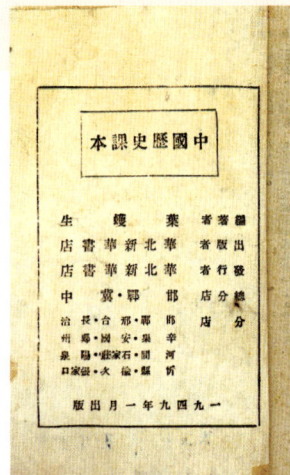

书名：简明中国通史（高级中学用）

著者：吕振羽 / 著

出版印行：华北新华书店

出版时间：不详

册数：不详

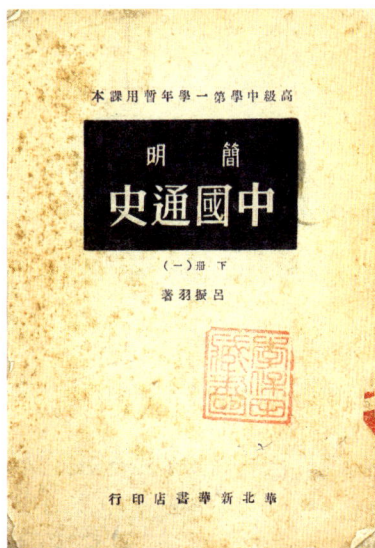

2366

书名：简明看护学

著者：不详

出版印行：华北新华书店保定分店

出版时间：不详

册数：不详

书名：自然课本（高级小学适用）
著者：华北人民政府教育部 / 审定
出版印行：新华书店
出版时间：不详
册数：不详

2367

高级小学适用

自然課本

華北人民政府教育部審定

新華書店印行

第 二 册

2368

书名：高级小学国语课本（高级小学适用）

著者：刘松涛、项若愚、德颇、黄雁星 / 编　秦征 / 绘　华北人民政府教育部 / 审定

出版印行：华北联合出版社 / 印行　贵州联合出版社 / 翻印

出版时间：不详

册数：不详

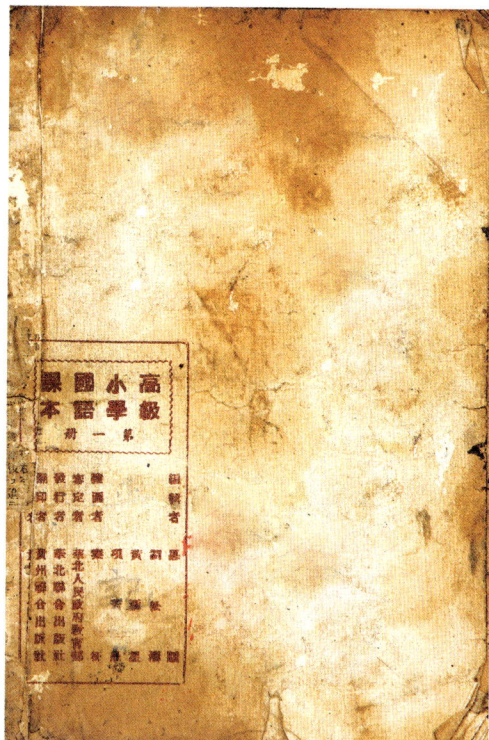

书名：高小国语课本（高级小学适用）
著者：德颁、刘松涛、黄雁星 / 编辑　华北人民政府教育部 / 审定
出版印行：华北新华书店
出版时间：民国三十八年（1949）
册数：不详

# 7 山东根据地政府编教材

①山东省政府编教材

②山东省属各地方编教材

书名：国语读本

著者：山东省教育厅 / 编　刘钦斋 / 校订

出版印行：渤海新华书店

出版时间：民国三十五年（1946）初版

册数：不详

山東省教育廳審編

國語讀本

第三冊

初級第一學年第三學期用

渤海新華書店印

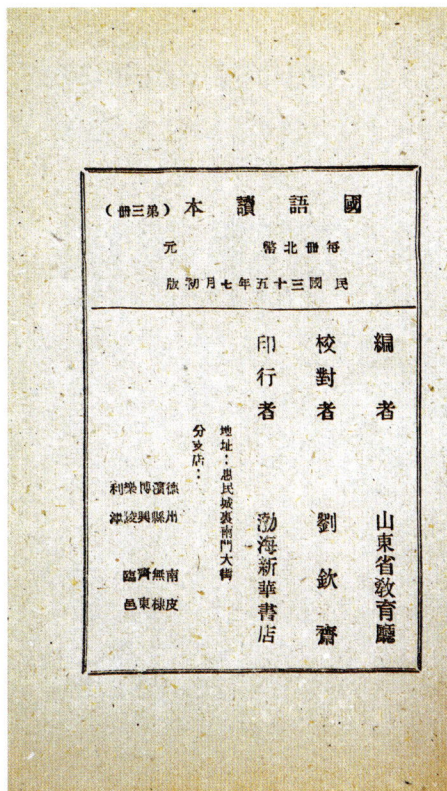

國語讀本（第三冊）

每冊北幣　元

民國三十五年七月初版

編　者　山東省敎育廳

校對者　劉欽齋

印行者　渤海新華書店

地址：惠民城裏南門大街

分支店：

德博讀樂利

州縣興陵沁

南無齊臨

度祿東邑

2374 书名：高级小学地理课本
著者：山东省政府教育厅 / 审定
出版印行：胶东新华书店
出版时间：1947年初版
册数：四

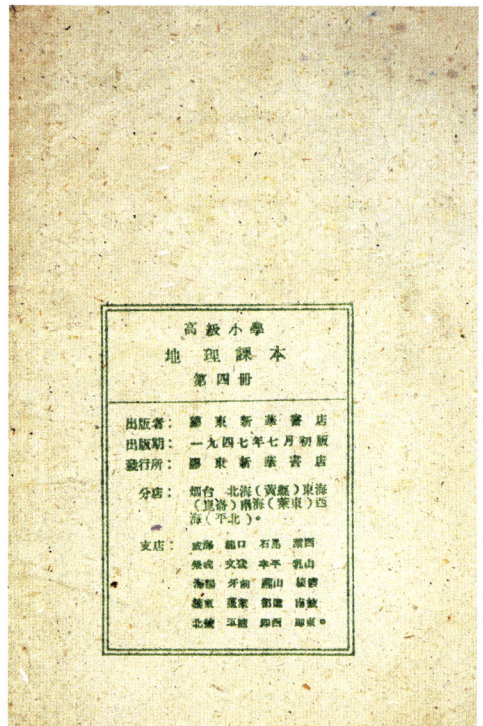

书名：政治常识（高级小学暂用课本）

著者：山东省教育厅编审室／编审

出版印行：华东新华书店

出版时间：1949年初版

册数：不详

2375

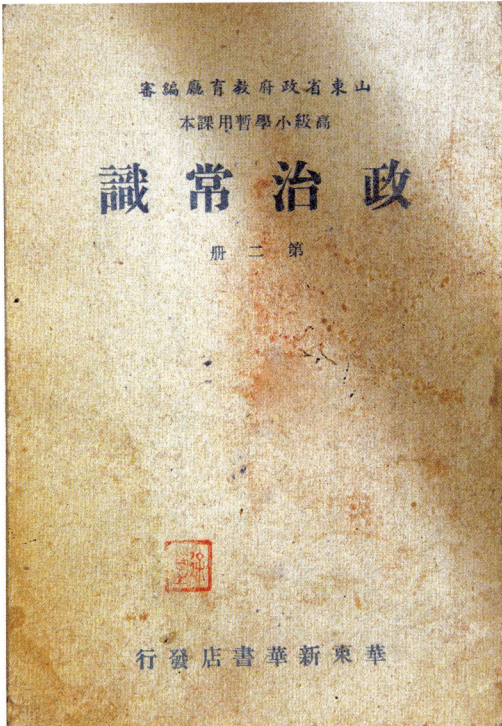

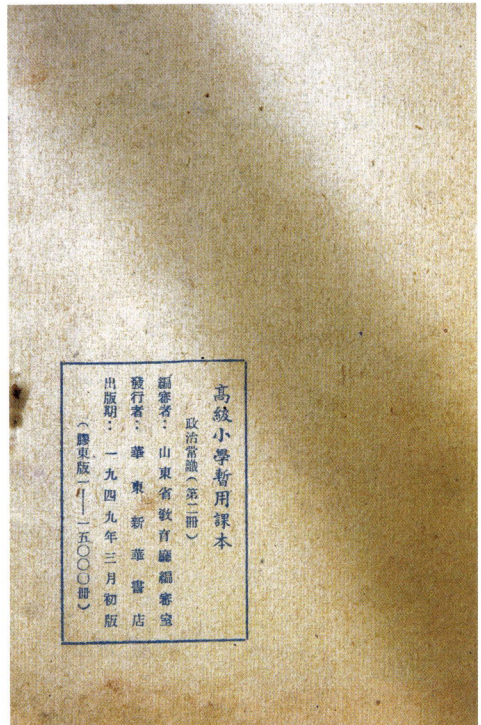

2376

书名：初级小学常识课本
著者：山东省政府教育厅 / 审定
出版印行：山东新华书店
出版时间：1949年初版
册数：不详

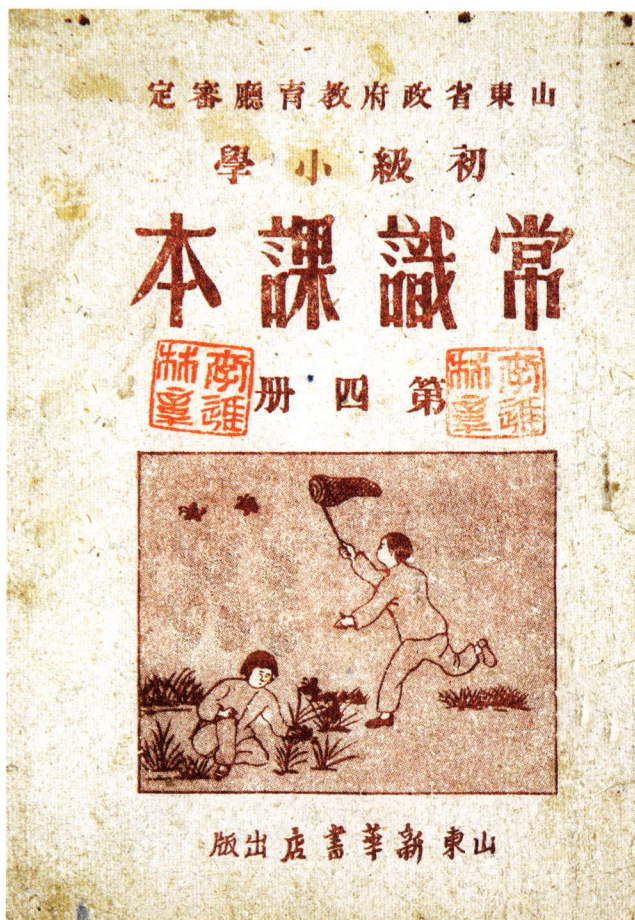

书名：小学课本常识

著者：山东省教育厅编审室／编审

出版印行：华东新华书店

出版时间：1949年再版

册数：不详

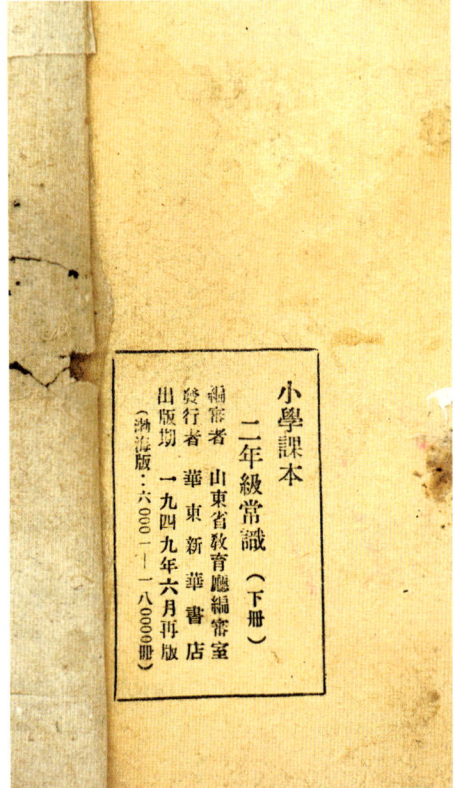

2378

书名：小学课本地理

著者：山东省教育厅编审室 / 编审

出版印行：华东新华书店

出版时间：1949年初版

册数：不详

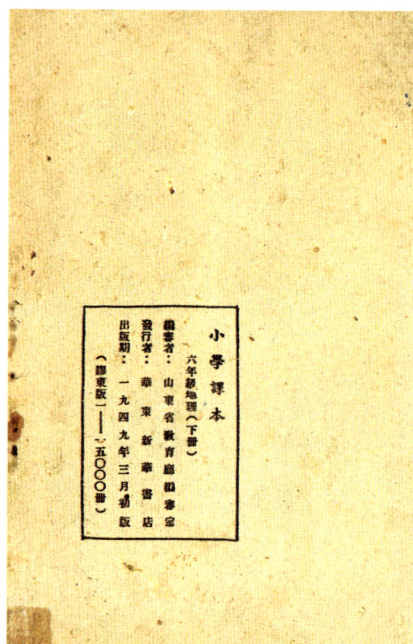

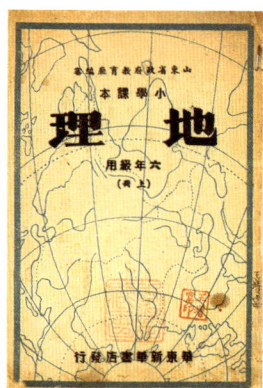

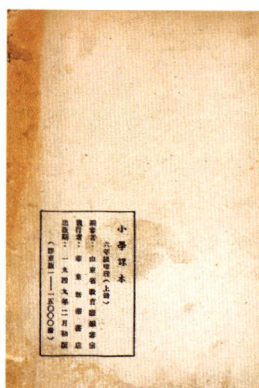

书名：国语文选（中学课本及青年自学读物）
著者：于敏、李光家、于贡三、马启明、王食三 / 编
出版印行：山东新华书店
出版时间：1949年3版
册数：不详

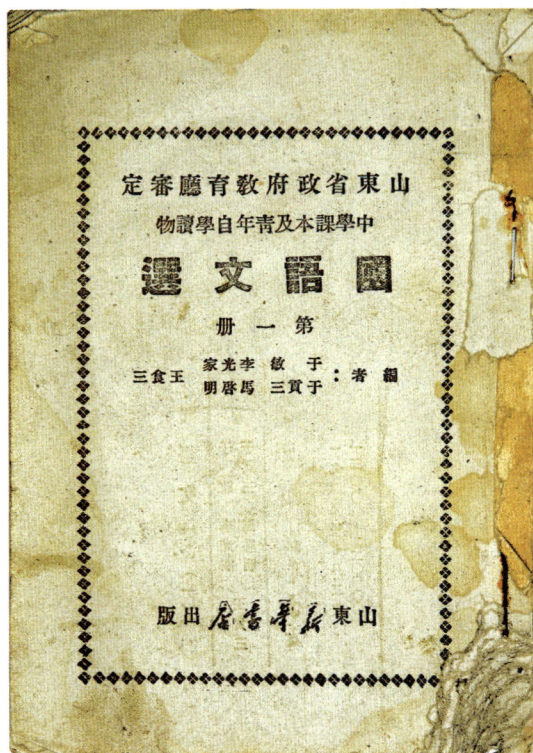

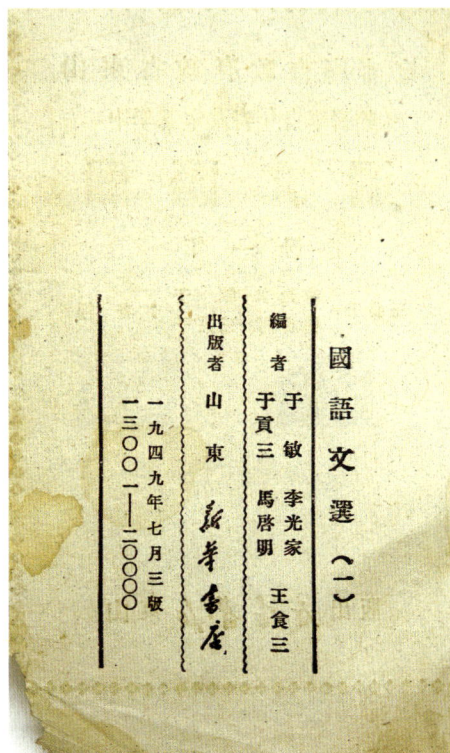

书名：小学课本国语
著者：山东省教育厅编审室 / 编审
出版印行：华东新华书店
出版时间：1949年初版
册数：不详

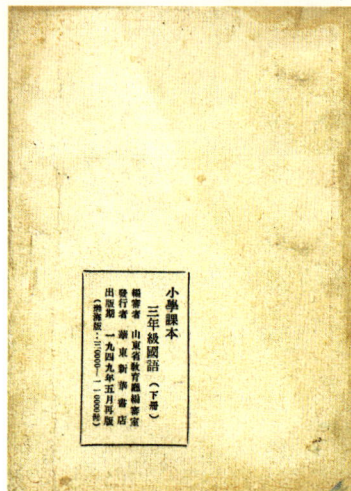
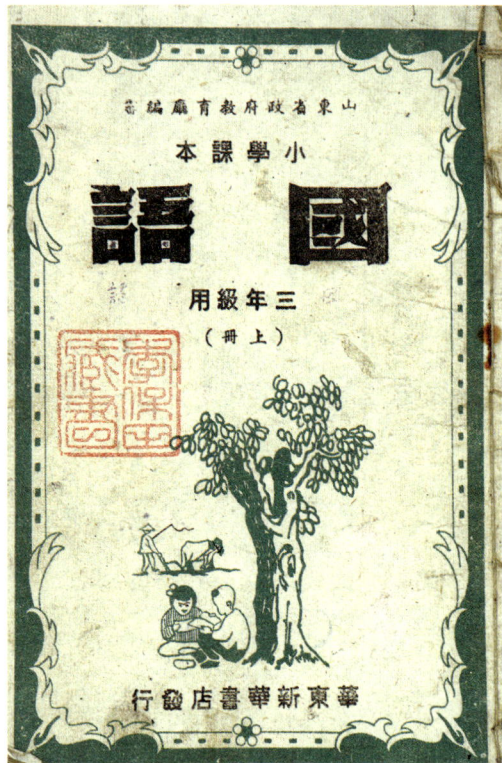
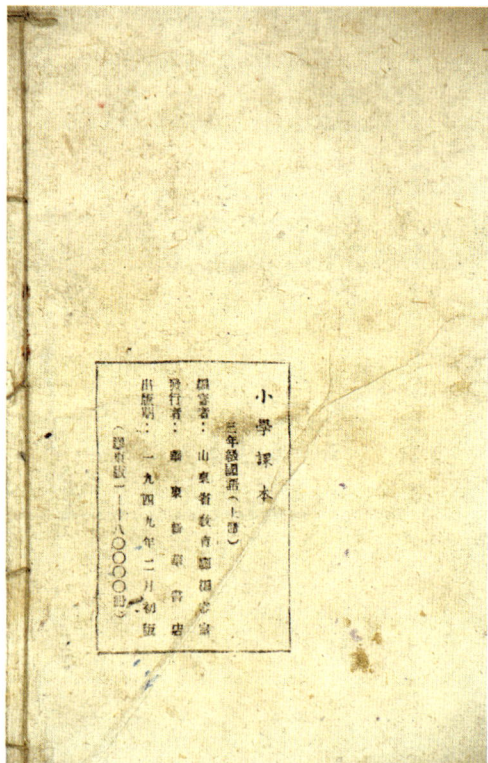

书名：小学课本历史

著者：山东省教育厅编审室／编审

出版印行：华东新华书店

出版时间：1949年初版

册数：不详

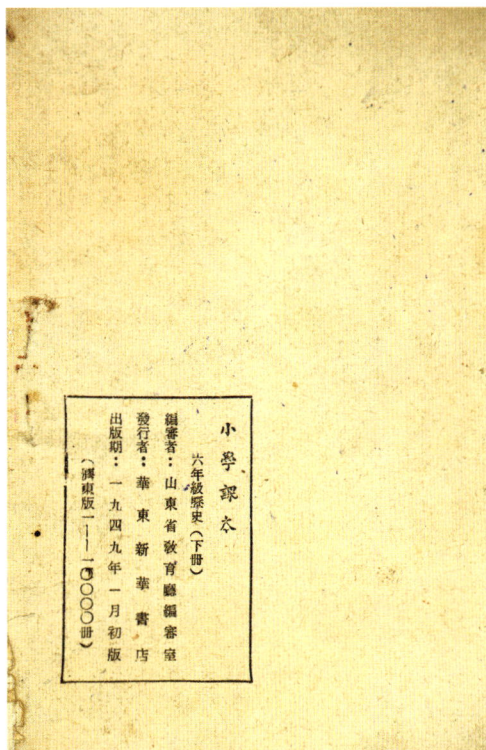

2382　书名：小学课本算术
　　　著者：山东省教育厅编审室 / 编审
　　　出版印行：华东新华书店
　　　出版时间：1949年再版
　　　册数：不详

山東省政府教育廳編審

小學課本

# 算術

三年級用

（下册）

計算袋

計算袋

華東新華書店發行

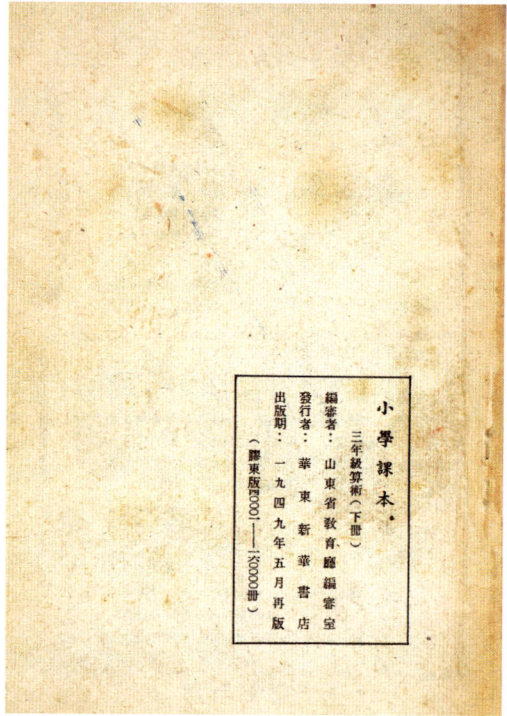

小學課本·

三年級算術（下册）

編審者：山東省教育廳編審室

發行者：華東新華書店

出版期：一九四九年五月再版

〈膠東版〔000一——130000册〉

书名：政治经济学（高级中学用）

著者：薛暮桥 / 著

出版印行：山东新华书店

出版时间：1949年重排3版

册数：一

2383

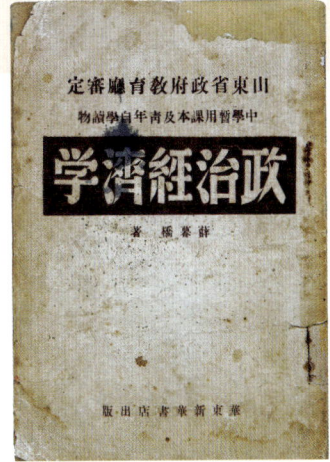

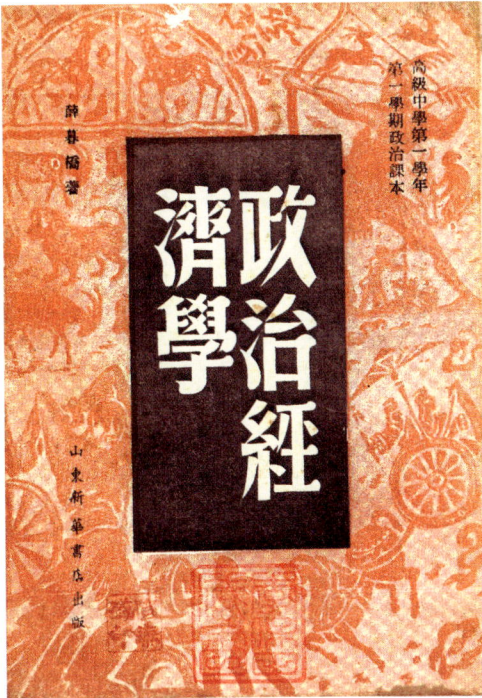

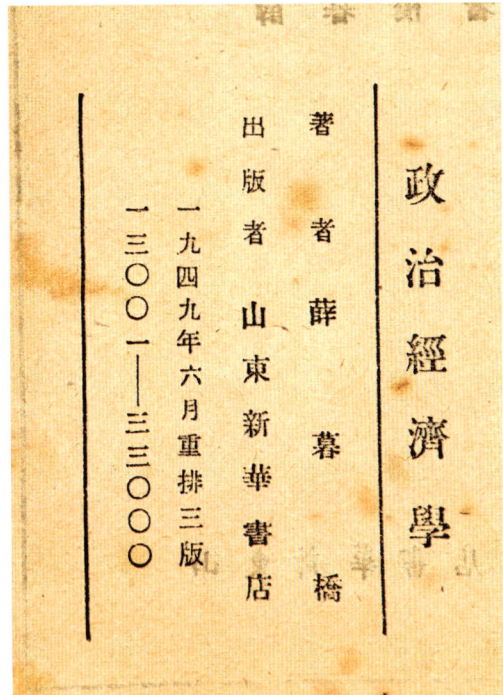

2384

书名：小学课本自然

著者：山东省教育厅编审室 / 编审

出版印行：华东新华书店

出版时间：1949年再版

册数：不详

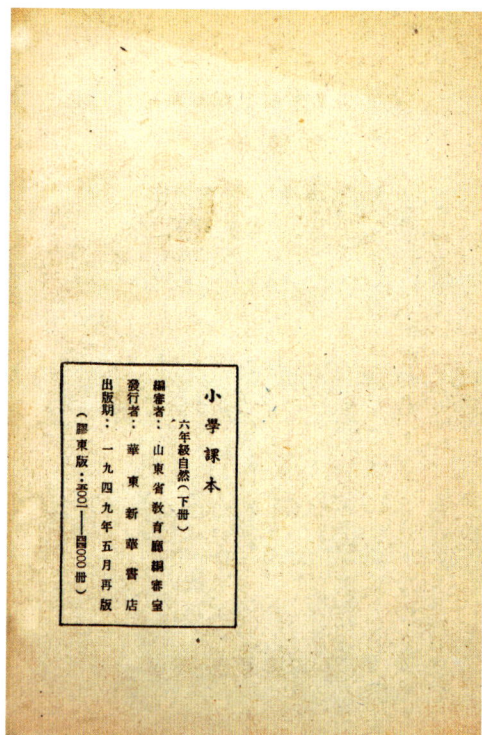

书名：实用物理（中学暂用课本及青年自学读物）

著者：江云清 / 编著　顾璞 / 插图

出版印行：华东新华书店

出版时间：民国三十八年（1949）初版

册数：不详

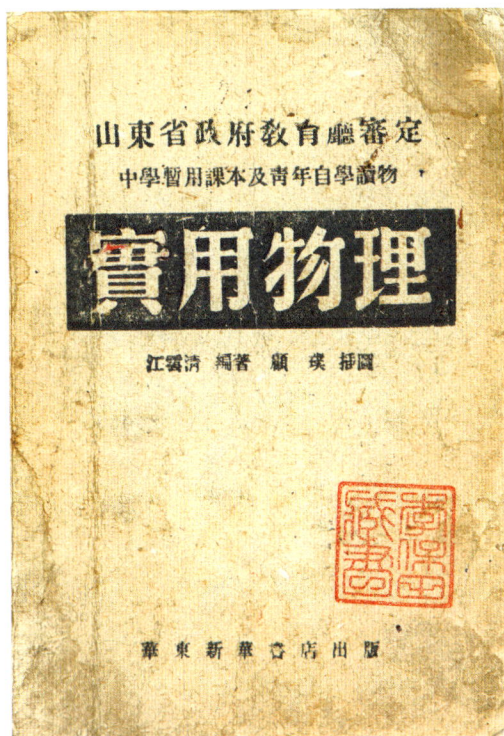

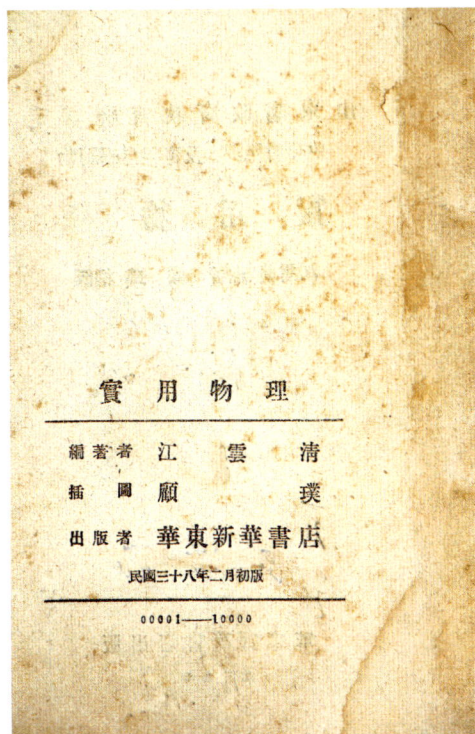

2386　書名：辩证唯物论与历史唯物论基本问题
　　　　著者：博古 / 编译
　　　　出版印行：山东新华书店
　　　　出版时间：1949年再版
　　　　册数：不详

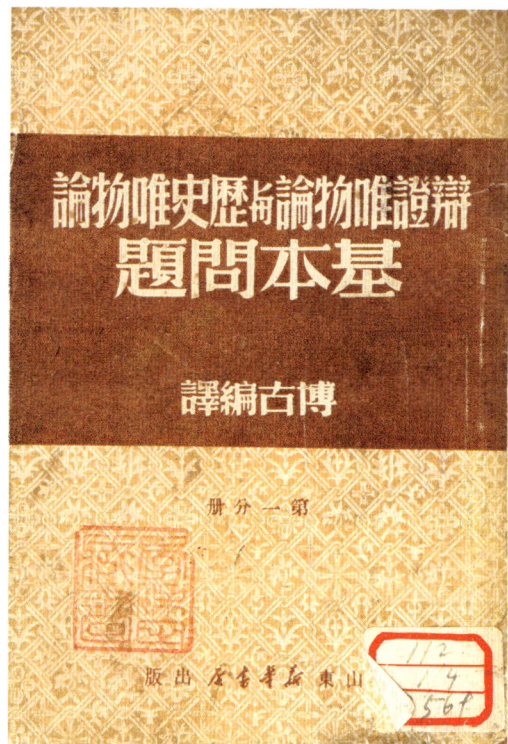

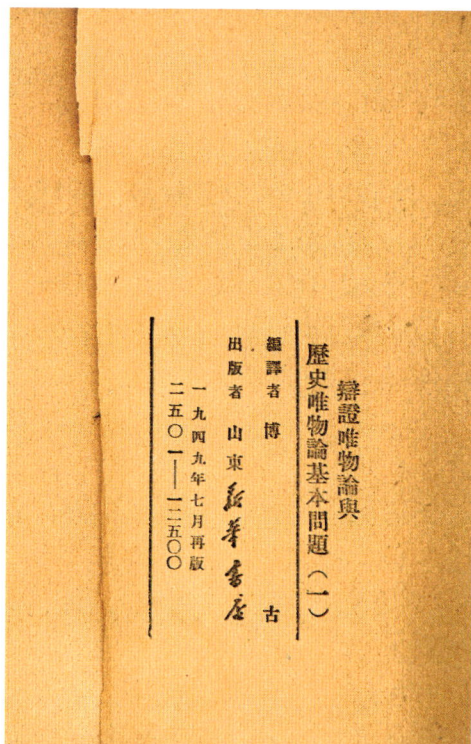

书名：国语读本
著者：山东省教育厅 / 审定
出版印行：渤海四分区大众石印局
出版时间：不详
册数：不详

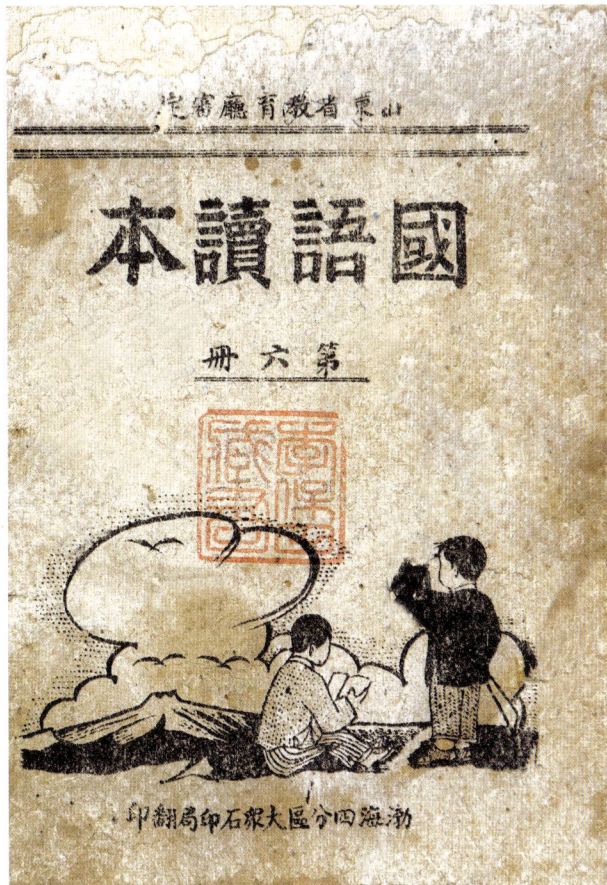

书名：国防常识课本（初级；小学校冬季用）

著者：胶东国防教材编辑委员会／编辑

出版印行：东海印刷社

出版时间：民国三十二年（1943）

册数：不详

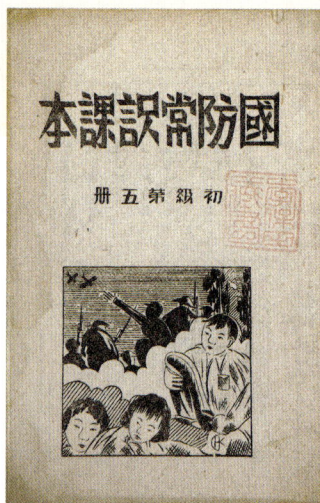

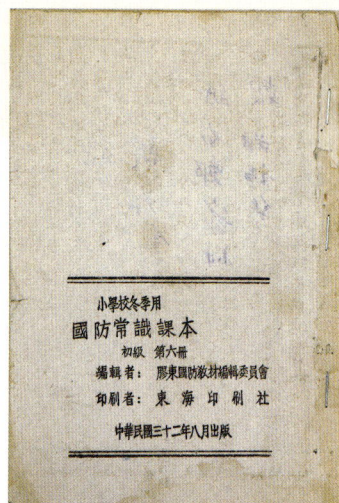

书名：国防常识课本（中级修正本）

著者：胶东国防教材编辑委员会／编辑

出版印行：东海印刷社

出版时间：民国三十二年（1943）

册数：不详

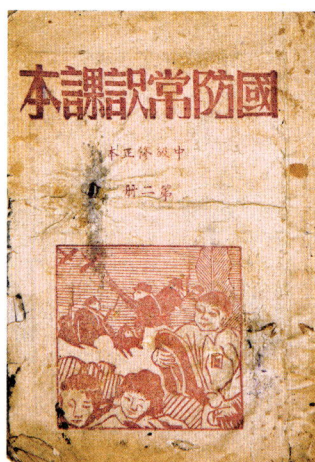

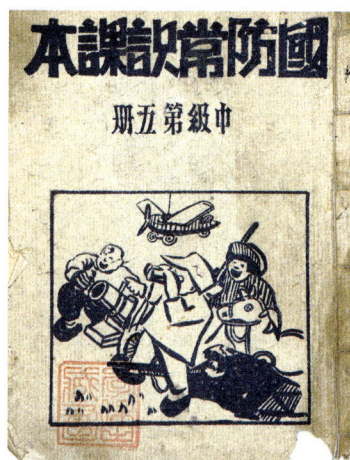

书名：国防国语课本（初级；小学校冬季用）
著者：胶东国防教材编辑委员会 / 编辑
出版印行：东海印刷社
出版时间：民国三十二年（1943）
册数：不详

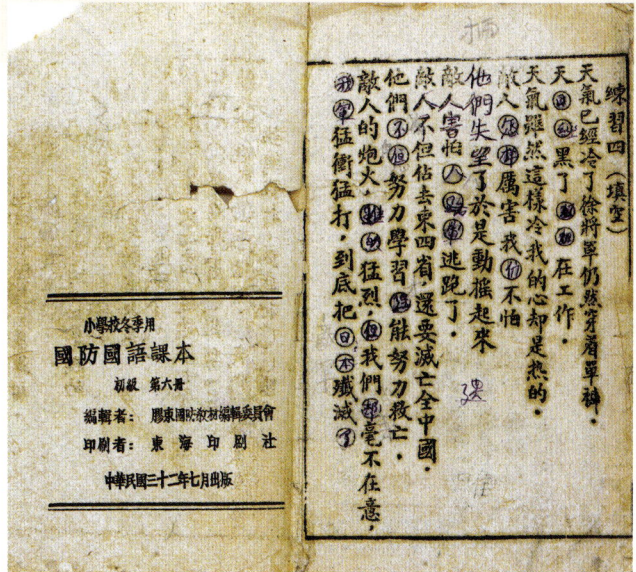

书名：国防国语课本（中级修正本）
著者：不详
出版印行：不详
出版时间：不详
册数：不详

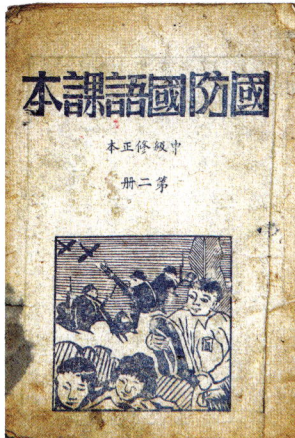

2390　书名：国防国语课本（高级）
　　　著者：国防教材编辑委员会／编辑
　　　出版印行：胶东东海区教材印刷社
　　　出版时间：民国三十二年（1943）
　　　册数：不详

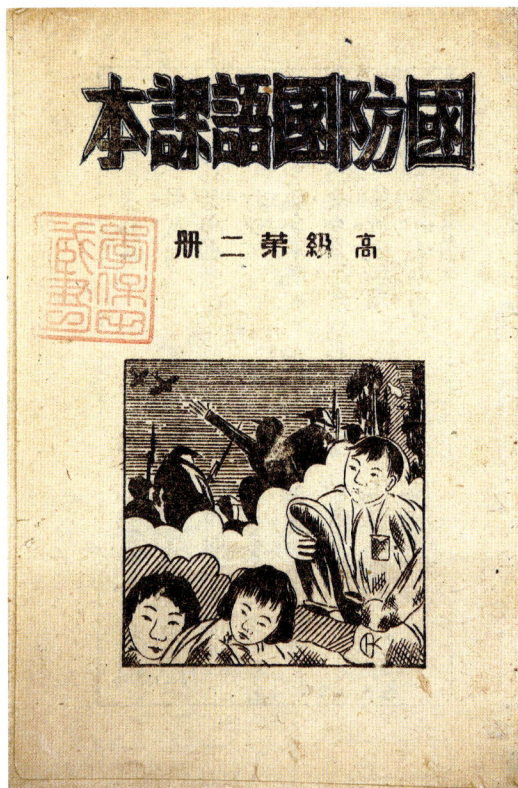

國防國語課本

高級第二冊

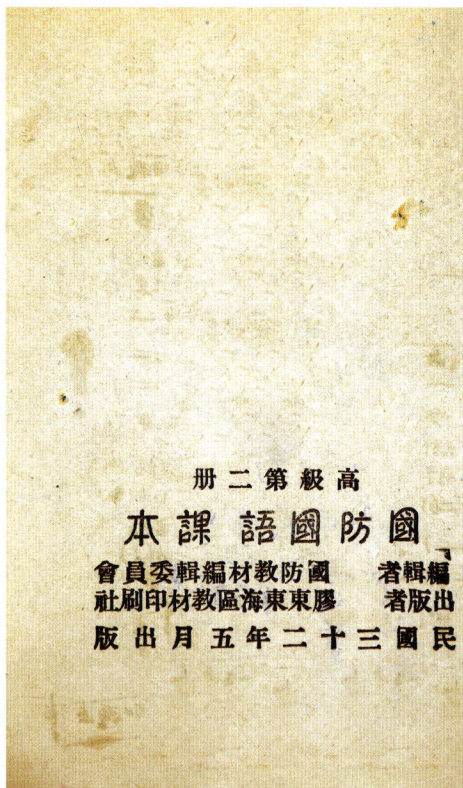

高級第二冊

國防國語課本

編輯者　國防教材編輯委員會
出版者　膠東東海區教材印刷社
民國三十二年五月出版

书名：国防地理课本（高级）

著者：国防教材编辑委员会 / 编辑

出版印行：胶东东海教材印刷社

出版时间：民国三十二年（1943）

册数：不详

书名：国防历史课本（高级）

著者：国防教材编辑委员会 / 编辑

出版印行：东海印刷社

出版时间：民国三十二年（1943）

册数：不详

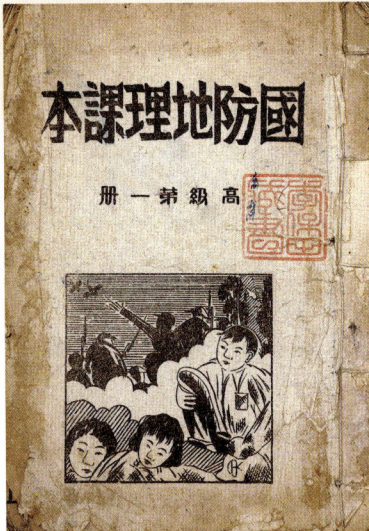

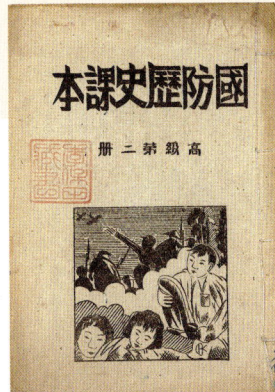

书名：国防政治课本（高级）

著者：国防教材编辑委员会 / 编辑

出版印行：东海印刷社

出版时间：民国三十二年（1943）

册数：不详

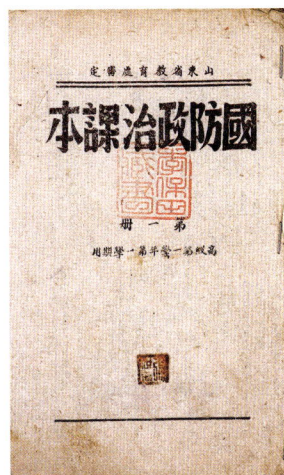

书名：地理课本（小学校高级用）
著者：不详
出版印行：东海永久印刷社
出版时间：不详
册数：不详

书名：地理课本（六年级用）
著者：山东省胶东区行政公署教育处 / 编
出版印行：西海印刷局
出版时间：不详
册数：不详

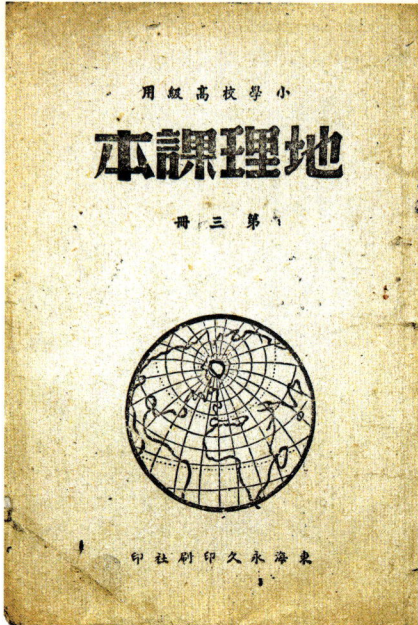

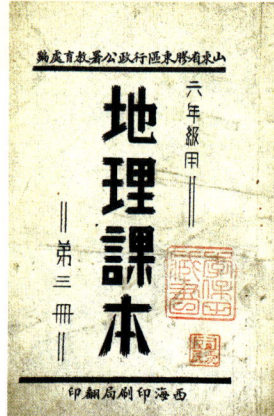

书名：地理课本
著者：山东省胶东区行政公署教育处 / 编
出版印行：胶东新华书店
出版时间：1946年
册数：不详

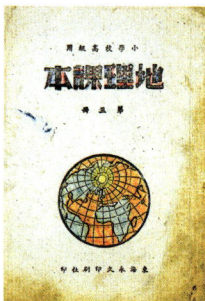

书名：算术课本（高级）
著者：山东省胶东区行政公署教育处 / 编
出版印行：胶东新华书店
出版时间：1946年
册数：不详

2393

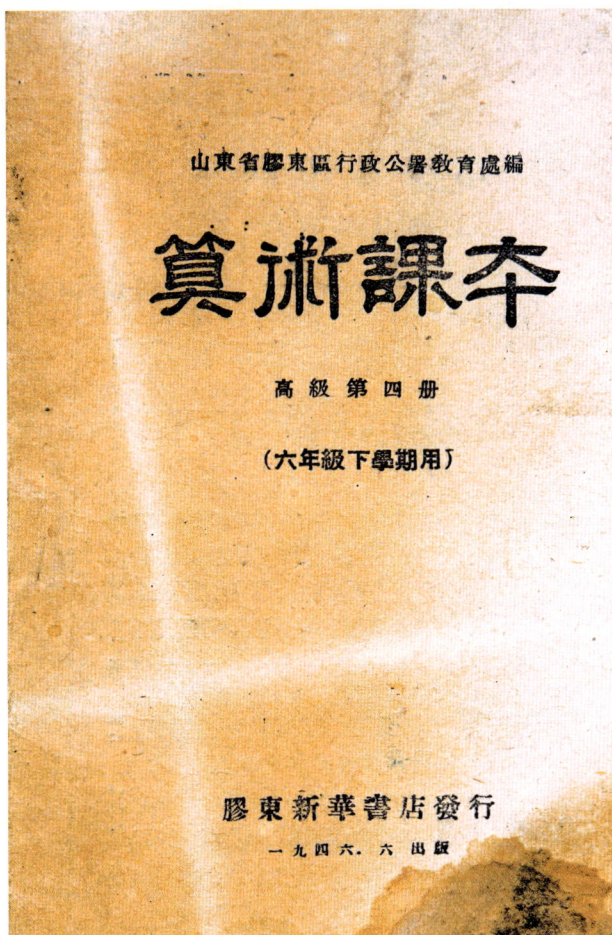

山東省膠東區行政公署教育處編

# 算術課本

高級 第四册

（六年級下學期用）

膠東新華書店發行

一九四六．六 出版

2394

书名：中级小学国语课本
著者：山东省胶东区行政公署教育处 / 编
出版印行：胶东新华书店
出版时间：1947年初版
册数：不详

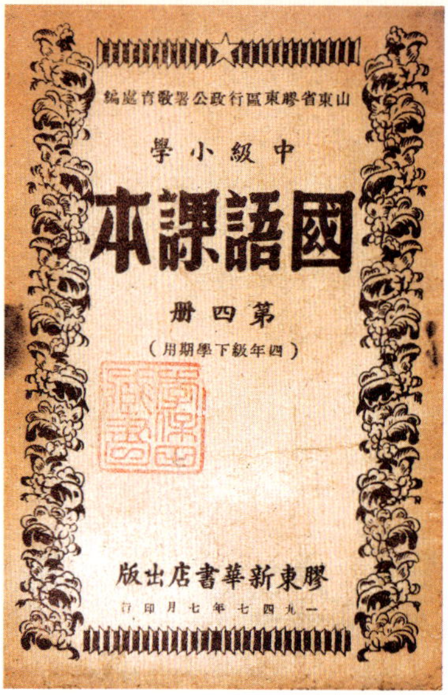

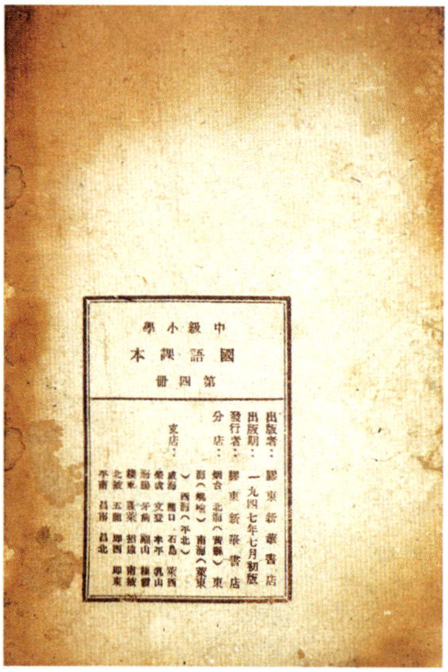

书名：高级小学国语课本
著者：山东省胶东区行政公署教育处 / 审定
出版印行：胶东新华书店
出版时间：1947年初版
册数：不详

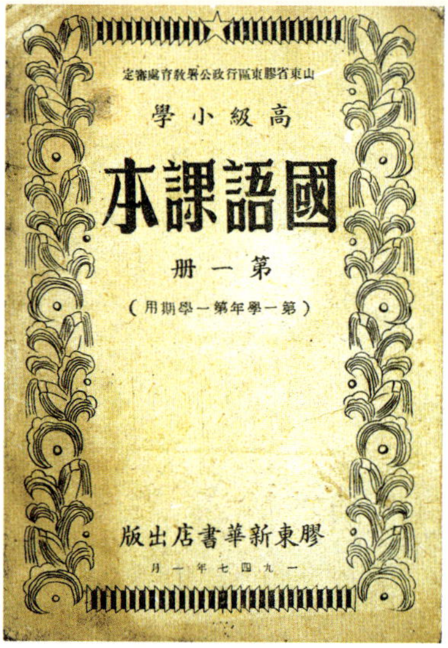

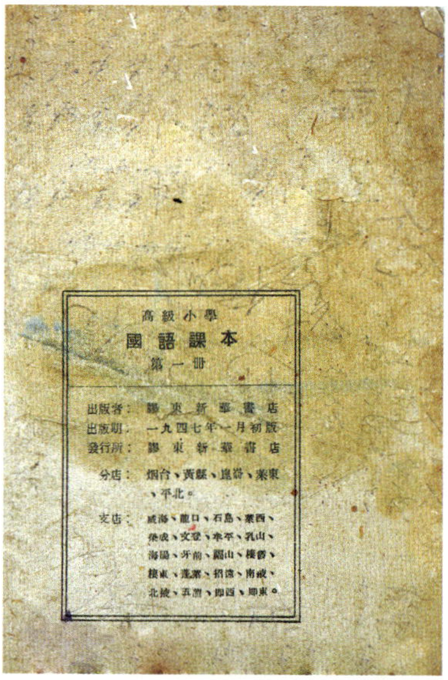

书名：高级小学历史课本

著者：山东省胶东区行政公署教育处 / 审定

出版印行：胶东新华书店

出版时间：1947年

册数：不详

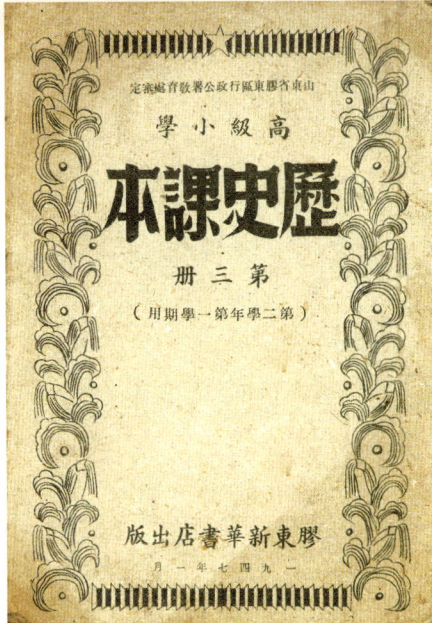

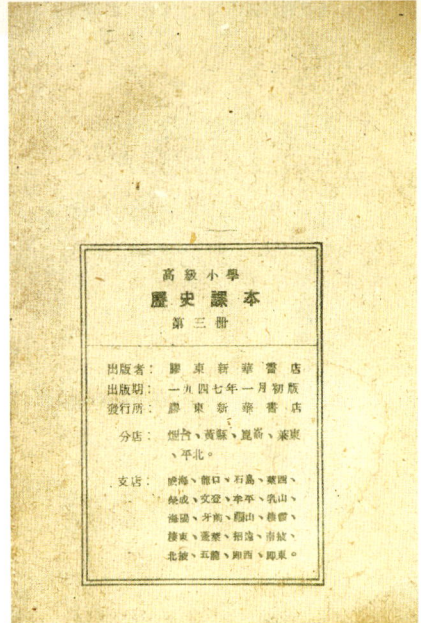

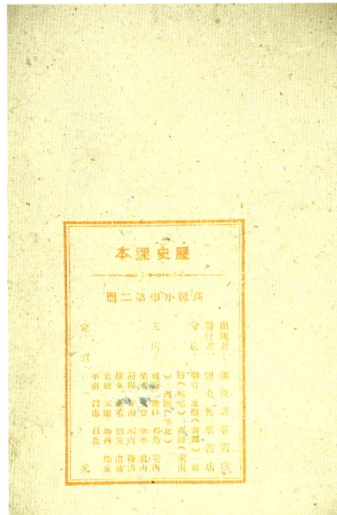

书名：中级小学算术课本
著者：山东省胶东区行政公署教育处／审定
出版印行：胶东新华书店
出版时间：1947年
册数：不详

书名：高级小学算术课本
著者：山东省胶东区行政公署教育处／审定
出版印行：胶东新华书店
出版时间：1947年
册数：不详

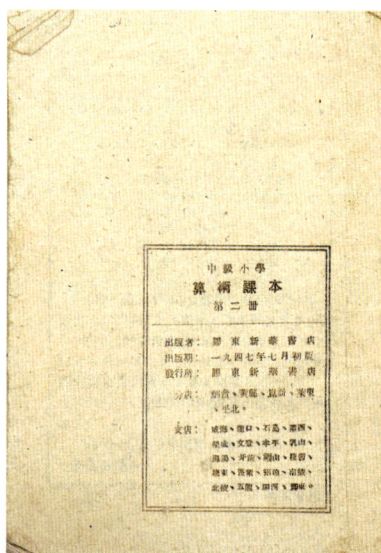

书名：近代史教程

著者：苏联科学院历史院 / 编

出版印行：山东新华书店

出版时间：1948年初版　1949年重排再版

册数：不详

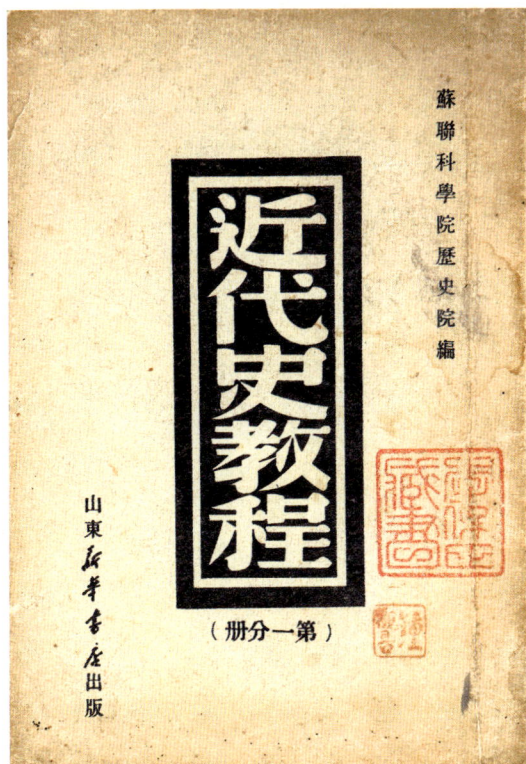

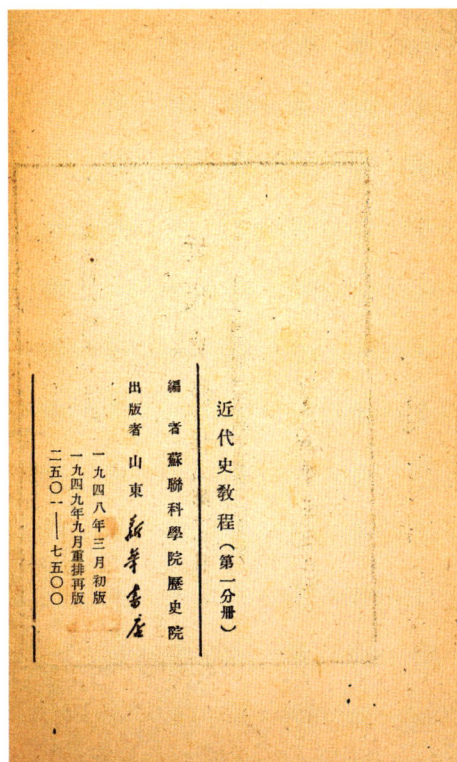

2398

书名：自然课本（高级）

著者：山东省胶东区行政公署教育处 / 编

出版印行：胶东新华书店

出版时间：1949年

册数：不详

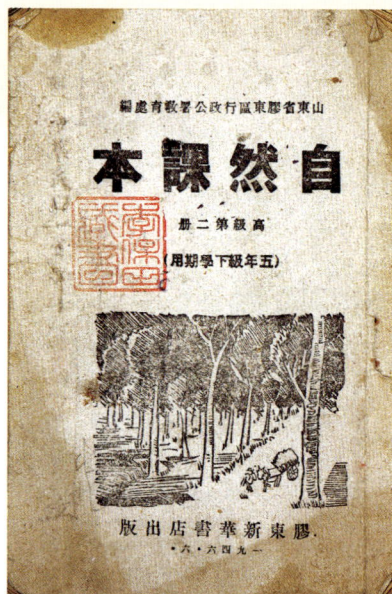

书名：常识课本（中级）

著者：不详

出版印行：胶东教育印刷社

出版时间：不详

册数：不详

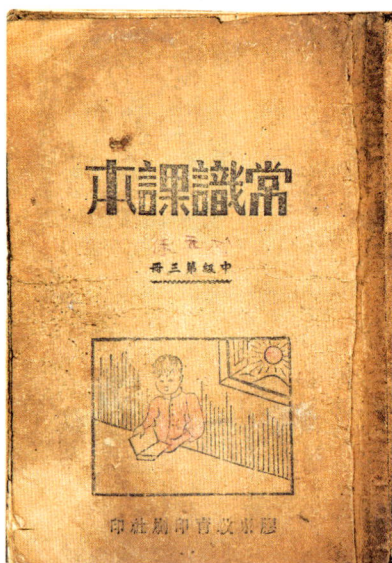

书名：国防算术课本（初级）

著者：胶东国防教材编辑委员会 / 编

出版印行：不详

出版时间：不详

册数：不详

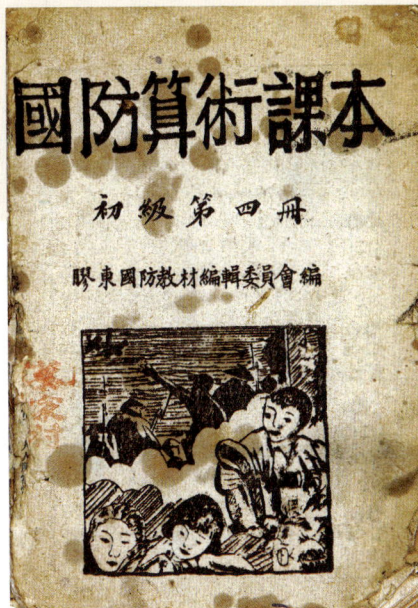

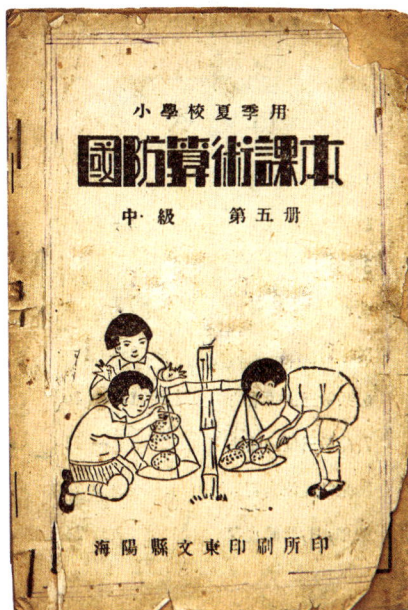

书名：国防算术课本（中级；小学校夏季用）

著者：不详

出版印行：海阳县文东印刷所

出版时间：不详

册数：不详

2400

书名：国语课本（高级）

著者：不详

出版印行：西海印刷局

出版时间：不详

册数：不详

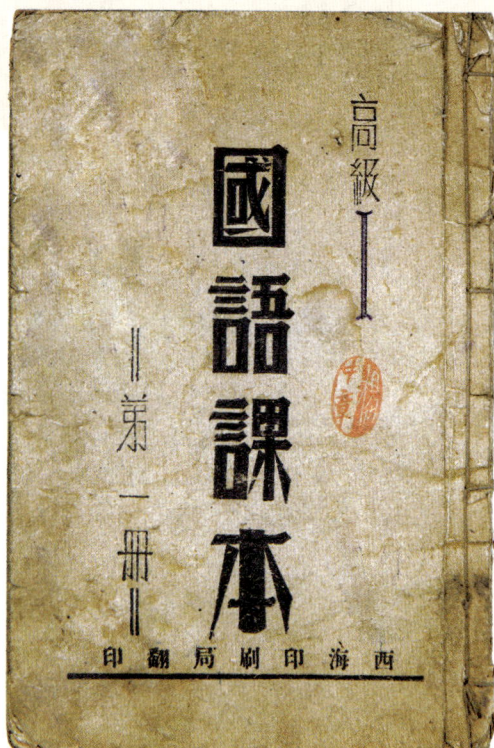

书名：国语课本（中级）

著者：不详

出版印行：西海印刷局

出版时间：不详

册数：不详

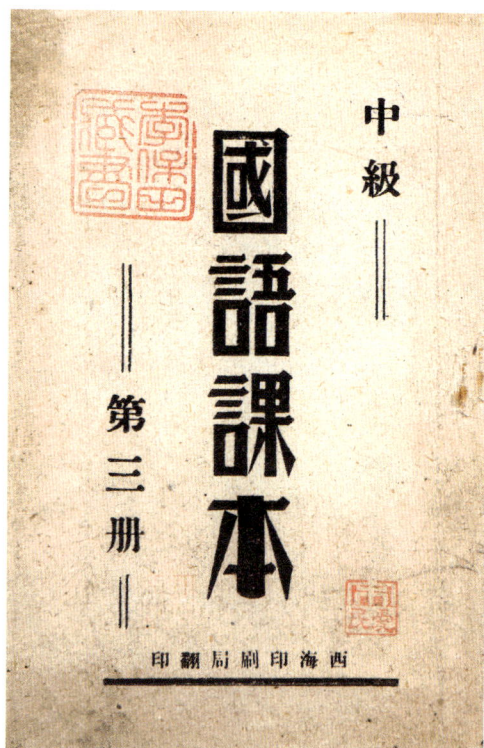

书名：国语课本（高级）

著者：山东省胶东区行政公署教育处 / 编

出版印行：胶东印刷社

出版时间：不详

册数：不详

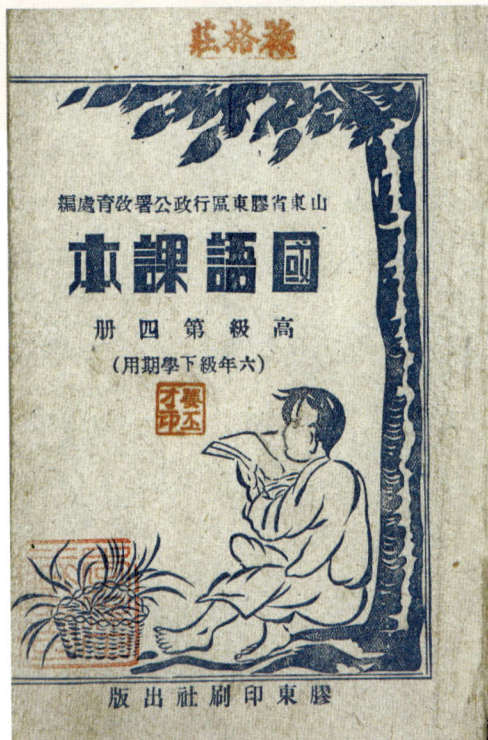

书名：国语课本（初级）

著者：山东省胶东区行政公署教育处 / 编

出版印行：胶东印刷社

出版时间：不详

册数：不详

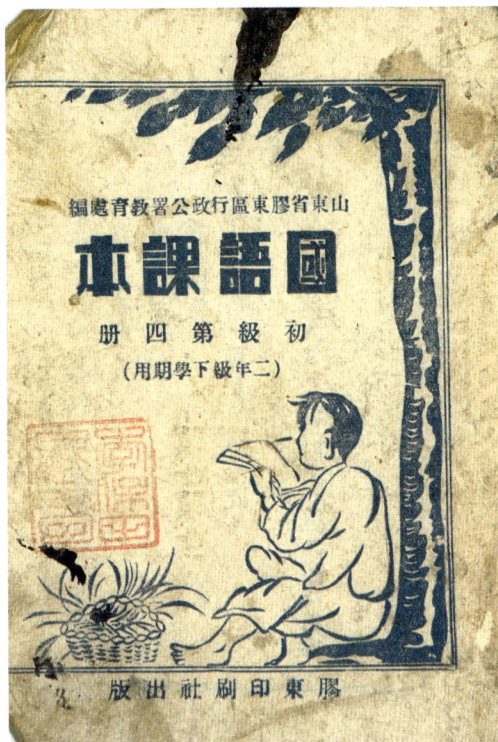

2402

书名：初级国语课本
著者：山东省胶东区行政公署教育处／审定
出版印行：胶东新华书店
出版时间：不详
册数：不详

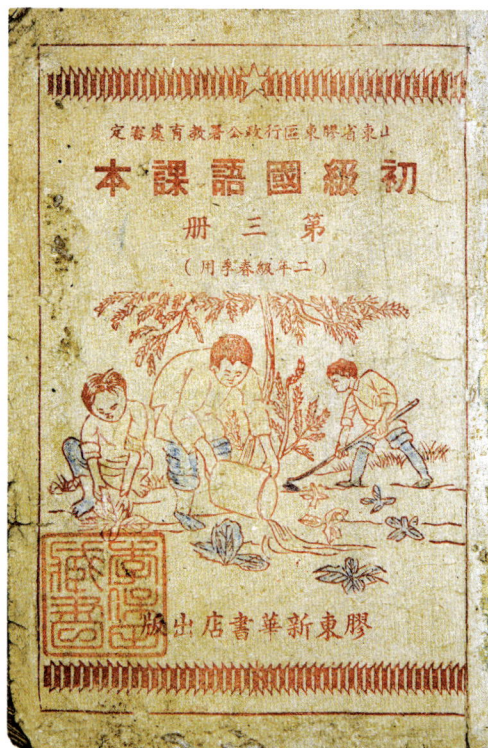

山东省胶东区行政公署教育处审定
初级国语课本
第三册
（二年级春季用）
胶东新华书店出版

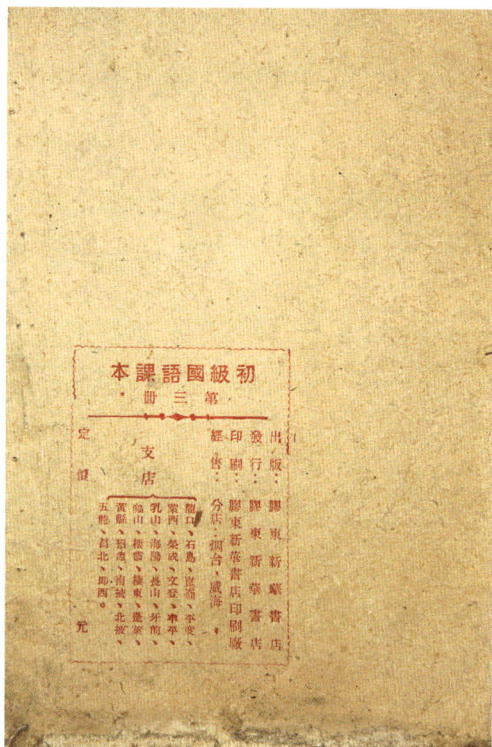

初级国语课本
第三册

出版：胶东新华书店
发行：胶东新华书店
印刷：胶东新华书店印刷厂
经售：分店·招远·威海·
龙口·石岛·莱阳、学堂、
紫西、荣成、文登、牟平、
乳山、海阳、长山、牙前、
临山、招远、掖县、蓬莱、
黄县、昆嵛、南掖、北掖
五艳、昌北、即西。
定价　元

书名：国语课本（中级）

著者：不详

出版印行：招远建和印刷社

出版时间：不详

册数：不详

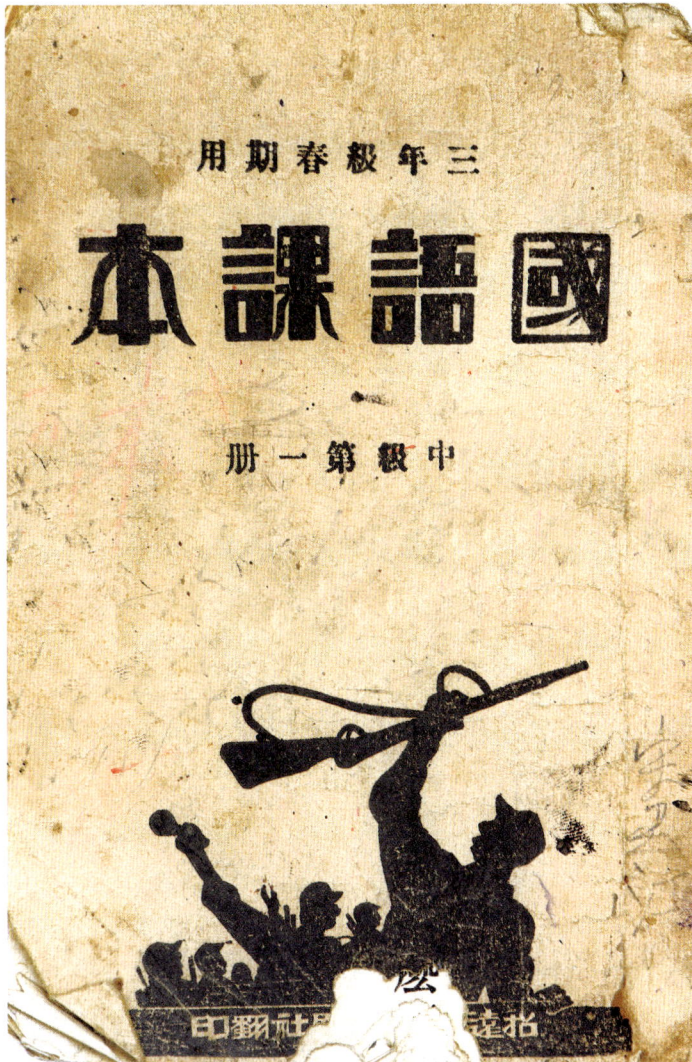

2404

书名：国语课本（中级）

著者：不详

出版印行：牙前县教育科

出版时间：不详

册数：不详

书名：国语课本（初级、高级）

著者：山东省胶东区行政公署教育处 / 编

出版印行：胶东教育印刷社

出版时间：不详

册数：不详

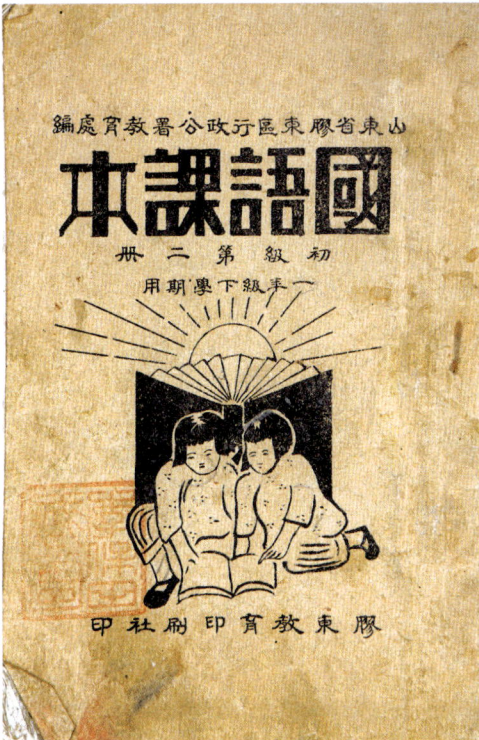

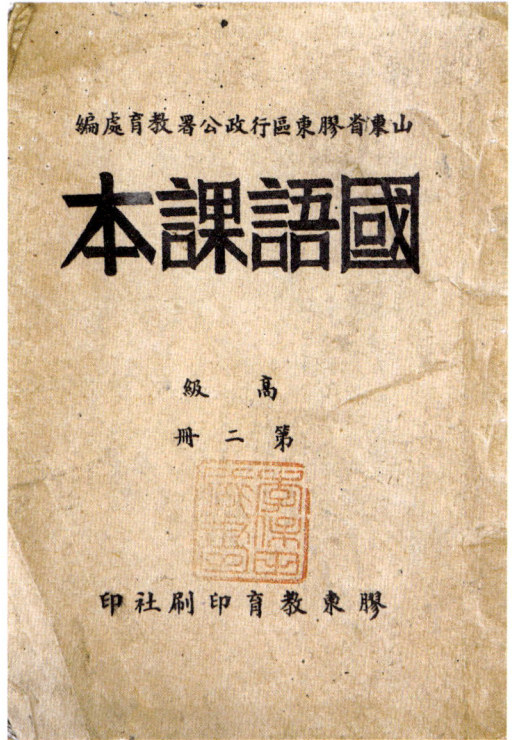

山东省胶东区行政公署教育处编

# 國語課本

初级第二册

一年级下学期用

膠东教育印刷社印

山东省胶东区行政公署教育处编

# 國語課本

高级

第二册

膠东教育印刷社印

# ⑧ 东北根据地政府编教材

①东北军政委员会编教材

②旅大军政委员会编教材

书名：高小自然常识

著者：东北政委会编审委员会 / 编

出版印行：辽南行政公署教育处

出版时间：1947年

册数：不详

编會員委審編會委政北東

高小

自然常識

第二册

遼南行政公署教育處翻印

高小自然常識
第二册

東北政委會編審委員會
印 遼南行政公署教育處
發行 遼南行政公署教育處
印刷 遼南日報社印刷廠

1947.11 1—20000

2410

书名：国文（初中临时教材）
著者：东北行政委员会教育部 / 编
出版印行：东北新华书店
出版时间：1949年
册数：不详

书名：国文（高中临时教材；专科学校适用）　　　　　2411

著者：东北行政委员会教育部 / 规定

出版印行：东北书店

出版时间：1949年

册数：不详

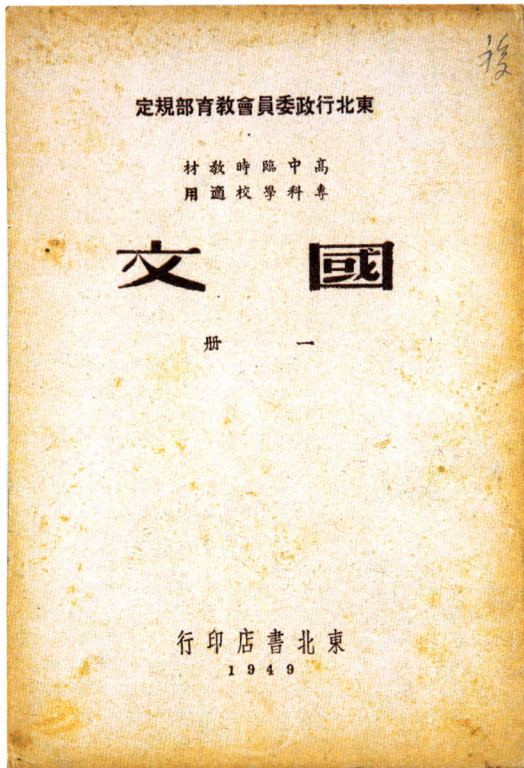

東北行政委員會教育部規定

高中臨時教材
專科學校適用

國文

第一冊

東北書店印行
1949

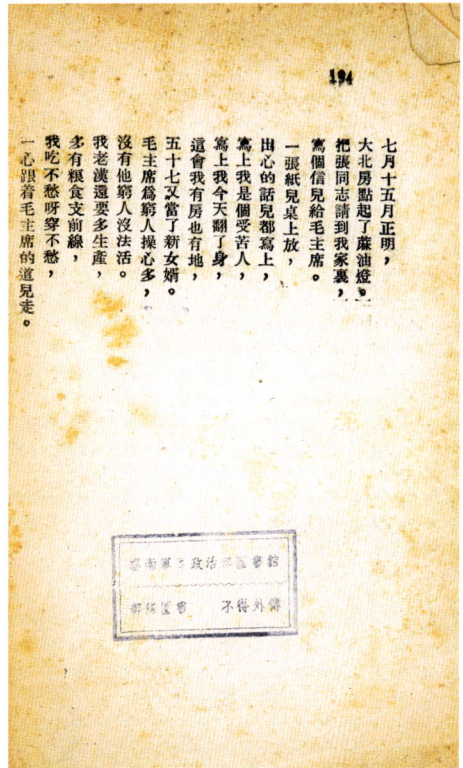

194

七月十五月正明，
大北房點起了蔴油燈，
把張同志請到我家裏，
寫個信兒給毛主席。
一張紙兒桌上放，
出心的話兒都寫上，
寫上我是個苦人，
寫上我今天翻了身，
這會我有房也有地，
五十七又當了新女婿。
毛主席爲窮人操心多，
沒有他窮人沒法活。
我老漢還要多生產，
多有糧食支前線，
我吃不愁呀穿不愁，
一心跟着毛主席的道兒走。

2412

书名：初小国语
著者：东北行政委员会教育部 / 编审
出版印行：东北新华书店
出版时间：1949年初版
册数：八

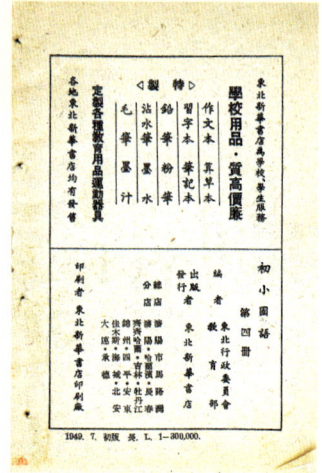

书名：高小国语
著者：东北行政委员会教育部 / 编审
出版印行：东北新华书店
出版时间：1949年再版
册数：四

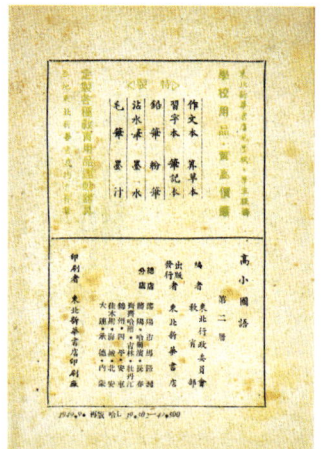

书名：初中临时教材化学

著者：沈鼎三 / 著　东北行政委员会教育部 / 规定

出版印行：东北书店、东北新华书店

出版时间：1949年

册数：不详

東北行政委員會教育部規定

初中臨時教材

化 學

上 冊

沈鼎三著

東北書店印行

1949

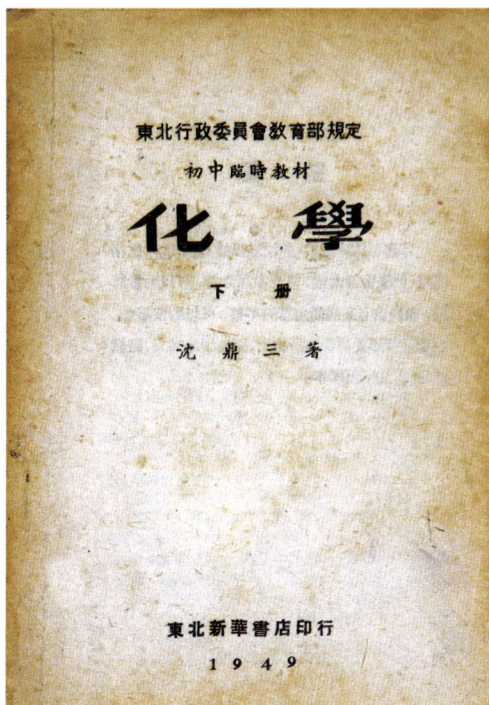

東北行政委員會教育部規定

初中臨時教材

化 學

下 冊

沈鼎三著

東北新華書店印行

1949

2414   |   书名：历史（初中一年暂用课本）

著者：叶蠖生 / 著　东北行政委员会教育部 / 规定

出版印行：东北新华书店

出版时间：1949年再版

册数：不详

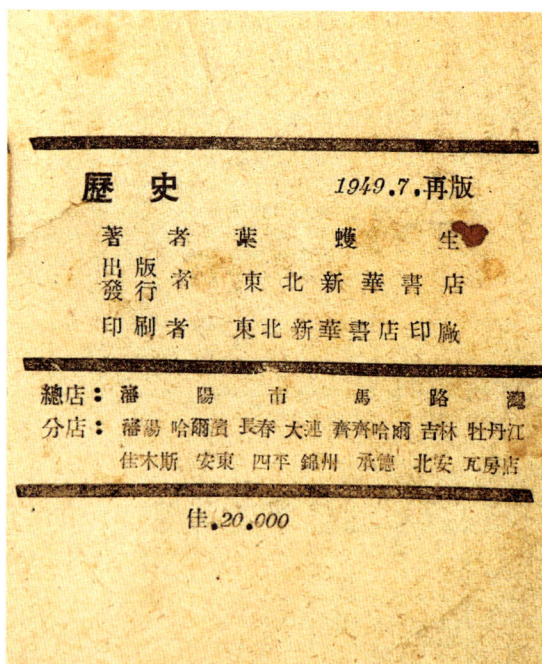

书名：简明中国通史
著者：吕振羽 / 著
出版印行：东北新华书店
出版时间：1949年
册数：不详

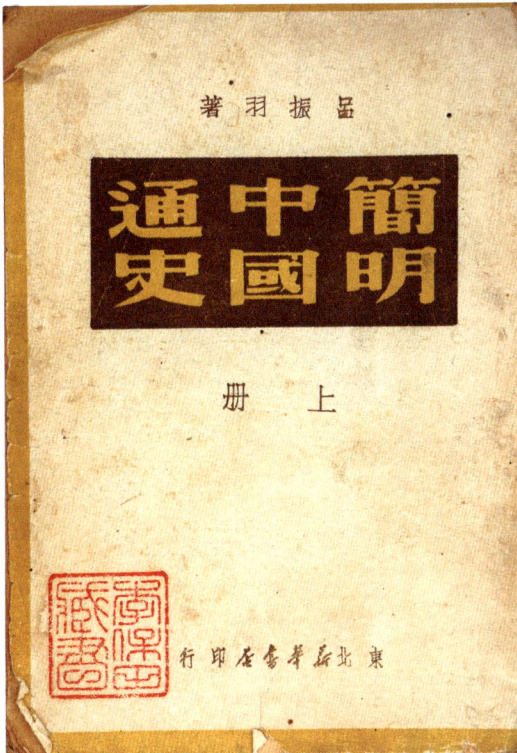

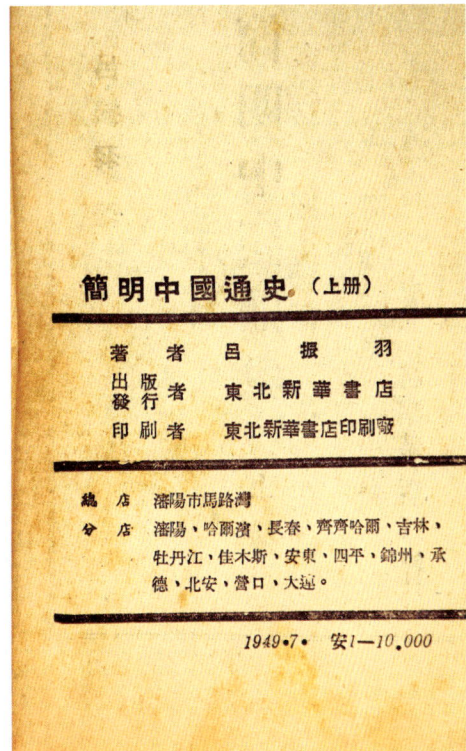

2416　书名：简明中国通史（高中一年暂用教本；专科学校适用）
著者：吕振羽/著　东北行政委员会教育部/规定
出版印行：东北书店
出版时间：民国三十八年（1949）
册数：不详

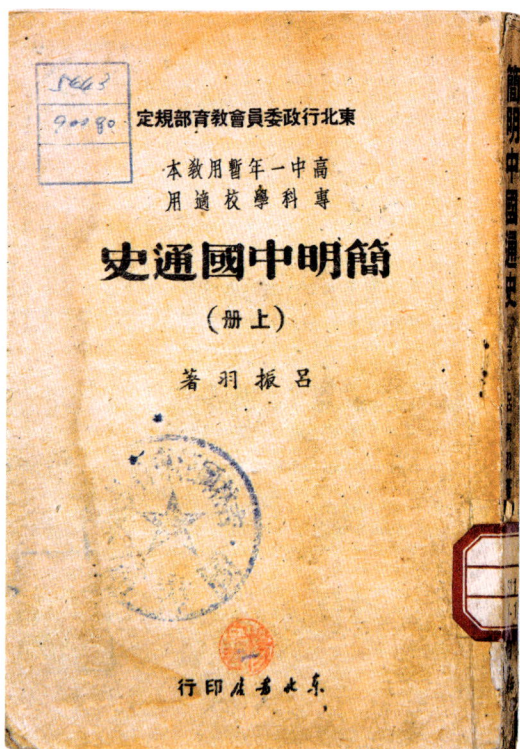

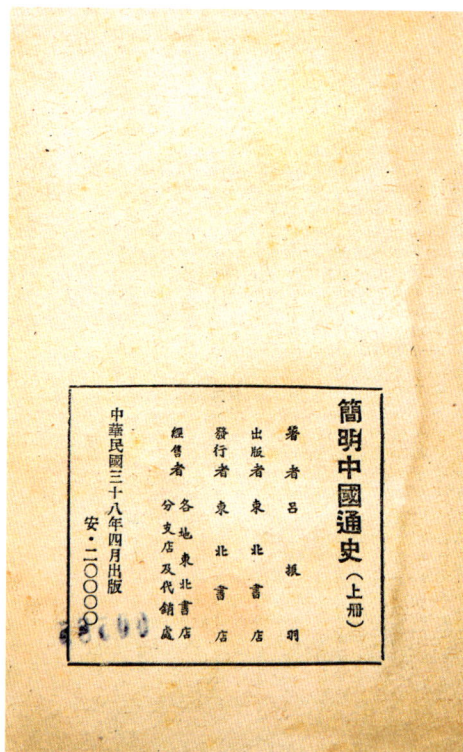

书名：社会科学概论（高中、初中二年政治课参考书）
著者：吴黎平、杨松／编　东北行政委员会教育部／规定
出版印行：冀东新华书店
出版时间：1949年
册数：不详

2417

2418　书名：青年修养（初级中学政治课本）

著者：程今吾 / 编著　东北行政委员会教育部 / 规定

出版印行：东北新华书店

出版时间：1949年

册数：不详

书名：物理（初中临时教材）

著者：戴运轨 / 著　东北行政委员会教育部 / 规定

出版印行：东北新华书店

出版时间：1949年

册数：不详

2419

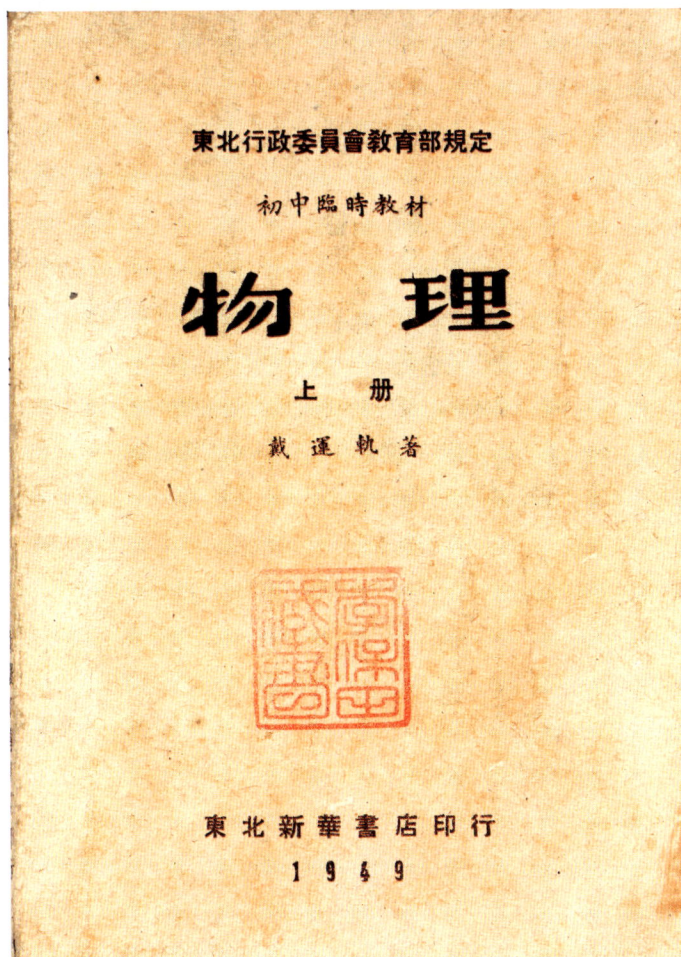

书名：高小地理
著者：东北政委会编审委员会 / 编
出版印行：东北书店
出版时间：不详
册数：不详

书名：高小地理
著者：东北政委会编审委员会 / 编
出版印行：辽南行政公署教育处
出版时间：不详
册数：不详

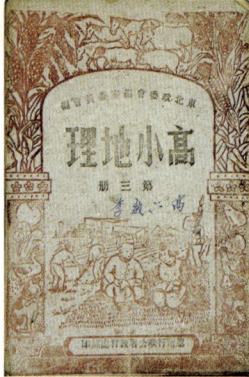

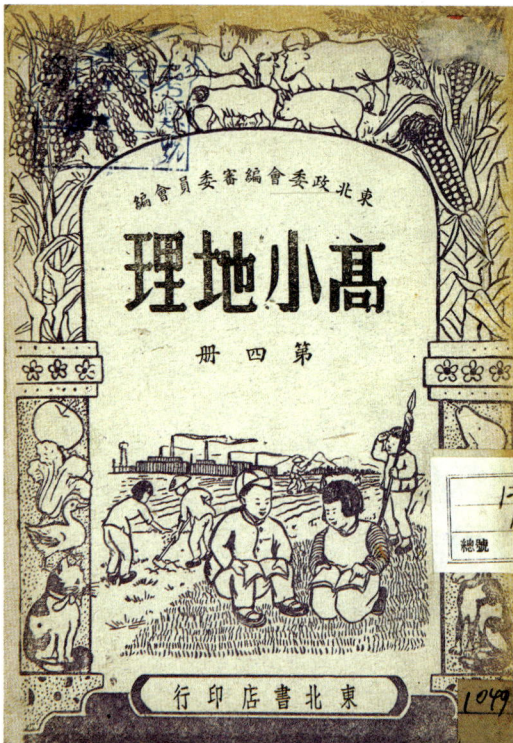

书名：东北地理（初中本国地理教学参考材料）

著者：不详

出版印行：东北人民政府教育部

出版时间：不详

册数：不详

東北地理

（初中本國地理教學參攷材料）

東北人民政府教育部編印

2422

书名：初级中学国文

著者：不详

出版印行：新华书店东北总分店

出版时间：不详

册数：不详

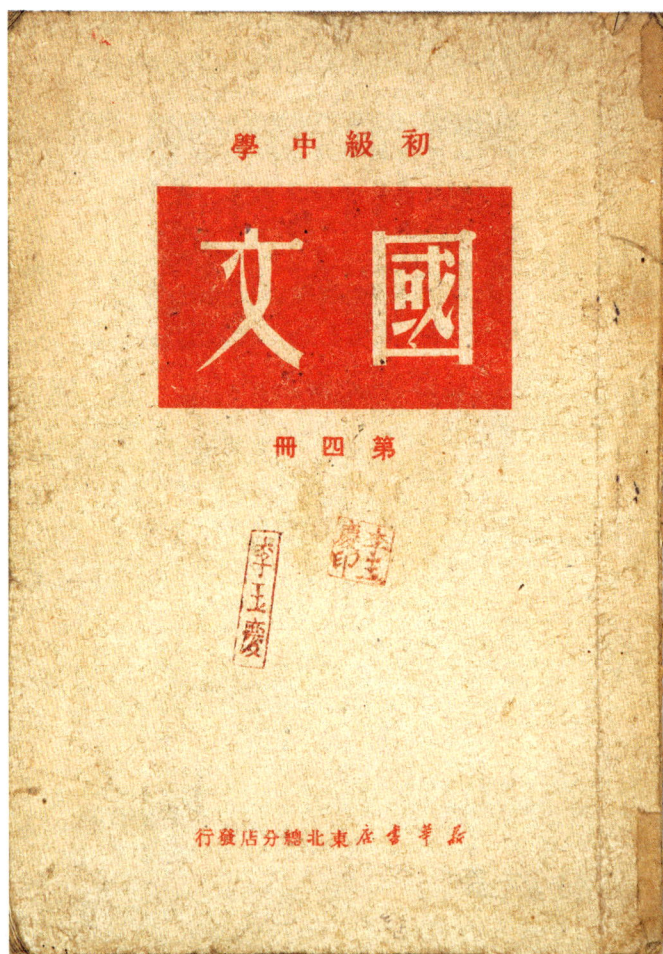

书名：高小历史
著者：东北政委会教育部 / 编
出版印行：东北书店
出版时间：不详
册数：不详

2423

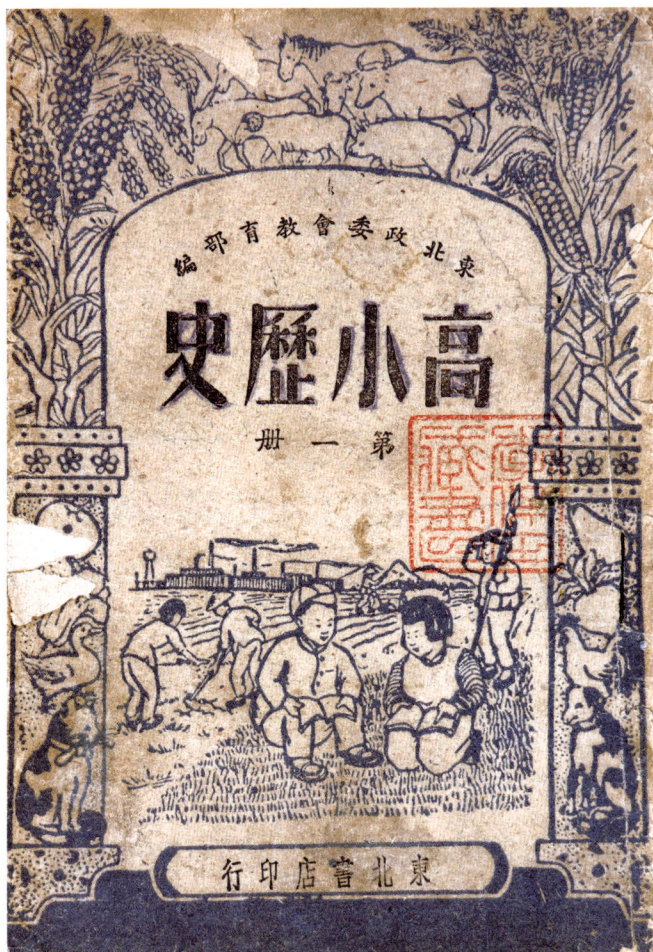

2424　书名：高小政治常识

著者：东北政委会编审委员会 / 编审

出版印行：东北新华书店

出版时间：不详

册数：不详

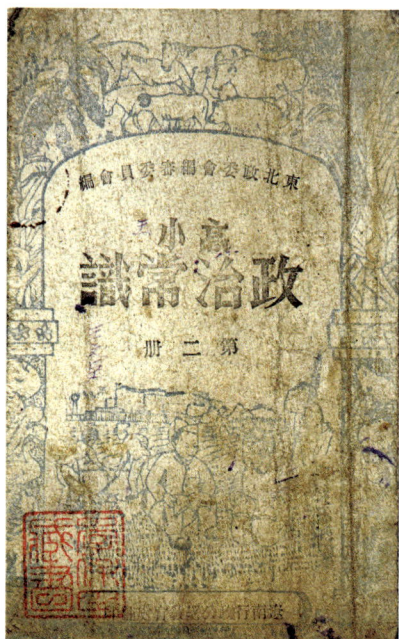

书名：初小算术

著者：东北政委会教育部 / 编

出版印行：东北书店

出版时间：不详

册数：不详

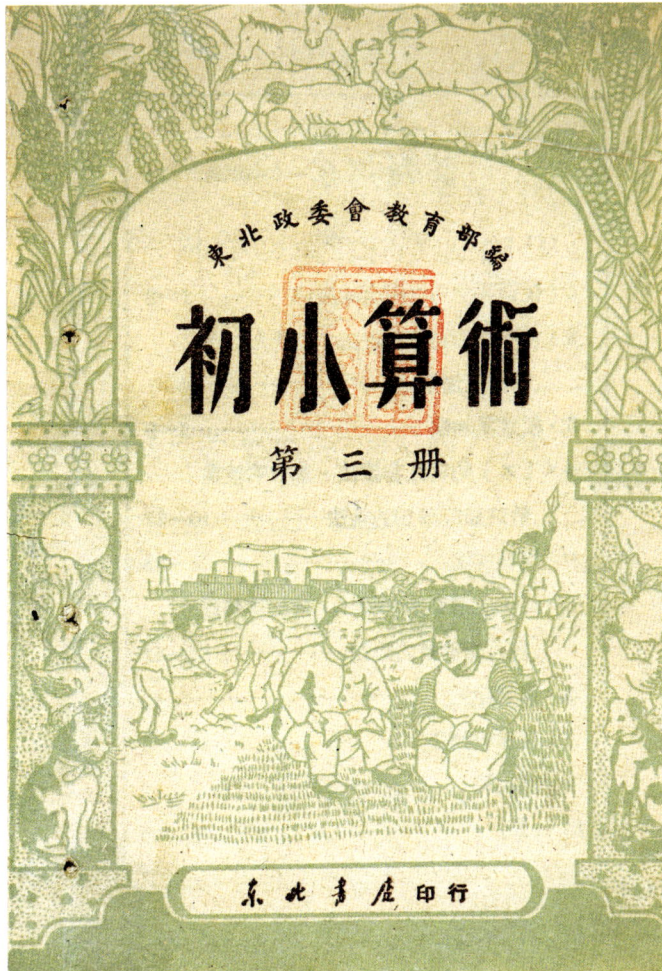

2426

书名：中国地理教学参考资料

著者：陈润斋 / 编著

出版印行：大连新华书店

出版时间：不详

册数：不详

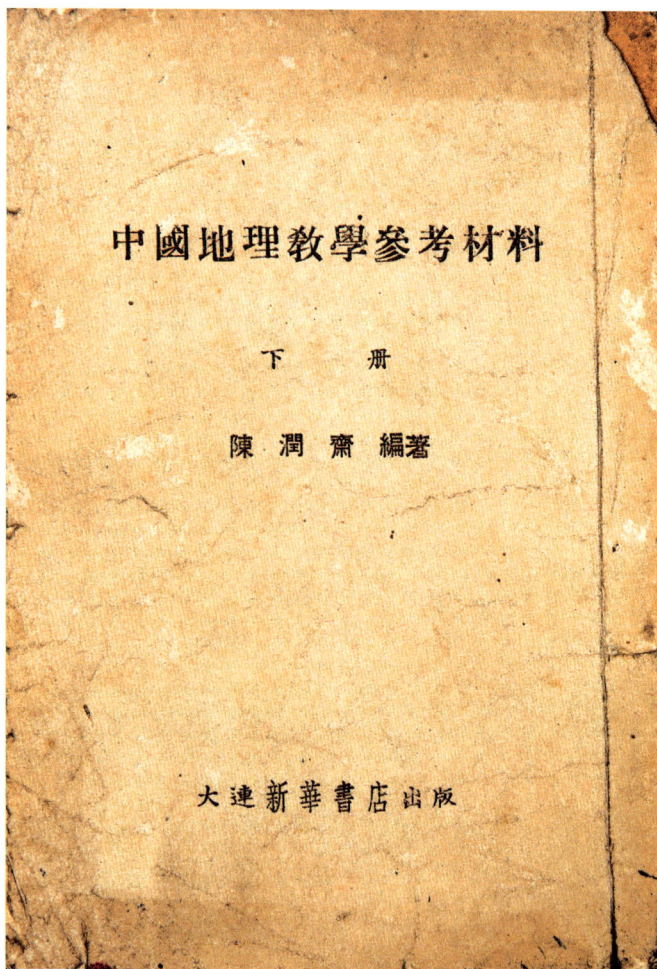

中國地理教學參考材料

下　册

陳　潤　齋　編著

大連新華書店出版

书名：国语（初级小学用）
著者：旅大行政公署教育厅 / 编审
出版印行：大连新华书店
出版时间：1949年初版
册数：不详

② 旅大军政委员会编教材

# 9 中原根据地政府编教材

书名：青年修养（初级中学用）

著者：程今吾 / 编著

出版印行：中原新华书店

出版时间：1949年

册数：不详

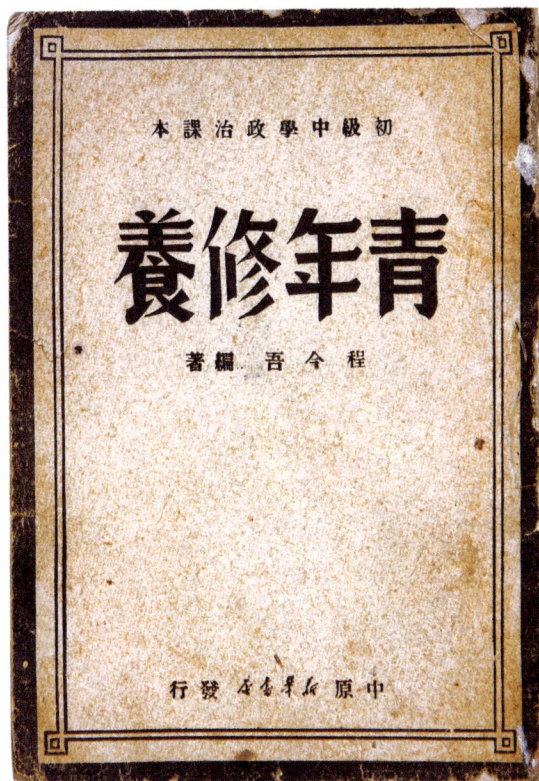

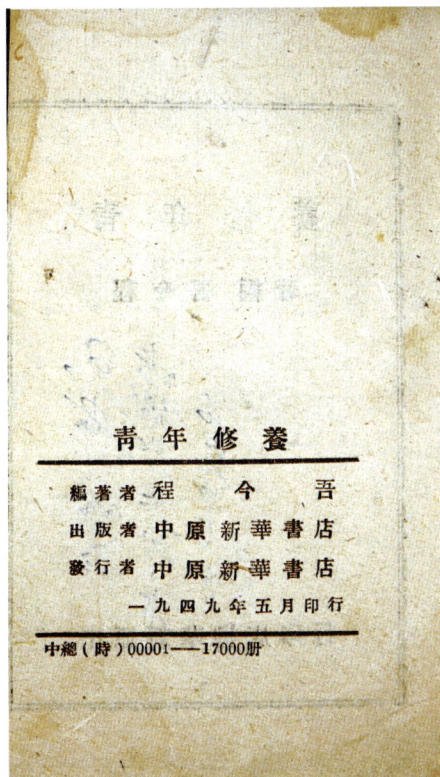

2432　书名：中国通史讲话（初级中学适用）

著者：陈怀白 / 编著

出版印行：中原新华书店

出版时间：1949年

册数：不详

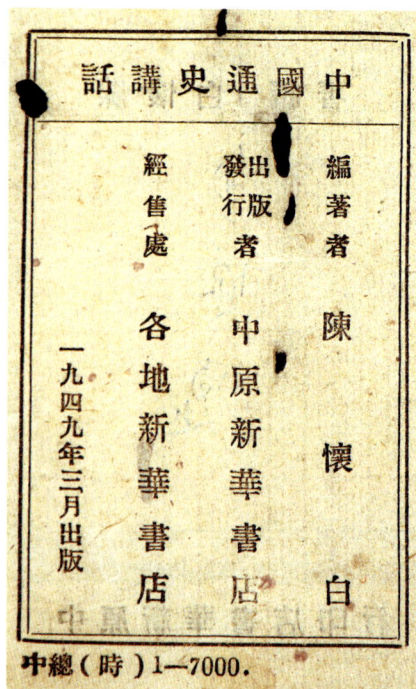

书名：国语文选（初级中学适用）
著者：李光家、陈光祖、崇沁、于敏、王食三、于贡三／编
出版印行：中原新华书店
出版时间：1949年
册数：不详

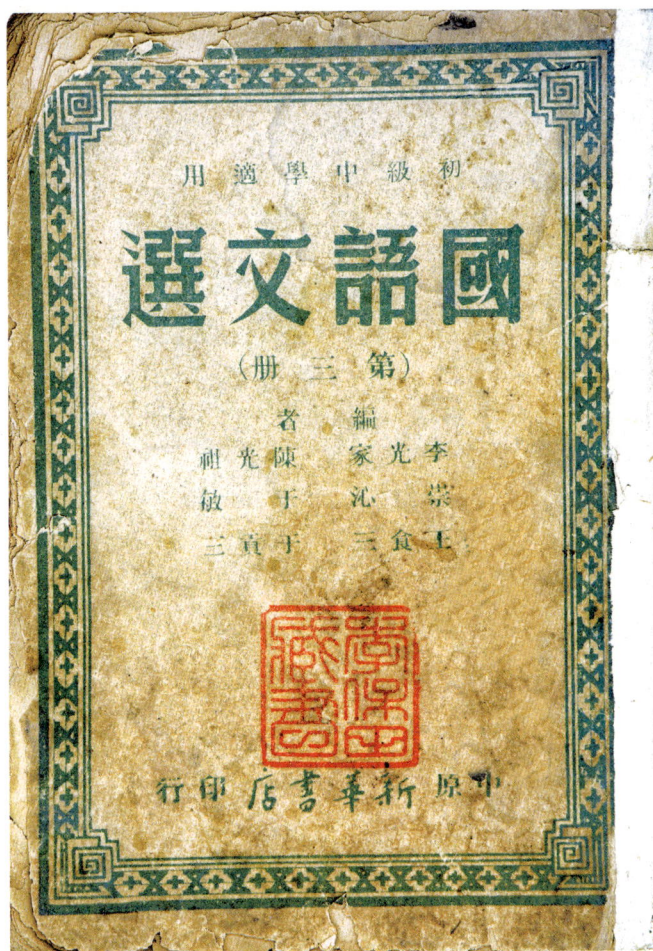

2434

书名：国语（高级中学适用）

著者：万曼、刘永之、杜子劲、奚须 / 编选

出版印行：新华书店

出版时间：不详

册数：不详

书名：常识（初级小学适用）

著者：中原临时人民政府教育部／规定

出版印行：新华书店

出版时间：不详

册数：不详

# 10 苏南、苏北根据地政府编教材

书名：共产党员课本

著者：不详

出版印行：苏南新华书店

出版时间：1949年初版

册数：不详

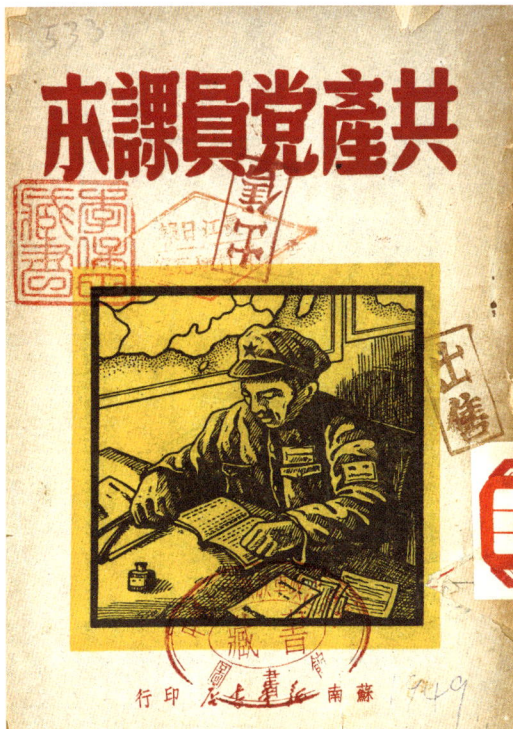

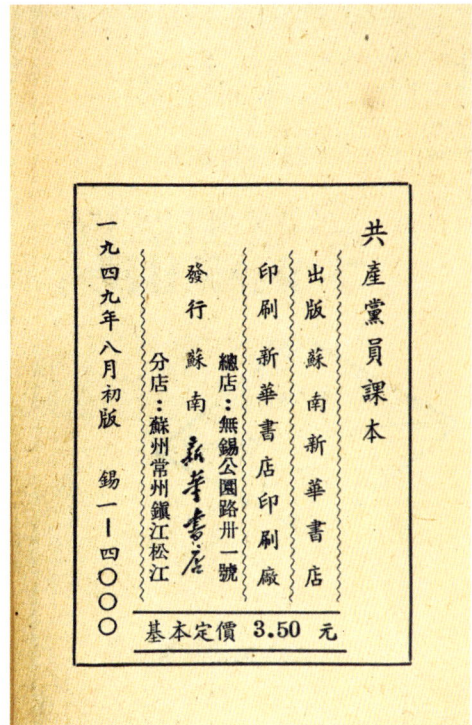

共產黨員課本

出版　蘇南新華書店

印刷　新華書店印刷廠

發行　蘇南　新華書店

總店：無錫公園路卅一號

分店：蘇州常州鎮江松江

一九四九年八月初版　錫一—四〇〇〇

基本定價 3.50 元

2440  书名：政治经济学（中级党校教材）

著者：列昂节夫 / 著

出版印行：华东新华书店

出版时间：1949年

册数：不详

备注：本书系根据解放社1944年版翻印。

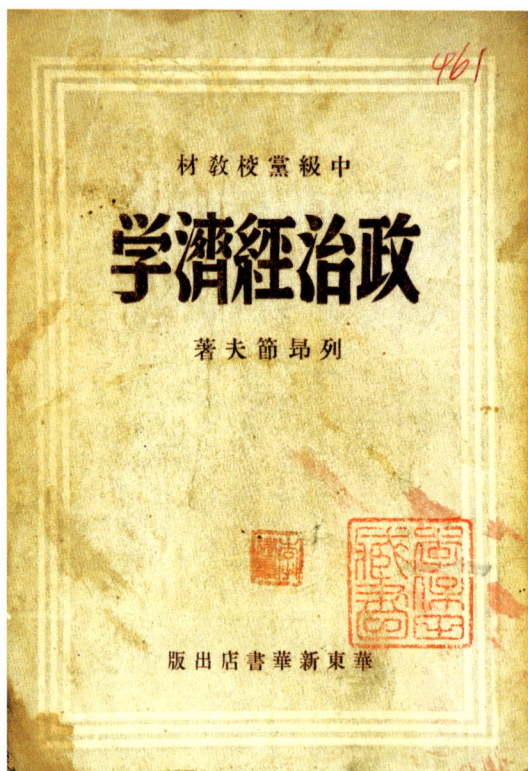

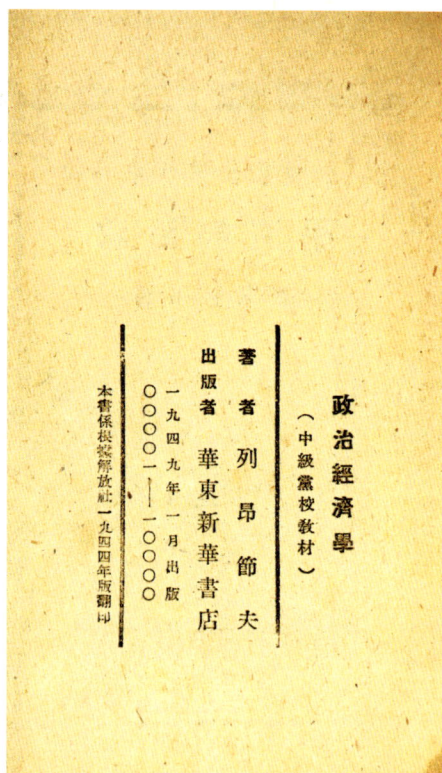

中級黨校教材

# 政治經濟學

### 列昂節夫著

華東新華書店出版

---

政治經濟學

（中級黨校教材）

著者 列昂節夫

出版者 華東新華書店

一九四九年一月出版

〇〇〇〇一——一〇〇〇〇

本書係根據解放社一九四四年版翻印

书名：初级小学用国语
著者：苏北行政公署教育处 / 编审
出版印行：北苏新华书店
出版时间：不详
册数：不详

2442　　书名：中国近百年史话（青年读物及中学教本）
　　　　著者：苏皖边区政府 / 审定　陶官云 / 编
　　　　出版印行：韬奋书店
　　　　出版时间：1946年
　　　　册数：不详

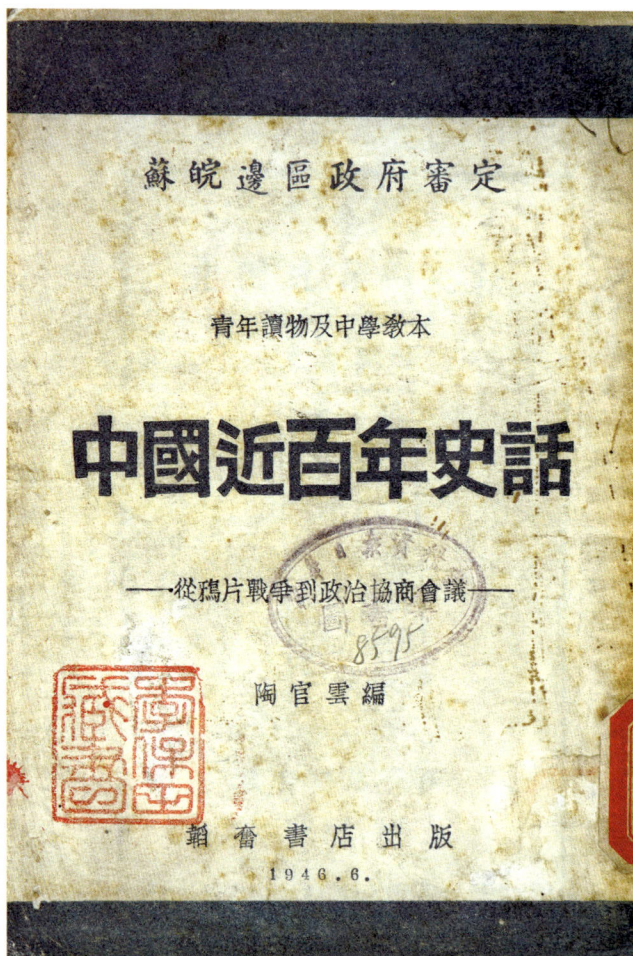

书名：世界史话
著者：沈长洪 / 编
出版印行：苏南新华书店
出版时间：1949年初版
册数：不详

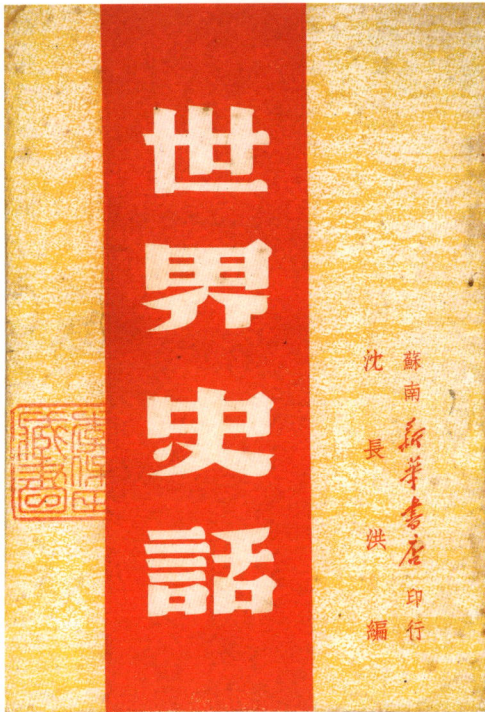

11 西北军政委员会编教材

书名：高小史地

著者：张思俊 / 编　西北军政委员会教育部 / 审定

出版印行：新华书店西北总分店

出版时间：不详

册数：不详

西北军政委员会教育部审定

# 高小史地

张思俊编

第一册

新华书店西北总分店发行

12 其他教材

书名：矿工识字课本
著者：襄武左矿业职工会 / 编
出版印行：襄武左矿业职工会
出版时间：1943年
册数：不详

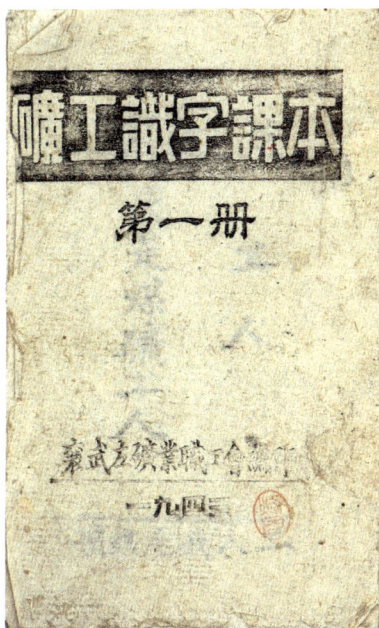

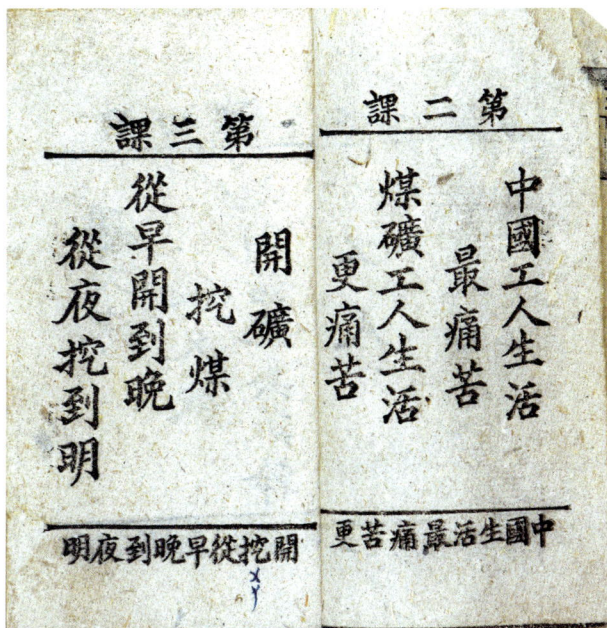

2452　书名：识字课本（冬学民校夜校小学适用）
　　　　著者：辛安亭 / 编
　　　　出版印行：太岳新华书店
　　　　出版时间：民国三十五年（1946）
　　　　册数：不详

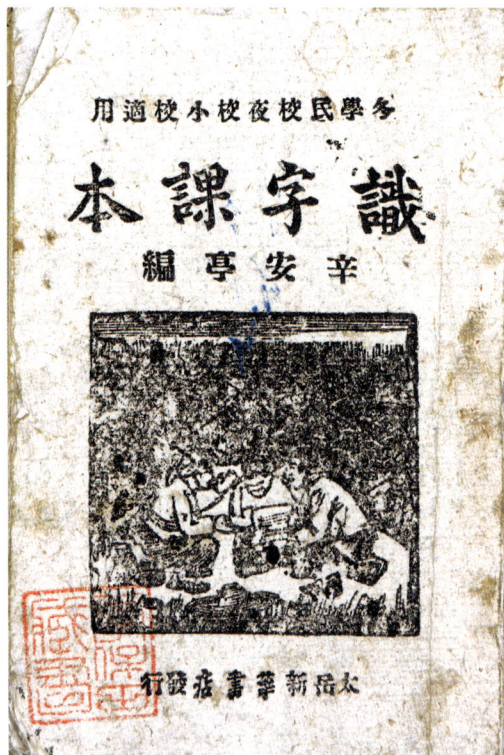

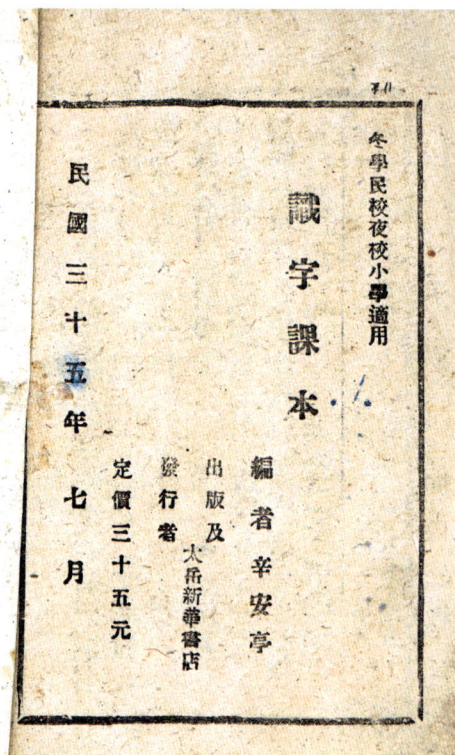

书名：文化课本

著者：不详

出版印行：山东新华书店胶东分店

出版时间：1946年初版　1949年4版

册数：不详

备注：毛泽东作序。

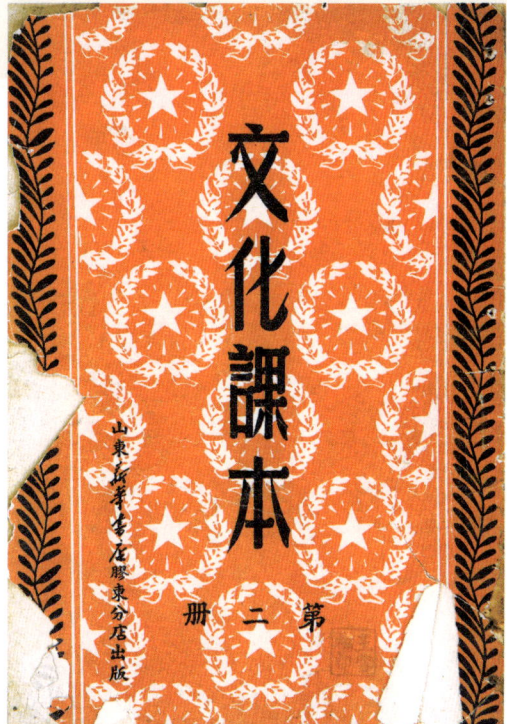

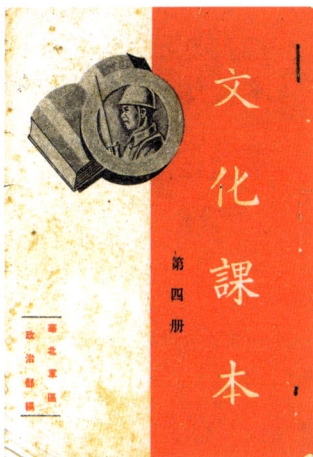

2454　书名：生理卫生
　　　　著者：林英、文彬如 / 编
　　　　出版印行：新华书店
　　　　出版时间：1949年
　　　　册数：不详

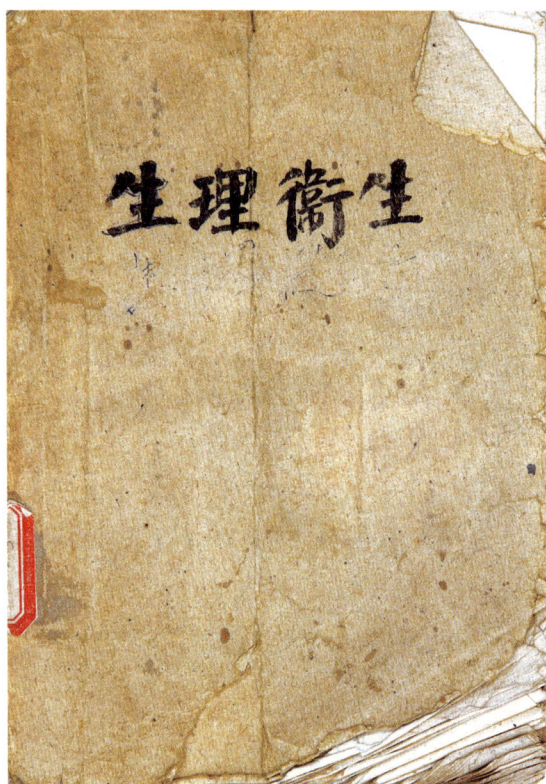

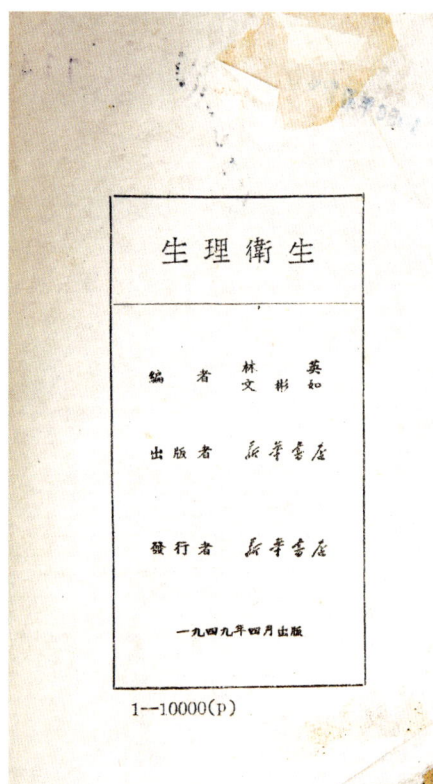

书名：调查研究（高级中学适用、临时政治课本）
著者：于光远 / 著
出版印行：上海联合出版社
出版时间：1949年初版
册数：一

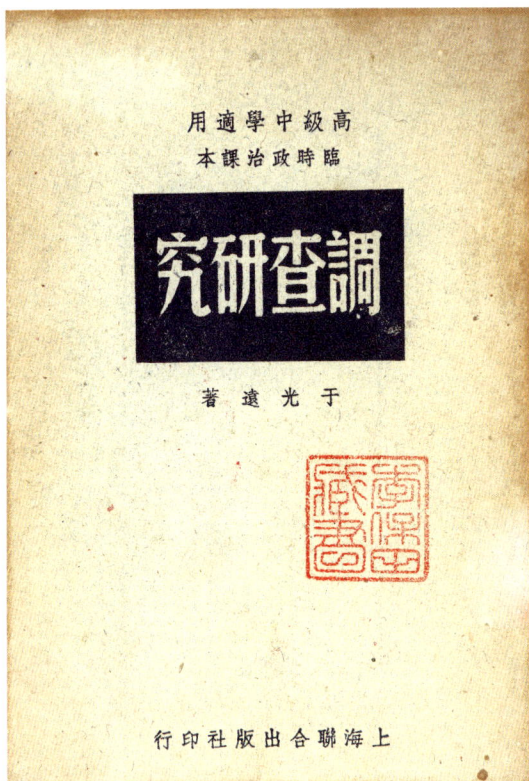

高級中學適用
臨時政治課本

調查研究

于光遠 著

上海聯合出版社印行

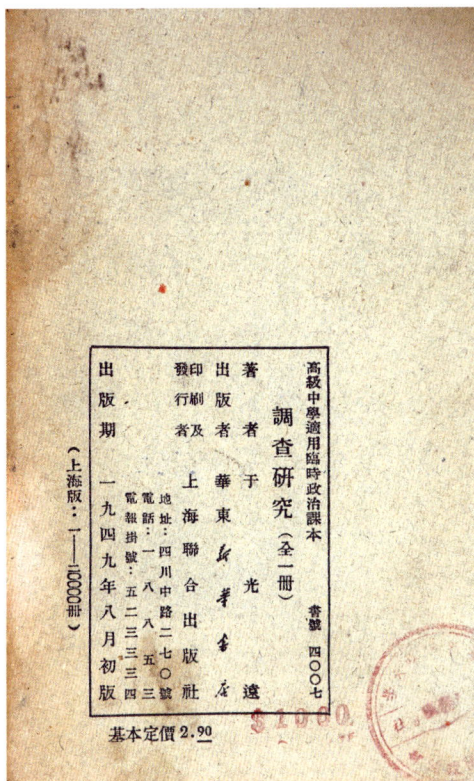

高級中學適用臨時政治課本

調查研究（全一冊）

書號 四〇〇七

著　者　于光遠

出版者　華東新華書店

印刷者及
發行者　上海聯合出版社

地址：四川中路二七〇號
電話：一八八五〇
電報掛號：五二三三二

出版期　一九四九年八月初版

（上海版：一——三〇〇〇冊）

基本定價 2.90

2456　书名：简明中国通史（高中第一学年暂用）
　　　著者：吕振羽 / 著
　　　出版印行：华东新华书店
　　　出版时间：1949年
　　　册数：不详

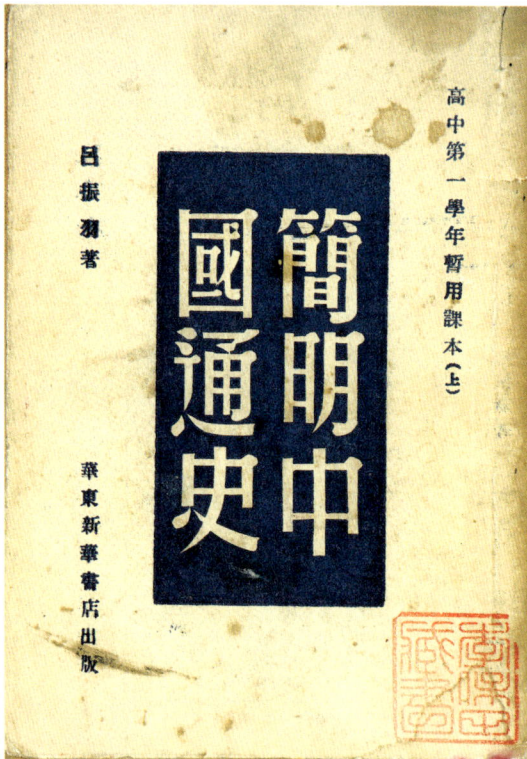

高中第一學年暫用課本（上）

呂振羽著

簡明中國通史

華東新華書店出版

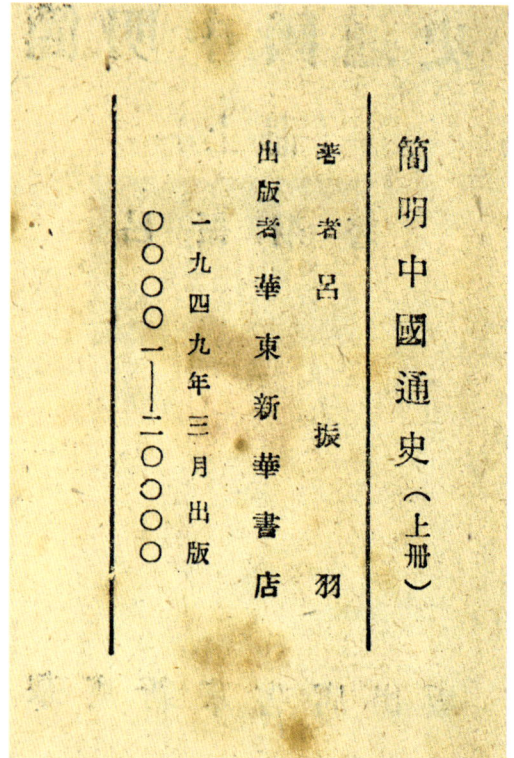

簡明中國通史（上冊）

著者　呂振羽

出版者　華東新華書店

一九四九年三月出版

〇〇〇〇一——二〇〇〇〇

书名：社会发展简史（高中政治课本）

著者：解放社 / 编

出版印行：新华书店

出版时间：1949年

册数：不详

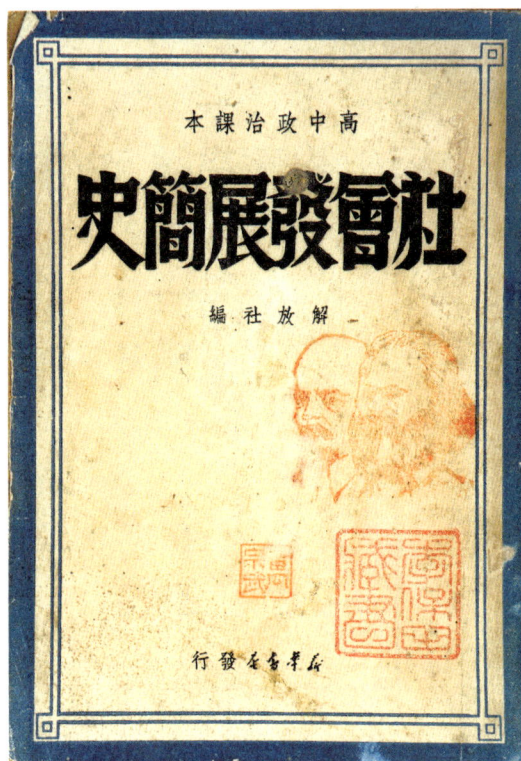

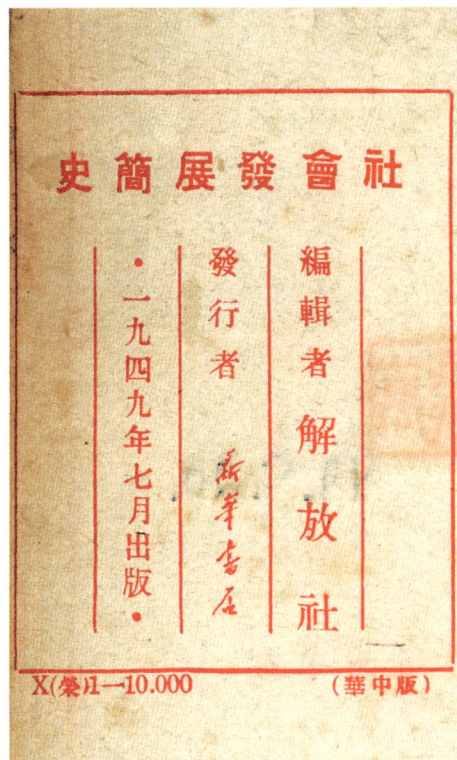

2458

书名：政治经济学（高级中学用）
著者：薛暮桥 / 著
出版印行：新华书店
出版时间：1949年
册数：不详

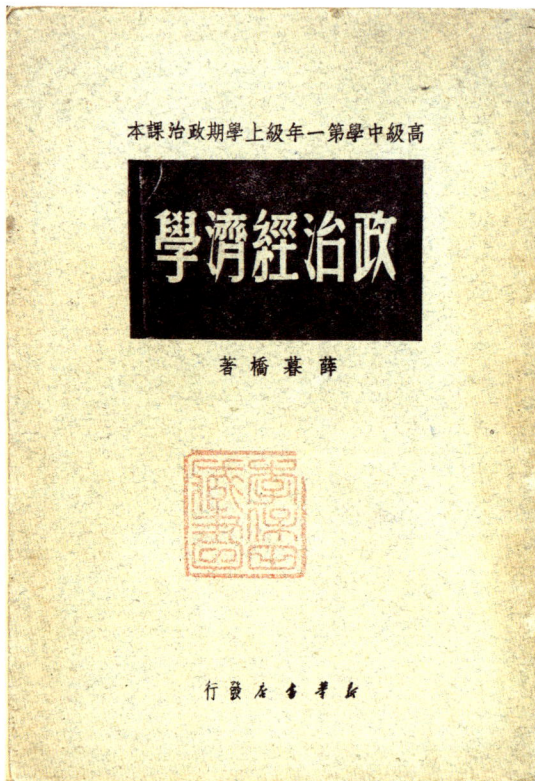

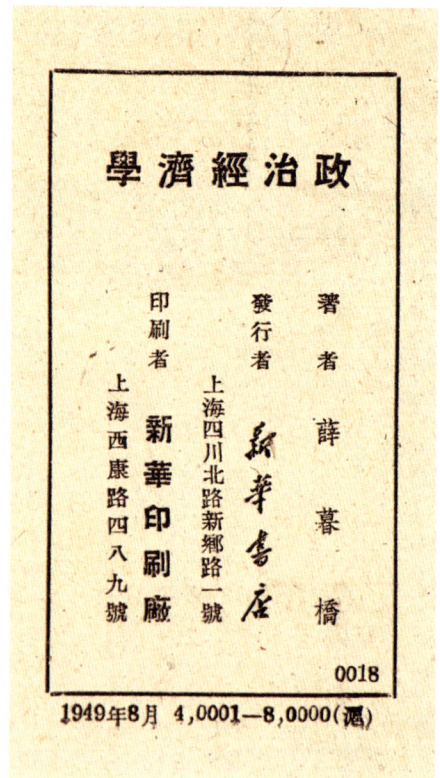

书名：中国近代政治简史
著者：军大总校政治部 / 编
出版印行：新华书店
出版时间：1949年
册数：不详

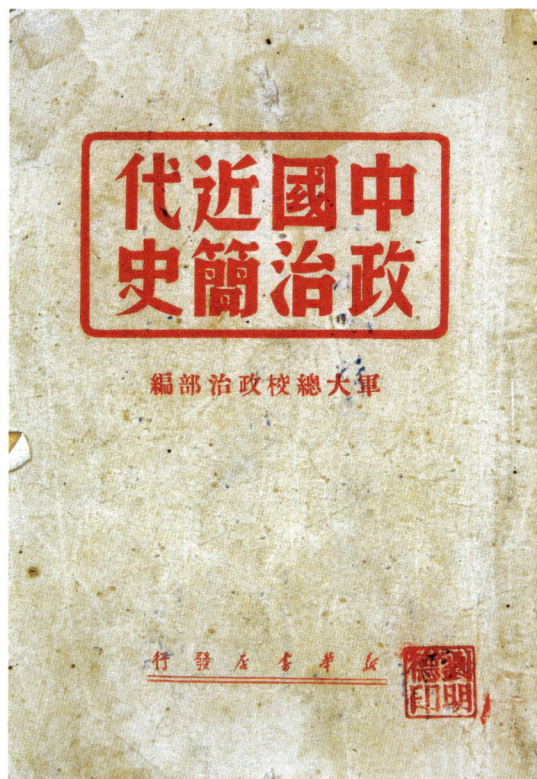

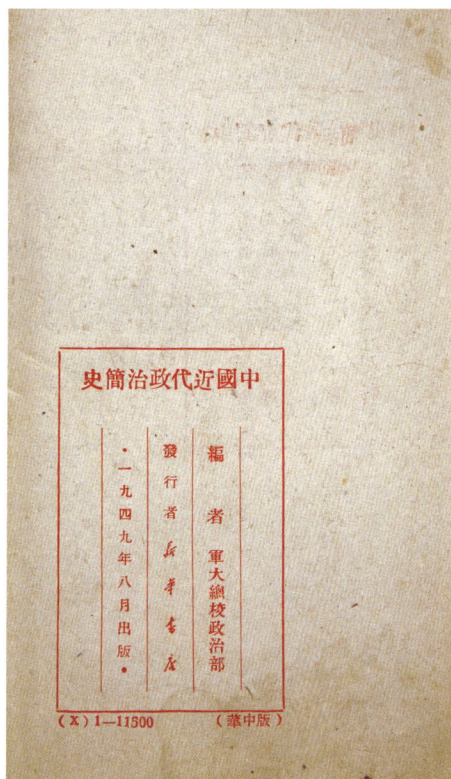

中國近代
政治簡史

軍大總校政治部編

新華書店發行

國明德印

中國近代政治簡史

編　者　軍大總校政治部

發行者　新華書店

一九四九年八月出版·

（X）1—11500　　（華中版）

2460　书名：中国近代史
　　　著者：华北大学历史研究室／编
　　　出版印行：新华书店
　　　出版时间：1949年
　　　册数：不详

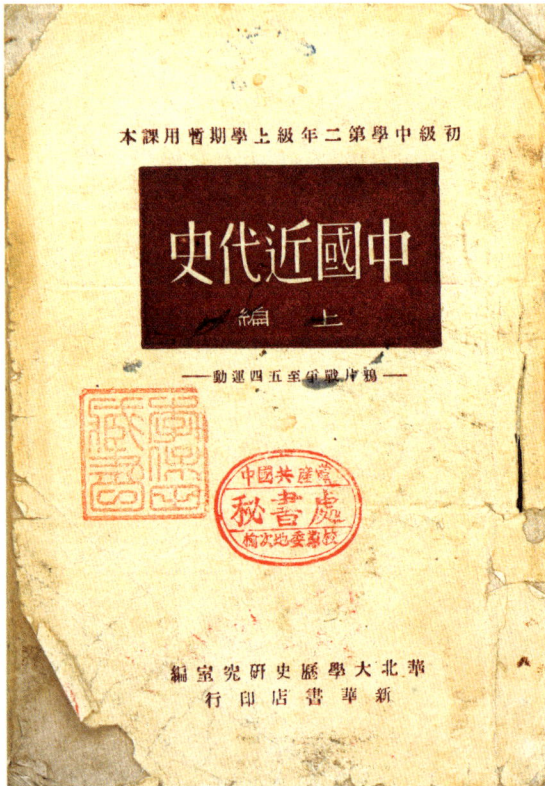

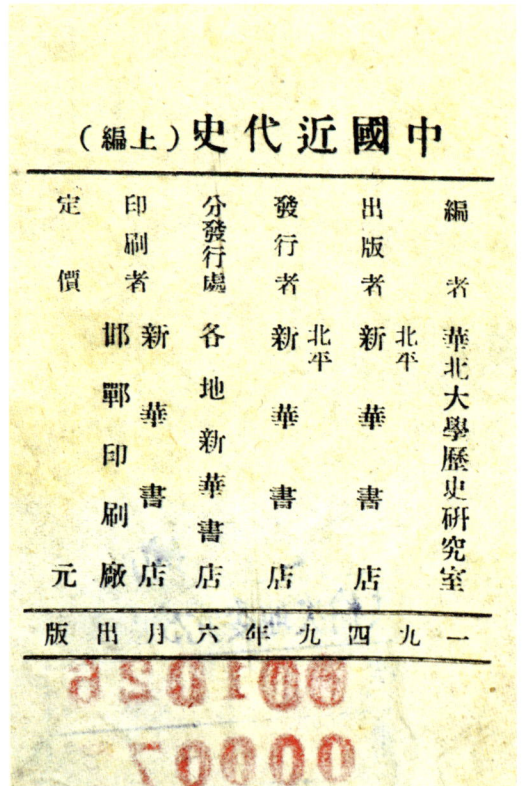

书名：中国历史课本（初级中学第一学年暂用）
著者：叶蠖生 / 编
出版印行：新华书店
出版时间：1949年
册数：不详

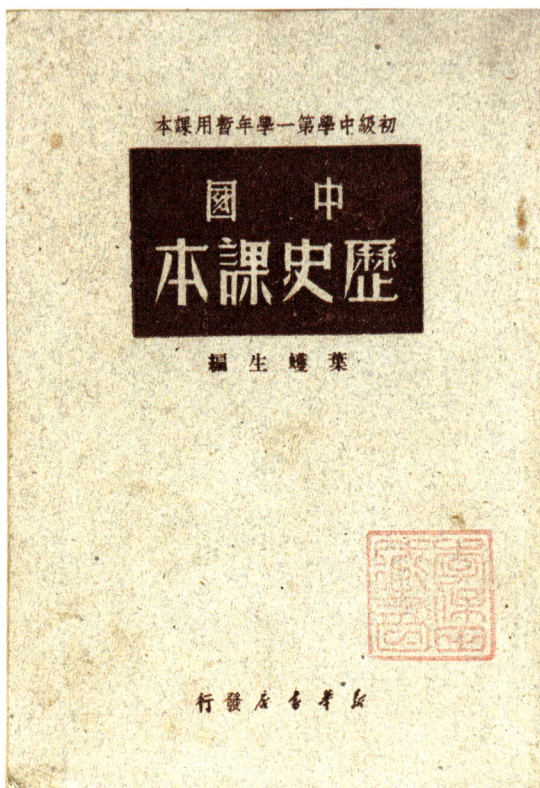

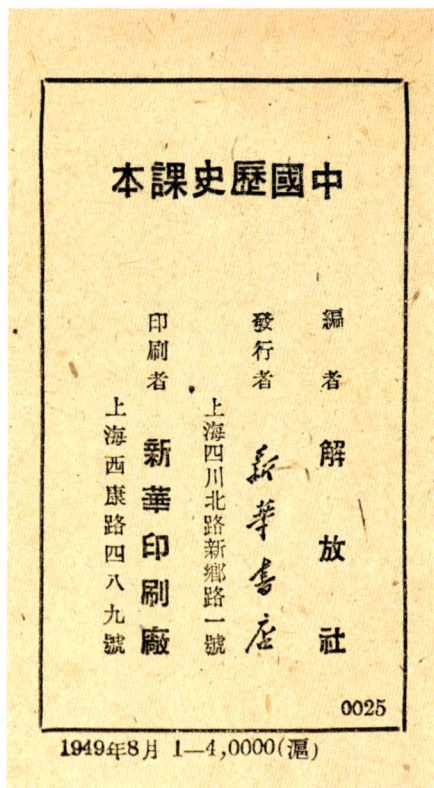

2462　书名：高中国文（高级中学适用）
著者：上海联合出版社、临时课本编辑委员会 / 编
出版印行：上海联合出版社
出版时间：1949年初版
册数：不详

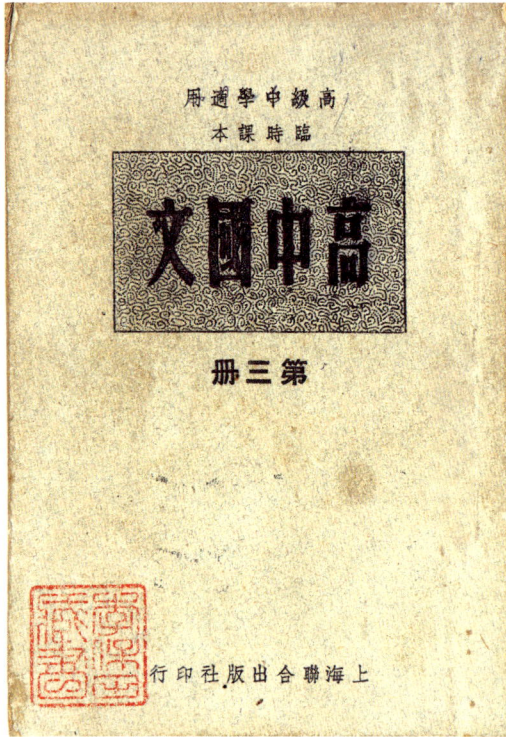

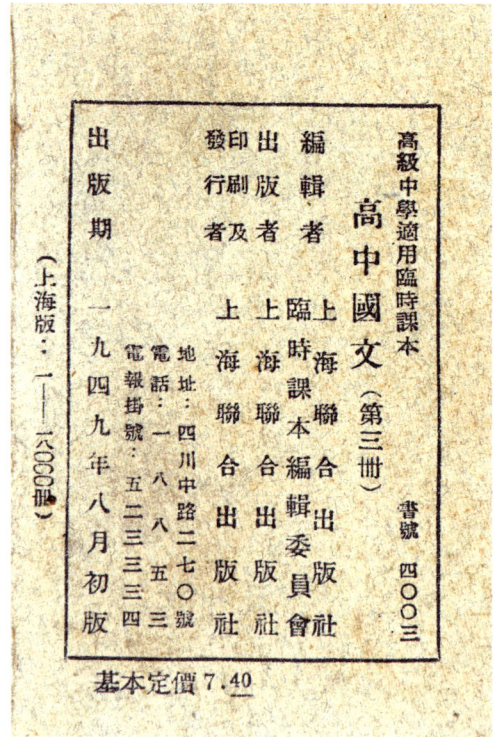

书名：初中本国史补充教材二千年间
著者：蒲韧 / 著
出版印行：新华书店
出版时间：1949年
册数：不详

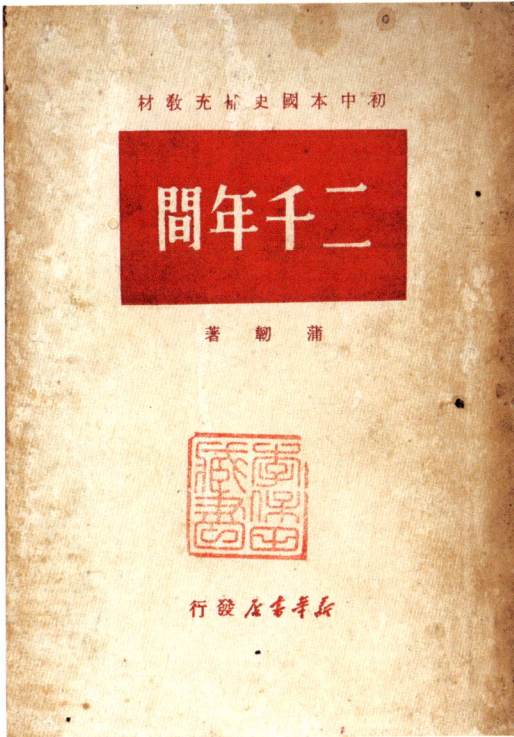

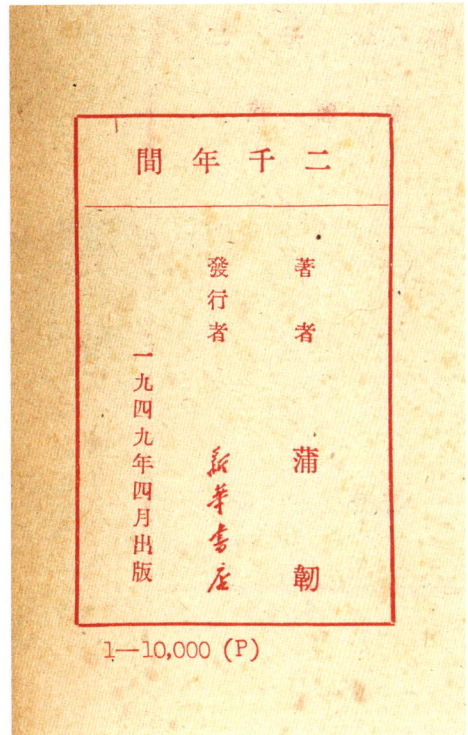

2464

书名：初级干部国语课本

著者：杨少章、王之一、杨克虹、董志毅 / 编　太行区党委宣传部 / 审定

出版印行：太行新华书店

出版时间：1949年

册数：不详

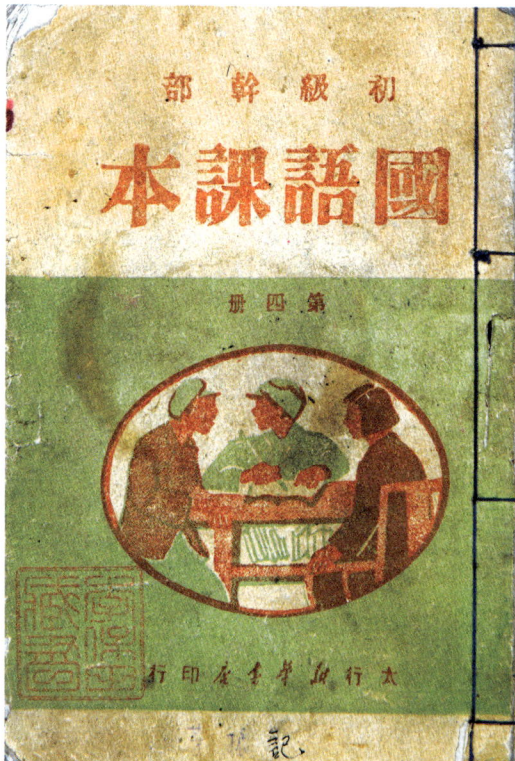

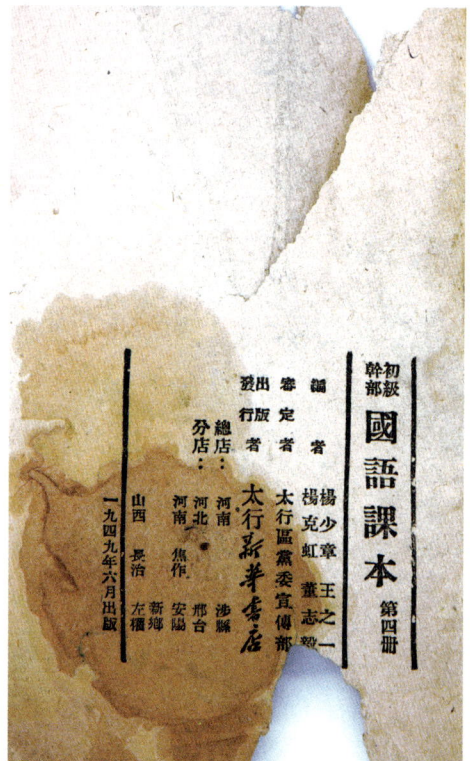

书名：实用生理卫生（初级中学适用；临时课本）

著者：林英、文彬如 / 编著

出版印行：上海联合出版社

出版时间：1949年初版

册数：一

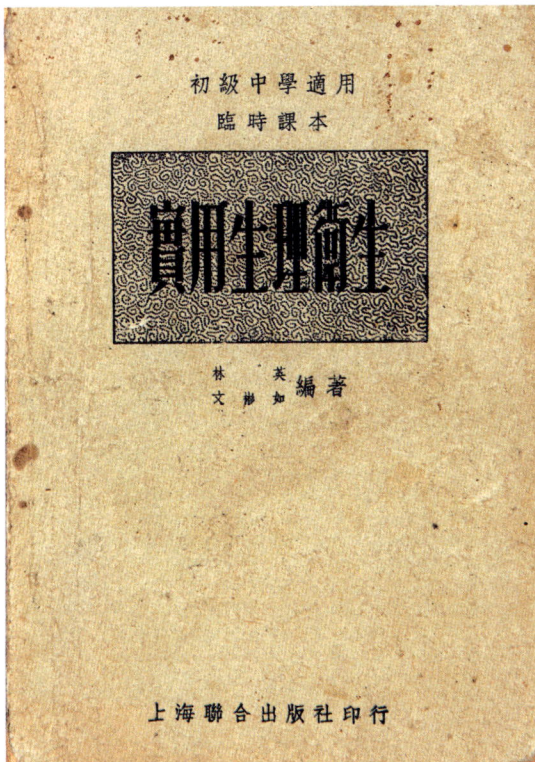

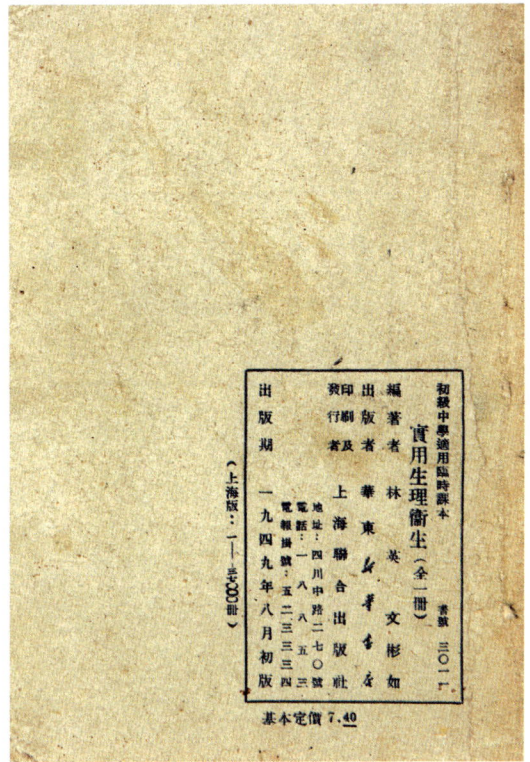

2466　　书名：中国近代史（高中第二学年上学期暂用课本）
　　　　著者：华岗 / 编著
　　　　出版印行：新华书店
　　　　出版时间：不详
　　　　册数：不详

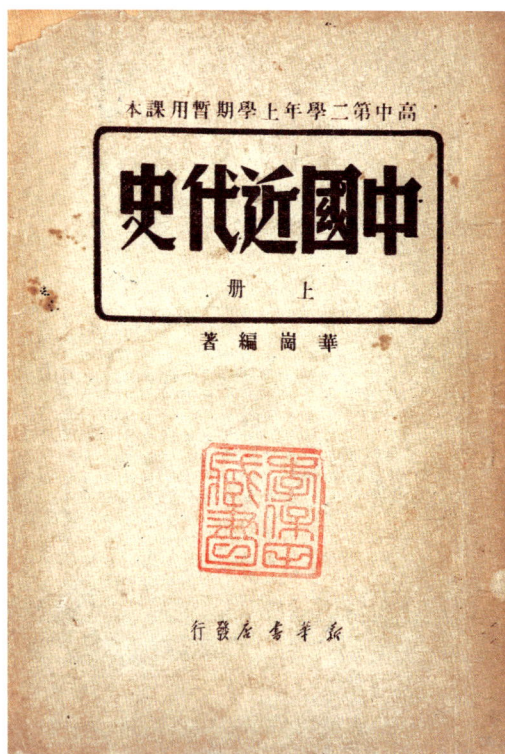

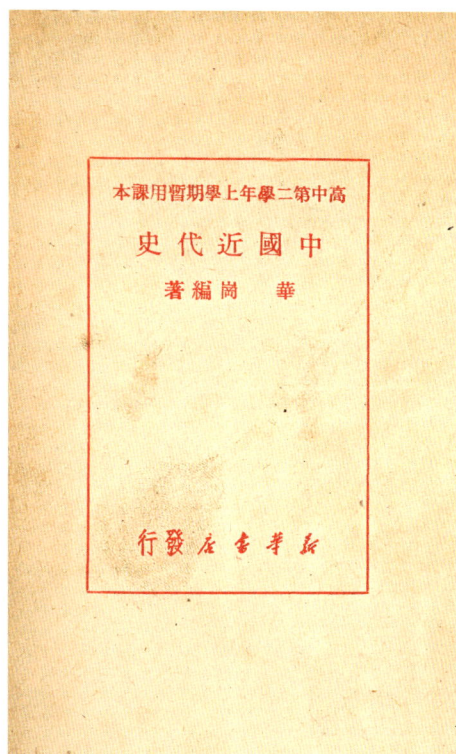

书名：新音乐论文选集
著者：不详
出版印行：华北大学
出版时间：不详
册数：一
备注：华北大学为人民大学前身。

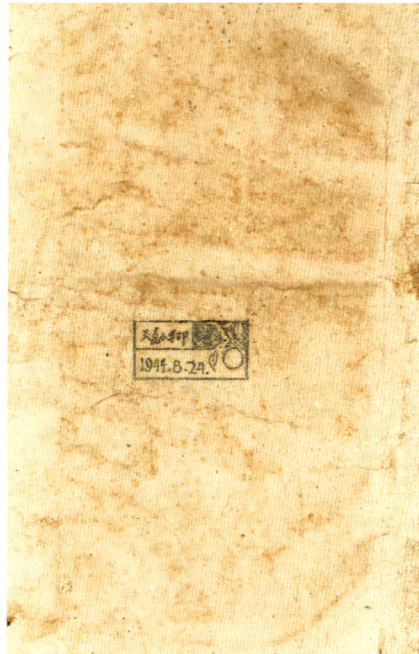

2468

书名：常识课本（中级）

著者：不详

出版印行：不详

出版时间：不详

册数：不详

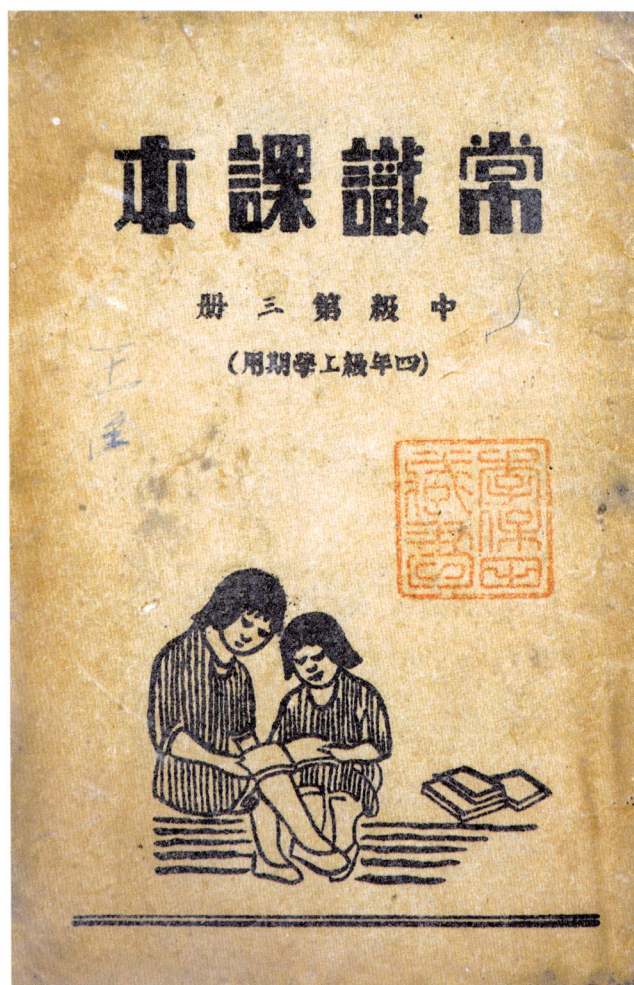

书名：常识课本（小学中级用）
著者：教科书编辑委员会 / 编
出版印行：教科书编辑委员会
出版时间：不详
册数：不详

小學中級用

常識課本

第一册

教科書編輯委員會編印

书名：香港汉文读本
著者：香港教育司／审定
出版印行：香港商务印书馆
出版时间：1932年初版　1940年13版
册数：不详

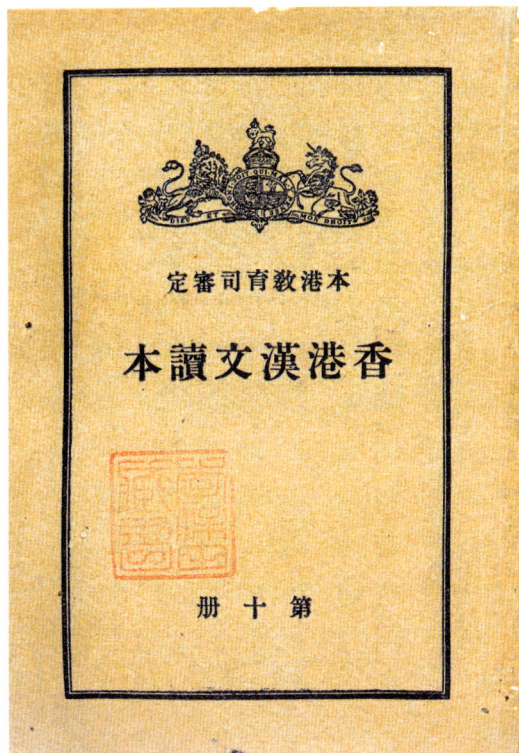

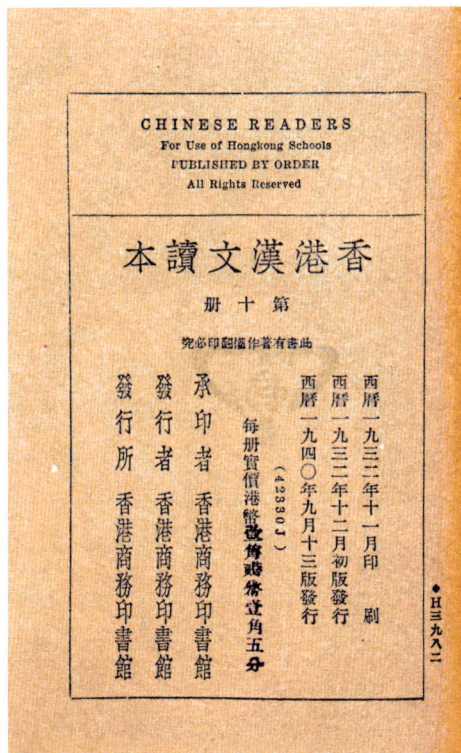

2474

书名：南洋华侨国语读本（高级小学用）
著者：陆费逵、黎锦晖、易作霖 / 编　张国基 / 校阅
出版印行：中华书局
出版时间：民国二十一年（1932）初版
册数：四

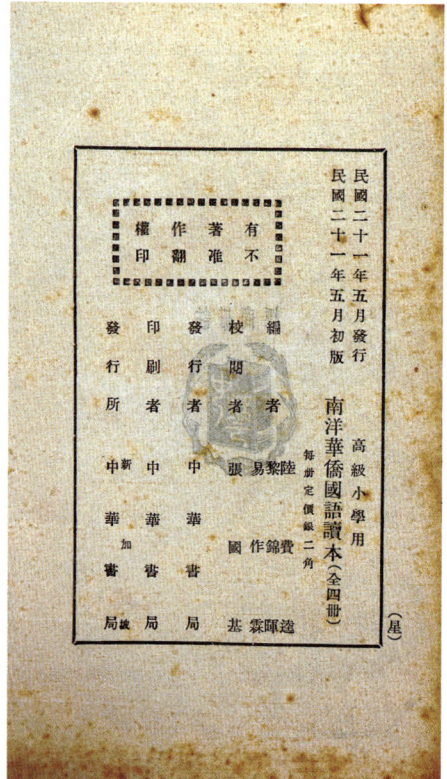

书名：华侨小学英语英语读本
著者：陈君葆 / 编　庄泽宣 / 校　金鼎铭 / 绘图
出版印行：中华书局
出版时间：民国三十六年（1947）
册数：六

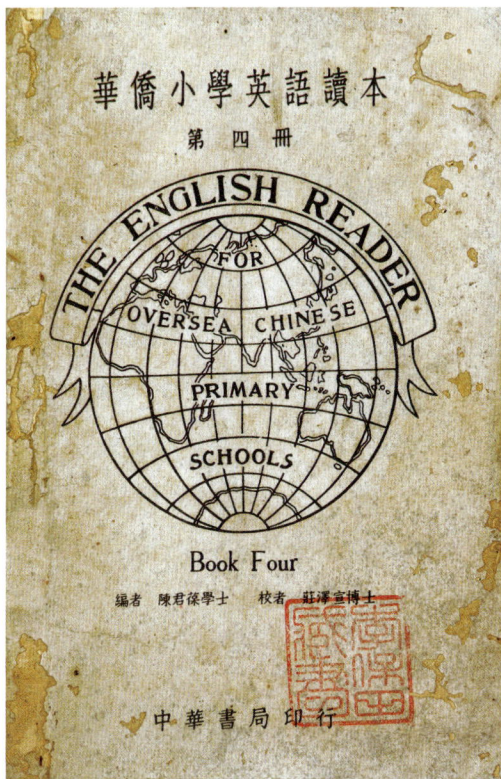

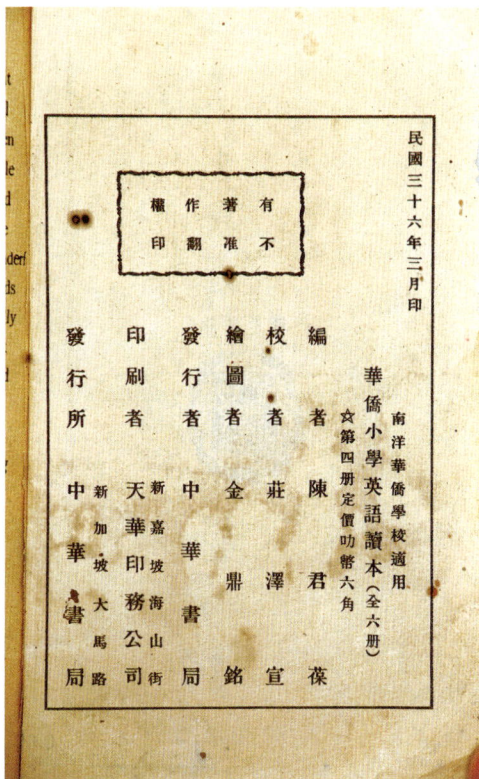

華僑小學英語讀本
第四冊

THE ENGLISH READER
FOR
OVERSEA CHINESE
PRIMARY
SCHOOLS

Book Four

編者 陳君葆學士　校者 莊澤宣博士

中華書局印行

民國三十六年三月印

權作著有
印翻准不

南洋華僑學校適用
☆第四冊定實叻幣六角

華僑小學英語讀本（全六冊）

編　者　陳君葆
校　者　莊澤宣
繪圖者　金鼎銘
發行者　中華書局
印刷者　新嘉坡天華印務公司
發行所　中華書局 新加坡大馬路

2476　书名：自学英语不求人

著者：不详

出版印行：香港锦华出版社

出版时间：不详

册数：一

自學英語不求人

唐字註音・自修必備

新增

日用英語雜話會話

工商機器輪船問答 均全

书名：国语（华侨适用初级小学课本）

著者：不详

出版印行：中华书局、商务印书馆

出版时间：不详

册数：不详

2478　书名：南洋华侨高级小学国语
　　　　著者：陈雯登 / 编著
　　　　出版印行：正中书局
　　　　出版时间：不详
　　　　册数：不详

书名：订正香港卫生教科书

著者：香港教育司 / 审定

出版印行：不详

出版时间：不详

册数：一

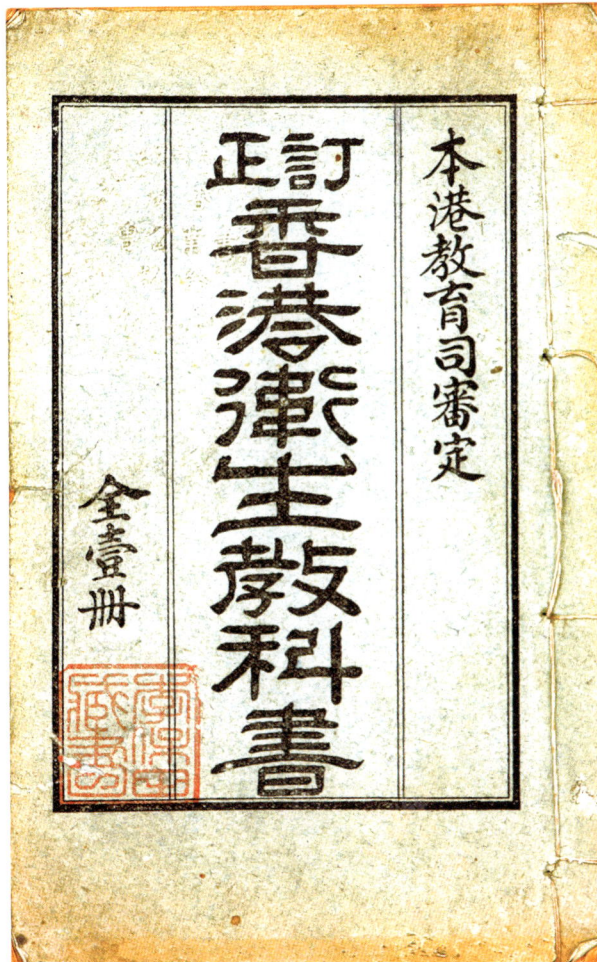